高等院校经济管理类系列教材

财务会计学

接　民　孙莉莉　徐艳清　主编

清华大学出版社
北　京

内 容 简 介

财务会计学是现代会计的重要组成部分，是会计学专业的核心课程。本书是以企业会计准则及相关法规为依据，本着"改革、创新、发展"的原则，立足会计专业人才培养方案对会计信息生成、财务报表阅读和会计职业能力标准的要求，专门针对会计学本科专业教学需要而设计编写的。全书共分 13 章：第一章为总论，主要介绍财务会计的基本理论；第二章至第十二章主要介绍引起财务会计六大要素变动的基本经济业务的会计处理方法；第十三章为财务会计报告，主要介绍财务会计报告的构成及其编制方法。为方便学习，本书配套自测题参考答案、课后学习案例等资源；针对教学，本书对教师另赠电子课件和课程教学大纲等。

本书可以作为高等院校会计学专业的教材使用，也可以作为经济管理人员，特别是会计专职人员、会计教师和自学者的参考用书。

图书在版编目(CIP)数据

财务会计学/接民，孙莉莉，徐艳清主编. —北京：清华大学出版社，2023.9
高等院校经济管理类系列教材
ISBN 978-7-302-64568-9

Ⅰ. ①财⋯　Ⅱ. ①接⋯　②孙⋯　③徐⋯　Ⅲ. ①财务会计—高等学校—教材　Ⅳ. ①F234.4

中国国家版本馆 CIP 数据核字(2023)第 169273 号

责任编辑：桑任松
封面设计：李　坤
责任校对：周剑云
责任印制：宋　林

出版发行：清华大学出版社
　　　　　网　　　址：http://www.tup.com.cn, http://www.wqbook.com
　　　　　地　　　址：北京清华大学学研大厦 A 座　　邮　　编：100084
　　　　　社 总 机：010-83470000　　　　　　　　　邮　　购：010-62786544
　　　　　投稿与读者服务：010-62776969, c-service@tup.tsinghua.edu.cn
　　　　　质量反馈：010-62772015, zhiliang@tup.tsinghua.edu.cn
　　　　　课件下载：http://www.tup.com.cn, 010-62791865
印 装 者：三河市东方印刷有限公司
经　　销：全国新华书店
开　　本：185mm×260mm　　　印　张：17.75　　　字　数：431 千字
版　　次：2023 年 9 月第 1 版　　　　　　　　印　次：2023 年 9 月第 1 次印刷
定　　价：49.80 元

产品编号：099145-01

总　　序

教材是教师执教的依据，也是学生学习的范本，因此教材是影响教学质量的基本要素，而教材建设是高等学校教学质量提升工程的重要组成部分。会计学本科专业要培养具有会计专长，服务于企业、政府机关、事业单位及其他非营利组织的应用型、复合型、创新型会计人才。作为规范教学内容的教材，必须充分体现这一培养目标的要求，力求实现会计学科基本理论、基本方法和基本技能的有机统一。然而，由于人才需求类型的日益多元化，教材建设也面临理论、方法与技能等如何有机结合的困惑，教学中所使用的教材仍存在目标定位不够清晰，理论与方法、理论与技能关系处理不恰当等问题。这在一定程度上对教学过程和教学效果，甚至对人才培养质量和人才培养目标的实现产生了不利的影响。因此，如何根据会计学科理论和实践的发展，编写更加体现培养目标要求的高质量教材是摆在会计教育界的一项重要课题。

呈现在大家面前的经管系列会计专业方向教材，正是基于会计学专业培养目标的内在要求，紧密结合会计理论和会计实践的最新发展编写而成的。本系列教材涵盖"基础会计学""财务会计学""管理会计""成本会计学""企业财务管理""会计信息系统""银行会计""税务会计""审计学"等会计类专业核心课程。本系列教材由双元教育集团和清华大学出版社共同发起、组织，由山东科技大学、齐鲁工业大学、烟台大学、临沂大学、山东交通学院等与"双元教育"合作培养会计学本科生的高校教师携手合作完成。参加本系列教材编写的教师皆是长期从事会计学研究和教学的一线教师，他们对会计学科发展趋势和学术前沿具有较好的把握，尤其是具有丰富的教学经验和较强的实践能力，熟知高等院校会计类课程的实践要求和特点。

纵观整套教材，有以下几个明显特点。

(1) 体系完整，突破传统。本系列教材体系完整，内容全面，突出重点，针对性强，在编写体例上突破了传统做法，灵活、适用是其最大特色。本系列教材在教学内容、形式、结构、表述等方面以"案例"形式编写，凸显了"应用性"，而这种"应用性"正是会计学本科专业应用型人才培养目标的内在要求。

(2) 注重系列教材在内容上的统筹与协同。如何处理好各相关课程之间内容上的协调，是教材编写中常常遇到的一个难题。本系列教材对此做了良好协调与分工，最大限度地减少了教材之间内容的重复，同时在教材编写体例和格式、专业用语等方面做了统一规范。这样便实现了系列教材所特有的整体协同优势。

(3) 教材使用对象定位清晰。本系列教材以会计学本科专业知识传授与技能培养为目标，具有教师好教、学生易学的特点，能很好地满足高等院校本科会计类专业的教学需求。

在写作上，文字精练，通俗易懂，避免了空话、套话的冗长表达；在内容安排上，循序渐进，由浅入深；在编写体例上，针对会计学本科专业的特点，章节内容前设置有"学习要点及目标""核心概念""引导案例"，章节内容后设置有"本章小结"和"自测题"等导学督学性项目；在阐释基本内容时，对于重要的知识点或法规，通过设置"阅读资料"的方式提示学生特别注意。这些做法对提高学生学习能力和效率会有很大帮助。

(4) 紧扣最新的会计、审计及财务法规，突出与理论发展和实践发展的良好对接。本系列教材围绕最新修订的会计、审计及财务法规和实务进展而编写，以尽量减少理论知识与实践相脱节的问题。

教学质量的提升是一个永续的过程，好的教材是教学质量提升的基础环节，而一套好的教材，需要经过教学实践的反复检验和编写者的不断修改才能趋向完美。希望本系列教材的使用者对教材的完善多提宝贵意见，也希望教材的编写者能够根据使用者的意见和理论与实践的发展及时对本系列教材予以修订完善。

山东财经大学副校长

中国会计学会常务理事

山东省会计学会会长

蔡好东

前　　言

教材建设是提高教学质量的重要条件，贯彻落实党的二十大精神，是高校目前的重要任务，而教材建设在其中起着重要的作用，具体到会计学科范畴培养符合国家需要，具有正确价值观、爱国敬业、诚实守信且充满正能量的合格学生，一直是会计教育的重要任务，也需要教材编写者把"立德树人"这一使命落实到教材中。按照教育部工商管理教学指导委员会会计教学分委员会制定的《会计学本科专业教学质量国家标准(讨论稿)》中的要求："会计学专业应当充分使用案例分析这种开放式、互动式的教学方式。案例讲解需要将案例资料与经济管理理论结合起来，指导学生理解经济管理实践的复杂环境，培养其经济管理能力和创新意识。"按照财政部公布的最新会计准则及其解释等要求，结合高等学校普遍实施学分制的要求，以会计准则及相关法规为依据，以财务会计与分析决策基本技能为出发点，本着适用、创新、发展的原则，我们在双元教育集团和清华大学出版社的组织下编写了这本《财务会计学》，并将其列入高等院校经济管理类系列教材。

我们认为，财务会计职业能力标准包括：正确理解并运用会计准则的能力；运用会计核算方法处理企业经济业务的基本会计核算能力；遵循会计法规，培养会计职业素养，正确阅读与分析财务报表的分析问题和解决问题的能力。因此，本书在编写过程中，力求做到以下几点。

(1) 系统完整，内容全面。本书的编写以《中华人民共和国会计法》《企业会计准则》及其应用指南和《企业财务通则》为基本依据，使其内容与现行财务会计和管理规范一致。

(2) 突出重点，针对性强。本书不仅要求学生掌握财务会计的基本理论知识、会计信息的生成过程以及企业资金运动过程的特点，还要求学生利用会计信息做出正确的分析决策。

(3) 文字精简，通俗易懂。我们在编写本书时力求做到无空话、套话，内容循序渐进、由浅入深，语言通俗易懂。

(4) 创新体例，注重技能。针对会计学本科专业的特点，本书在章节内容前安排了"学习要点及目标""核心概念""引导案例"，章节内容后安排了"本章小结""自测题"；在阐述基本内容时，对于重要的知识点或法规，采用"阅读资料"的方式，力图引起学生的特别注意，以提高学生的学习效果。需要说明的是，本书案例所用企业名称全部为虚构，不指代相关的实体公司。

本书由接民、孙莉莉、徐艳清任主编。教材按照党的二十大关于教育事业的发展要求，融入了课程思政，具体表现在：大纲中增加了 10 个课程思政点；课后增加了体现我国现代化发展成果的案例和贴近生活实际的启发性案例。全书根据最新会计准则的变化和要求，对相关内容作了补充和完善：第四章"金融资产"与第十二章"收入、费用和利润"作了较大修订，调整了增值税税率及其他一些具体会计科目，使之与会计准则的最新要求相一致。

清华大学出版社的编辑为本书的出版付出了辛勤的劳动，在此谨表示衷心的感谢！由于编者水平有限，书中难免有不当和疏漏之处，敬请读者批评指正。

编　者

参考答案等下载

教学资源服务

目　　录

第一章

财务会计基本理论

【学习要点及目标】

● 了解财务会计的特征。

● 掌握财务会计的目标。

● 了解财务会计的基本前提。

● 了解会计信息的质量要求。

● 掌握财务会计要素包括的内容。

【核心概念】

财务会计　财务会计的目标　财务会计的基本前提　信息质量　会计要素
会计准则

【引导案例1】 华发先生在 2014 年 6 月成立的励智实业有限公司中任财务经理,他在 2015 年 2 月 26 日召开的董事会上提交了资产负债表和利润表。董事会对华发先生的工作非常不满意,主要有以下几点:①编制会计报表前没有编制工作底稿;②年底在编制报表前没有进行存货盘点;③利润表与资产负债表中的"未分配利润"数字不符;④报表的实际截止日期是 12 月 25 日;⑤没有报表附注。华发先生不服董事会的批评。

思考:

1. 你认为董事会对华发先生的批评是否都对?依据是什么?

2. 财务报表如何满足信息使用者的要求?会计信息的质量如何保证?

【引导案例2】 你能够用 400 元或不足 400 元人民币成功地创办一个企业吗?不管你相信与否,这的确能够做到。刘月娟是某美术设计学院的学生,和其他大学生一样,她也常常为了补贴日常花销而不得不去挣一些零花钱。最初,她因为没钱购买一台具有特别设计功能的计算机而苦恼。尽管她手头只有 400 元,可还是决定于 2022 年 12 月开始创办一个美术设计部。她支出了 120 元在一家餐厅请朋友吃饭,帮她出主意,又根据她曾经在一家美术设计院服务兼讲课的经验,先向她的一个师姐借款 4 000 元,以备租房等使用。

刘月娟购置了一些设计必备的书籍、静物,并支出一部分钱用于装修画室并取名为"周围"。她支出 100 元印刷了 500 份广告传单,用 100 元购置了信封、邮票等。8 天后她已经接受了 17 项设计订单,每项收费 1 800 元,并且找到了一位较具能力的同学做合伙人。她与合伙人分别为"周围"的发展担当着不同的角色(合伙人兼做"周围"的会计和设计师)并获取一定的报酬。至 2023 年 1 月月末,他们已经完成了 50 项订单,除了归还师姐的借款本息 5 000 元、抵消各项费用外,获得净收入 52 000 元。他们用这笔钱继续扩大经营规模,4 个月下来,他们核算了一下,共获利 67 800 元。这笔钱足以购买一台具有特别设计功能的计算机并且还有不小的结余。

思考:

1. 该同学创办企业前的支出如何确认?

2. 取得的订单收入如何确认和计量?

第一节　财务会计及其目标

一、会计的含义及财务会计的特征

(一)会计的含义

关于会计的含义,因对会计本质的认识不同而有所不同。会计的本质即会计是什么的问题,是人们对会计的根本看法。人们对会计本质的认识,始终是会计理论中的一个基本论题。关于会计的本质,学术界和实务界众说纷纭,主要有管理活动论、艺术论、信息系统论、会计技术论等观点,这些观点在会计的发展过程中一直存在争论。目前,在我国会计学术界占主流的是管理活动论和信息系统论两大流派。

持管理活动论观点的人认为,会计本质上是企业或组织的一种管理活动,它是通过收集、处理和利用经济信息,对企业或组织的经济活动进行组织、控制、调节和指导,促使

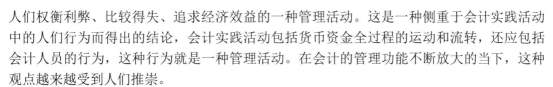

人们权衡利弊、比较得失、追求经济效益的一种管理活动。这是一种侧重于会计实践活动中的人们行为而得出的结论，会计实践活动包括货币资金全过程的运动和流转，还应包括会计人员的行为，这种行为就是一种管理活动。在会计的管理功能不断放大的当下，这种观点越来越受到人们推崇。

持信息系统论观点的人认为，会计是企业或组织旨在加强经济管理、提高经济效益而建立起的一个以提供财务信息为主的经济信息系统。它在各企业或组织内处理资金(价值)运动所形成的数据，产生与此相关的信息，具有核算(即反映)的职能；并经过进一步变换利用，帮助企业或组织正确地作出决策，又具有监督(控制)的职能。因此，会计是对企业或组织资金流动过程的信息传递，从经济业务的发生，到加工出能够满足信息使用者需要的报表，传递的是数据代表的信息。

事实上，尽管信息系统论与管理活动论对会计本质的认识存在分歧，但它们有着共同的内涵，只是认识的方法和角度不同而已。我们认为从系统论出发，会计是一个系统，包括会计信息系统和会计管理系统两个子系统，其特点是会计既提供信息，又利用会计信息进行经济管理，构成了一个有机整体共同揭示会计的本质。

因此，本书认为，现代会计的定义可表述为：现代会计是一个以信息为处理对象的系统。它是以货币为主要计量单位，采用专门的方法，对企业或组织的经济活动进行核算和监督，向信息使用者提供对决策有用信息的一个信息系统。

(二)财务会计的特征

财务会计是现代会计的重要组成部分。目前学术界和实务界普遍接受的是将广义范畴的会计分为财务会计和管理会计。从一般意义上说，会计是随着经济的发展而发展起来的。科学技术的飞速进步也导致了会计的发展并不断细化。特别是进入 20 世纪 80 年代以后，一方面，电子计算机在会计中的应用引起会计技术、方法的巨大变化，会计技术正在从手工操作逐渐向电算化、网络化、信息化过渡；另一方面，为适应股份公司资本所有权和经营权相分离的特点，传统会计也随之被分为财务会计和管理会计。

财务会计以企业会计准则为主要依据，以货币为计量单位，按照确认、计量、记录和报告的程序，运用填制凭证、登记账簿、计算成本和编制报表等一系列专门的方法，着重对已发生的经济交易和其他经济活动事项进行反映和控制，并计算出结果，为用户进行经济决策提供所需的财务信息。所提供的会计信息主要满足企业外部的投资者、债权人、政府税务部门、客户等信息使用者的需要，同时也要满足企业内部管理部门对有关信息的需要。

本课程"财务会计学"也可以称为"中级财务会计学"。前续课程"初级会计学"介绍的是会计处理的基本程序、基本框架，是了解会计殿堂的入门学科。本课程则重点介绍财务会计各个要素的组成内容和基本的确认原则，以公认的计量方法和具体的账务处理程序将现实经济生活中发生的纷繁复杂的业务按会计要素进行归纳、总括，为信息使用者提供他们所需要的会计报表。本课程以工商企业的一般性业务为例说明对企业经济业务的确认、计量、记录和报告。而对一些特殊业务、疑难业务或不常见业务，将在后续课程"高级财务会计"中阐述。

二、财务会计的目标

(一)财务会计目标的概念

目标是指人们行动预期要达到的结果。财务会计目标就是人们从事财务会计工作所要达到的结果。它是人们基于对会计本质和职能的认识以及对客观环境的分析，对财务会计"为了什么""应该做什么"所作出的一种规定。财务会计目标的定位，有两种不同的观念，即受托责任观和决策有用观。

受托责任观认为，财务会计的目标应当反映企业管理层受托责任的履行情况，以有助于外部投资者和债权人等评价企业经营管理责任和资源使用的有效性。其主要观点是：①会计目标是以恰当的形式有效地反映资源受托者的受托经营责任及其履行情况；②强调会计人员的中立性，会计人员以客观的立场反映受托责任及其履行情况，其行为不受委托者和受托者的影响，只受会计准则的指导；③强调编制财务报表所依据的会计准则和会计系统整体的有效性。

决策有用观认为，财务会计的目标就是向会计信息使用者提供有助于其作出经济决策的相关信息。其主要观点为：①会计目标在于向信息使用者提供有助于经济决策的数量化信息，会计信息是经济决策的基础；②强调会计人员和会计信息使用者之间的关系；③从信息使用者的立场出发，强调财务报表本身的有效性，而不是编制财务报表所依据的会计准则和会计系统整体的有效性，研究和制定会计准则不过是为了对会计行为加以制约，使其提供的信息对决策有用。

这两种观点对财务会计目标的分歧主要产生于人们对经济环境的认识和理解的差异，差异的根源在于资本市场发展水平。从时间观念来看，受托责任观是立足于过去，而决策有用观则面向未来。目前，理论界和实务界在当前实用主义盛行的大环境下普遍赞同决策有用观。其实决策有用观在强调信息决策有用的同时，并不否认会计在报告中的受托责任，基本涵盖了受托责任观的内容。因此，决策有用观和受托责任观的融合是财务会计目标的发展趋势。

(二)财务会计目标的内容

财务会计作为对外报告会计，其目的是通过向外部会计信息使用者提供有用的信息，来反映企业财务信息，帮助使用者作出相关决策。承担这一信息载体和功能的便是企业编制的财务报告，它是财务会计确认和计量的最终结果，是企业管理层与外部信息使用者之间的桥梁和纽带。因此，财务会计目标也可以被称为财务报告目标。

《企业会计准则——基本准则》对财务报告目标进行了明确定位。《企业会计准则——基本准则》规定：财务会计报告的目标是向财务会计报告使用者提供与企业财务状况、经营成果和现金流量等有关的会计信息，反映企业管理层受托责任的履行情况，有助于财务会计报告使用者做出经济决策。因此，我国财务报告目标体现了受托责任观和决策有用观的双重目标。

1. 向财务会计报告使用者提供对决策有用的信息

在决策有用观下，财务报告的目标是向财务报告使用者提供对决策有用的信息。会计

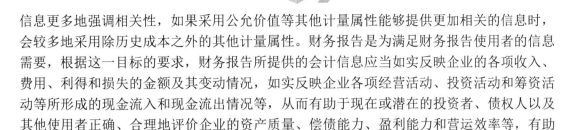

信息更多地强调相关性，如果采用公允价值等其他计量属性能够提供更加相关的信息时，会较多地采用除历史成本之外的其他计量属性。财务报告是为满足财务报告使用者的信息需要，根据这一目标的要求，财务报告所提供的会计信息应当如实反映企业的各项收入、费用、利得和损失的金额及其变动情况，如实反映企业各项经营活动、投资活动和筹资活动等所形成的现金流入和现金流出情况等，从而有助于现在或潜在的投资者、债权人以及其他使用者正确、合理地评价企业的资产质量、偿债能力、盈利能力和营运效率等，有助于使用者作出理性的投资和信贷决策等。

2．反映企业管理层受托责任的履行情况

在受托责任观下，财务报告的目标是反映企业管理层受托责任的履行情况，会计信息更多地强调可靠性，会计计量主要采用历史成本。在现代公司制下，企业的所有权与经营权相分离，管理层受委托人之托经营管理企业及其各项资产，负有受托责任。企业管理层有责任妥善保管并合理、有效地运用资产，尤其是企业投资者和债权人等需要及时或者经常性地了解企业状况，以便于评价企业管理层受托责任的履行情况和业绩情况，并作出相应的决策。

三、财务会计信息的使用者

财务会计信息的使用者从企业角度可以分为企业外部会计信息的使用者和企业内部会计信息的使用者两方面，具体如下。

(一)企业外部会计信息的使用者

企业外部会计信息的使用者，是指那些身处企业外部、不直接参与企业内部经营过程和管理活动但与企业有利害关系的组织和个人，主要包括投资者、债权人、政府部门、客户和社会公众等，他们在决策中都需要会计信息的帮助。

1．企业的投资者

在经营权与所有权分离的情况下，企业投资者需要利用会计信息了解企业经营活动情况，通过会计信息关注的主要问题有：①是否应该对企业进行投资？②是否应该转让所有者在企业中的投资？③企业管理者的经营业绩如何？④企业的财务状况及经营成果怎样？⑤企业的盈利分配政策是否合理？对于潜在的投资者来说，需要评估其投资回报，这意味着他要分析企业的会计报表。通过分析会计报表，掌握企业的运营情况，进而决定是否购买某家上市公司的股票。

2．企业的债权人

债权人主要关心企业是否能够到期还本付息，债权人在作出贷款决策前需要评估企业的到期偿债能力。其具体内容包括：①企业的资金是否充裕？是否足以偿还其债务？②企业的获利情况如何？③是否应该贷给企业更多的资金？④是否应该继续保持对企业的债权？

3．政府部门

税务机关等政府部门要通过会计信息了解企业所承担义务的履行情况，征税金额是根

据相关会计资料计算得出的。例如，企业缴纳所得税及其他税金的情况如何？企业是否遵守相关的法律规定？企业向各级政府的法定机构提供的各种报告是否正确？此外，对我国国有企业来说，企业还有义务向有关政府管理部门提供进行宏观调控所需要的会计信息。

4．企业的客户

企业的客户虽然不参与企业资源的分配，但在许多方面与企业存在利益关系。他们主要关心的问题是：①企业的经营活动是否稳健？是否能与顾客形成稳健的供应链？②企业的产品定价是否合理？是否应该从该企业增加产品购买量？③企业的经营行为和政策是否和顾客的目的相矛盾？

(二)企业内部会计信息的使用者

企业管理者是企业内部主要的会计信息使用者，具体包括企业董事会成员、经理及企划、财务、人事、供应、市场营销、技术等方面的管理人员。企业从事经营活动，要实现其经营目标，就必须作出正确的经营决策，包括购建何种固定资产、保持多少存货、向银行借入多少资金等业务，企业在筹资决策、投资决策、生产决策、销售决策、股利分配决策及人事决策等方面都需要会计信息。企业的内部职工主要关心的问题是：①企业是否按正确的方向从事经营？能否为其职工提供稳定而持久的工作岗位？②企业管理者是否有舞弊行为？③企业的分配政策是否合理？④企业的福利待遇有何变动？

第二节　财务会计基本前提与会计信息质量要求

一、财务会计的基本前提

财务会计的基本前提又称会计假设。财务会计基本前提是企业财务会计确认、计量和报告的前提，是对财务会计核算所处时间、空间环境等所作的设定。财务会计的基本前提包括会计主体、持续经营、会计分期和货币计量。

(一)会计主体

会计主体是指企业财务会计确认、计量和报告的空间范围。财务会计核算的对象不是漫无边际的，而是严格限定在一个特定的单位内，这个特定的单位就是会计主体。在会计主体的前提下，财务会计核算对象应是本单位会计主体本身的经济活动，而不是所有者和经营者个人或其他经济实体的经济活动。

会计主体与法律主体是有区别的。一般来说，法律主体必然是会计主体。例如，一个企业作为一个法律主体，应当建立财务会计系统，独立反映其财务状况、经营成果和现金流量。但是，会计主体不一定是法律主体。例如，企业内部设立的独立核算单位，如分公司、经销部，就不具有法人资格，但可以是会计主体；又如，集团编制合并报表所依据的便是合并会计主体而非法律主体。

(二)持续经营

持续经营是指企业或会计主体的生产经营活动将无限期地延续下去。也就是说,在可预见的将来,企业将会按当前的规模和状态继续经营下去。明确这一基本假设,就意味着会计主体将按照既定的用途使用资产,按照既定的合约条件清偿债务,会计人员就可以在此基础上选择会计政策和估计方法。正是由于企业持续经营前提的存在,才产生了企业资本保全的问题,从而产生了会计核算中正确区分资本性支出与收益性支出的必要。

(三)会计分期

会计分期又称会计期间,是指为了定期反映企业的生产经营管理活动情况,便于结算账目,编制会计报表,及时地提供有关财务状况、经营成果和现金流量的会计信息,而人为地将企业持续不断的生产经营活动分割为若干个均等的会计起讫期间。会计期间的划分对于确定会计核算程序和方法具有极重要的作用,由于有了会计期间,才产生了本期与非本期的区别,产生了权责发生制和收付实现制,才使不同类型的会计主体有了记账的基础,进而出现了应收、应付、折旧、摊销等会计处理方法。

(四)货币计量

货币计量是指会计主体在进行财务会计确认、计量和报告时以货币为计量单位,反映会计主体的财务状况、经营成果和现金流量。会计核算以货币计量,使会计核算对象——企业的生产经营活动统一地表现为货币运动,用以反映企业的财务状况、经营成果和现金流量。

我国《企业会计准则》规定,会计核算以人民币为记账本位币,企业的生产经营活动一律通过人民币进行核算反映,业务收支以人民币以外的货币为主的企业可以选定其中某一种货币作为记账本位币,但是编报的财务会计报告应当折算为人民币。

财务会计核算的四项基本假设具有相互依存、相互补充的关系。会计主体确立了会计核算的空间范围,持续经营与会计分期确立了会计核算的时间长度,而货币计量则为会计核算提供了必要手段。没有会计主体,就不会有持续经营;没有持续经营,就不会有会计分期;没有货币计量,就不会有现代会计。

二、财务会计信息的质量要求

会计信息的质量要求就是会计信息的有用性。会计信息的有用性程度越高,则会计信息的质量就越高,这就在客观上需要为会计信息的质量制定一个标准。因此,会计信息质量要求是对企业财务会计报告中所提供的会计信息质量的基本要求,是使财务会计报告中提供的会计信息有助于信息使用者决策或评价企业管理部门受托责任所应具备的基本特征。

(一)会计信息质量要求的内容

根据《企业会计准则——基本准则》的规定,我国会计信息质量要求包括可靠性、相关性、可理解性、可比性、实质重于形式、重要性、谨慎性和及时性等。

1. 可靠性

可靠性要求企业应当以实际发生的交易或事项为依据进行财务会计确认、计量和报告，如实反映符合确认和计量要求的各项会计要素及其他相关信息，保证会计信息真实可靠、内容完整。一项信息是否可靠取决于真实性、可核性和中立性三个因素。因此，可靠性具体包括以下要求：一是应当以实际发生的交易或事项为依据进行财务会计确认、计量和报告；二是应当如实反映其所应反映的交易或事项，将符合财务会计要素定义及其确认条件的资产、负债、所有者权益、收入、费用和利润如实地反映在财务报表中；三是应当在符合重要性和成本效益原则的前提下，保证会计信息的完整。

2. 相关性

会计信息的相关性要求企业提供的会计信息应当与财务会计报告使用者的经济决策需要相关，有助于财务会计报告使用者对企业过去、现在或未来的情况作出评价或预测。会计信息应当有助于使用者评价企业过去、验证或者修正过去的有关预测，因而具有反馈价值。相关的会计信息还应当具有预测价值，有助于使用者预测企业未来的财务状况、经营成果和现金流量。

3. 可理解性

会计信息的可理解性要求企业提供的会计信息应当清晰明了，便于会计报告使用者理解和使用。企业编制财务会计报告、提供会计信息的目的在于应用，而要想使使用者有效地使用会计信息，就要求财务会计报告所提供的会计信息清晰明了、易于理解。

4. 可比性

会计信息的可比性要求企业提供的会计信息应当具有可比性，包括：纵向可比，即同一企业不同时期发生的相同或相似的交易或事项，应当采用一致的会计政策，不得随意变更；横向可比，即不同企业发生的相同或相似的交易或事项，应当采用规定的会计政策，确保会计信息口径一致、相互可比。可比性不仅要求不同企业之间的会计信息具有横向的可比性，而且要求同一企业不同时期的会计信息具有纵向的可比性。

5. 实质重于形式

实质重于形式要求企业应当按照交易或事项的经济实质进行财务会计确认，不应仅以交易或事项的法律形式为依据。如果企业仅仅以交易或事项的法律形式作为依据进行财务会计确认，那么就容易导致会计信息失真，无法如实反映经济活动。例如，以融资租赁方式租入的固定资产，虽然从法律形式上讲承租企业并不拥有其所有权，但从经济实质上看，企业能够控制其创造的未来经济利益，所以应当将以融资租赁方式租入的固定资产视同自有，列入资产负债表。

6. 重要性

重要性是指提供的信息要能够影响会计信息使用者的决策。重要性要求企业提供的会计信息应当反映与企业财务状况、经营成果和现金流量有关的所有重要交易或事项。若企业会计信息的省略或错报会影响使用者据此作出经济决策，则该信息就具有重要性。重要

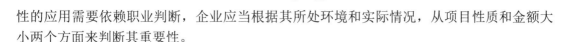

性的应用需要依赖职业判断，企业应当根据其所处环境和实际情况，从项目性质和金额大小两个方面来判断其重要性。

7．谨慎性

谨慎性要求企业对交易或事项进行财务会计确认、计量和报告时应当保持应有的谨慎，不应高估资产或收益，也不应低估负债或费用。但是谨慎性的应用并不允许企业设置秘密准备，如果企业故意低估资产或收益，或者故意高估负债或费用，将不符合会计信息的可靠性和相关性的要求，损害会计信息质量，扭曲企业实际的财务状况和经营成果，从而对使用者的决策产生误导，这是会计准则所不允许的。

8．及时性

及时性要求企业对于已经发生的交易或事项，应当及时进行财务会计确认、计量和报告，不得提前或延后。会计信息的价值在于帮助使用者作出经济决策，因此具有时效性。即使是可靠、相关的会计信息，如果不及时提供，也会失去时效性，对于使用者的效用就大大降低，甚至不再具有任何意义。

(二)会计信息质量要求之间的关系

可靠性和相关性是决定会计信息有用性的两个最基本的质量要求，缺少任何一个，会计信息都是无用的。可靠性是基础，相关性是目的。从理论上讲，在受托责任观下强调信息的可靠性，而在决策有用观下强调信息的相关性。可理解性、可比性和及时性是会计信息的次要特征，有助于提高会计信息的可靠性和相关性。同时，及时性还是会计信息相关性和可靠性的制约因素，企业需要在相关性和可靠性之间寻求一种平衡，以确定信息及时披露的时间。会计信息质量的重要性是与决策者的需要相关的，其重要性的程度有赖于信息提供者的判断。一般而言，对信息使用者评价受托责任和进行决策将产生重大影响的信息就是重要信息。

思考：近年来，人们对财务会计信息的可靠性或相关性争论不休。基于现代企业制度与金融市场框架，请分组讨论：财务会计信息应该追求可靠性还是相关性？

第三节　财务会计要素

财务会计要素是会计核算对象的具体化，是按照交易或事项的经济特征所作的基本分类。它既是财务会计确认和计量的依据，也是确定财务报表结构和内容的基础。根据《企业会计准则——基本准则》的规定，财务会计要素由资产、负债、所有者权益、收入、费用和利润六大要素组成。财务会计要素可以分为反映财务状况的要素和反映经营成果的要素两类。

一、反映财务状况的要素

财务状况要素是反映企业在某一日期经营资金的来源和分布情况的各项要素，一般通过资产负债表来反映。财务状况要素由资产、负债和所有者权益三个要素构成，它从静态上描述企业的经济活动。

(一)资产

资产是指企业过去的交易或事项形成的，由企业拥有或控制的，预期会给企业带来经济利益的资源。企业过去的交易或事项包括购买、生产、建造行为或者其他交易或事项。预期在未来发生的交易或事项不形成资产。由企业拥有或控制，是指企业享有某项资源的所有权，或者虽然不享有某项资源的所有权，但该资源能被企业所控制，预期会给企业带来经济利益。资产按其流动性可分为以下两类。

(1) 流动资产。流动资产是指预计在一个正常营业周期内变现、出售或耗用，或者主要为交易目的而持有，或者预计在资产负债表日起 1 年内(含 1 年)变现的资产，以及自资产负债表日起 1 年内交换其他资产或清偿负债的能力不受限制的现金或现金等价物。流动资产主要包括库存现金、银行存款、交易性金融资产、应收票据、应收账款、预付款、应收利息、应收股利、其他应收款、存货等。

(2) 非流动资产。非流动资产是指流动资产以外的资产，主要包括可供出售的金融资产、持有至到期投资、长期应收款、长期股权投资、投资性房地产、固定资产、无形资产和其他非流动资产等。例如，固定资产是指同时具有以下特征的有形资产：一是为生产商品、提供劳务、出租或经营管理而持有的；二是使用寿命超过一个会计年度。固定资产包括房屋及建筑物、运输设备、机器设备、工具器具等。无形资产是指企业拥有或控制的没有实物形态的可辨认的非货币性资产，包括专利权、非专利技术、商标权、著作权、土地使用权、特许权等。

(二)负债

负债是指过去的交易或事项形成的，预期会导致经济利益流出企业的现时义务。现时义务是指企业在现行条件下已承担的义务。未来发生的交易或事项形成的义务不属于现时义务，不应当确认为负债。负债按其偿还期的长短可分为以下两种。

(1) 流动负债。流动负债是指预计在一个正常营业周期中清偿，或者主要为交易目的而持有，或者自资产负债表日起 1 年内(含 1 年)到期应予以清偿的负债。流动负债主要包括短期借款、应付票据、应付账款、预收款、应付职工薪酬、应交税费、应付利息、应付股利、其他应付款和 1 年内到期的长期负债等。

(2) 非流动负债。非流动负债是指偿还期在 1 年或超过 1 年的一个营业周期以上的债务，包括长期借款、应付债券、长期应付款、专项应付款、预计负债等。

(三)所有者权益

所有者权益是指企业资产扣除负债后，由所有者享有的剩余权益。公司的所有者权益又称股东权益。所有者权益反映了所有者对企业资产的剩余索取权，是企业资产中扣除债权人权益后应由所有者享有的部分。所有者权益按其来源可分为以下三种。

(1) 所有者投入的资本。它既包括构成企业注册资本或股本部分的金额，又包括投入资本超过注册资本或股本部分的金额，即资本溢价或股本溢价。

(2) 直接计入所有者权益的利得和损失。利得是指由企业非日常活动所形成的，会导致所有者权益增加，与所有者投入资本无关的经济利益的流入；损失是指由企业非日常活动所形成的，会导致所有者权益减少，与向所有者分配利润无关的经济利益的流出。

(3) 留存收益。留存收益是指企业历年来实现的净利润留存于企业的部分，主要包括计提的盈余公积和未分配利润。

二、反映经营成果的要素

经营成果是指企业在一定时期内生产经营活动的结果，具体地说，它是指企业生产经营活动中取得的收入与耗费相比较的差额。经营成果一般由收入、费用和利润三个要素构成，通过利润表来反映。

(一)收入

收入是指企业在日常活动中所形成的，会导致所有者权益增加，与所有者投入资本无关的经济利益的总流入。这种总流入表现为资产的增加或债务的清偿，最终会导致所有者权益的增加。日常活动是指销售商品、提供劳务及让渡资产使用权等。

企业可以从以下三个方面取得收入：一是销售商品；二是提供劳务；三是让渡资产使用权。按照企业经营业务的主次分类，收入可以分为主营业务收入和其他业务收入。

1．主营业务收入

主营业务收入是指企业通过其主要的经营活动中所取得的收入。不同行业的主营业务收入包括的内容也不相同，如工业企业的主营业务收入主要包括制造并销售产品、自制半成品等所取得的收入；商品流通企业的主营业务收入主要是销售商品所取得的收入。在确定主营业务收入时，应当根据企业自身业务的特点以及营业执照上注明的营业范围加以确定。主营业务收入一般占企业收入的比重较大，对企业的经济效益产生较大的影响。

2．其他业务收入

其他业务收入是指企业主要经营业务以外所取得的收入。其他业务收入主要包括工业企业销售材料取得的收入、固定资产出租收入、包装物出租收入等。收入中的其他业务收入一般占企业收入的比重较小。

(二)费用

费用是指企业在日常活动中发生的，会导致所有者权益减少，与向所有者分配利润无关的经济利益的总流出。费用的增加表现为资产的减少或负债的增加，最终会减少企业的所有者权益。费用包括以下几项。

(1) 产品生产成本。产品生产成本是指企业为生产产品而发生的各种耗费，按照与产品成本的关系，产品生产成本可分为直接费用(如直接人工、直接材料等)和间接费用(如间接人工、间接材料等)。此项成本费用随着产品销售而从销售收入中得到补偿。

(2) 期间费用。期间费用是指不直接归属于某个特定产品的成本，发生时直接计入当期损益的费用，包括管理费用、财务费用和销售费用。

(三)利润

利润是企业在一定会计期间的经营成果。利润包括收入减去费用后的净额、直接计入当期利润的利得和损失等。利润通常是评价企业管理层业绩的一项重要指标，也是投资者、债权人等作出投资决策、信贷决策等时的重要参考指标。利润通常包括营业利润、利润总额和净利润。

(1) 营业利润。营业利润是指企业在生产经营活动中所产生的利润。它是营业收入减去营业成本、税金及附加、销售费用、管理费用、财务费用、资产减值损失，加上公允价值变动收益、投资收益后的余额。

(2) 利润总额。利润总额是指营业利润加上营业外收入，减去营业外支出后的余额。

(3) 净利润。净利润是指利润总额减去所得税费用后的余额。

【阅读资料 1-1】

国外对财务报表要素的划分

FASB(Financial Accounting Standards Board，财务会计准则委员会)将财务报表要素划分为两类十项：资产、负债、业主权益/净资产；业主投资、派给业主款、全面收益、营业收入、费用、利得、损失。其中，前三项用以描述某一时刻的资源或对资源要求权的水平或金额；后七项用以描述在一定期间内影响企业的交易和其他事项及情况的结果。它突出了权益要素和全面收益要素。

IASC(International Accounting Standards Committee，国际会计准则委员会)于 1989 年公布的《关于编制和提供财务报表的框架》中将财务报表要素划分为：资产、负债、产权、收益、费用。

三、会计等式

财务会计的六大要素反映企业财务状况和经营成果的两个方面，具有紧密的相关性，表明了财务会计要素之间内在的规律性。因此，会计等式是描述财务会计要素之间数量关系的一种表达式。其具体可表现为以下三个会计等式。

(一)反映财务状况的会计等式：资产=负债+所有者权益

该会计等式反映了财务状况要素之间的基本关系，是资金运动的静态表现。即表明某一会计主体在某一特定的时点所拥有的各种资产，债权人和投资者(即所有者)对企业资产要求权的基本情况。一般把债权人权益和所有者权益统称为权益。可见，资产与权益是同一事物的两个不同侧面，两者相互依存、不可分割，没有无资产的权益，也没有无权益的资产。因此，资产与权益两者在数量上必然相等，构成了资产负债表的基本框架。

(二)反映经营成果的会计等式：收入-费用=利润

该会计等式反映了经营成果要素之间的基本关系，是资金运动的动态表现。即企业一定时期内所获得的收入扣除所发生的各项费用后，即为利润。这一会计等式从动态方面描述一定时期的资产及对资产要求权的变动结果，构成了利润表的基本结构。

(三)会计扩展等式：资产+费用=负债+所有者权益+收入

会计扩展等式反映了会计要素之间的数量关系。因为企业在会计期间取得的收入引起资产的增加或负债的减少，发生的费用引起资产的减少或负债的增加，所以在会计期间，会计要素之间的数量关系可用"资产+费用=负债+所有者权益+收入"会计等式来表示。在会计期末，将收入与费用配比之后计算的利润，一部分分配给投资者，退出企业，另一部分形成企业的留存收益，归入所有者权益项目，会计等式又恢复为"资产=负债+所有者权益"。

第四节　财务会计确认与计量

财务会计作为一个信息系统，包括会计确认、会计计量、会计记录和会计报告四个环节。其中，会计确认与会计计量是财务会计的核心内容。在现代会计理论中，会计确认和会计计量既有区别又有联系。

一、会计确认

会计确认是指依据一定的标准，辨认哪些经济业务能够和何时输入会计信息系统以及如何进行报告的过程。会计核算过程实质上是一个信息变换、加工和传输的过程，会计确认是信息变换的关键环节。会计确认实际上是分两次进行的：第一次解决会计记录问题，即初始确认；第二次解决财务报表的披露问题，即再次确认。

(一)初始确认与再次确认

初始确认是指对输入会计信息系统的原始经济数据进行确认。会计的初始确认要解决的首要问题是，确定企业各项经济业务产生的经济数据中哪些应在复式簿记系统记录；要解决的第二个问题是，要记入会计信息系统的经济数据应在何时记入何种会计科目，也就是说要对这些会计信息重新进行分类，将这些经济数据转化为会计语言，记录到会计账簿中。

从会计账簿的会计信息到财务报告信息，是财务会计加工信息的第二阶段，主要任务是编制财务报表，也就是会计的再次确认，是将会计账簿记录转化为财务报表的要素，是一个挑选、分类、汇总或细化的加工过程，实际上是对已经形成的会计信息的再提炼、再加工，以保证其真实性及正确性，以保证会计输出的信息应该能够影响使用者的预测或决策。

(二)会计确认的标准

会计确认的核心问题是会计确认的标准。会计确认的标准是对会计确认行为的基本约束，指明了解决各种会计确认问题的方向。会计确认的标准是从会计信息质量要求推导而来的，同时又有助于形成财务会计报告要素，用以解决编制财务会计报告的各种问题。概括地讲，会计确认的标准包括以下几个方面。

(1) 可定义性。可定义性是指被确认的项目应符合财务报表某一要素的定义，如确认的资产必须符合资产的定义、确认的债务必须符合负债的定义等。

(2) 可计量性。可计量性是指被确认的项目应具有一个相关的计量属性，足以充分可靠地予以计量。即被确认的会计要素必须能够用货币进行计量，凡是不能用货币可靠地计量的要素，都不能予以确认。

(3) 相关性。相关性是指被确认的会计要素应当对信息使用者的决策起直接作用。因此，在确认时应尽量排除不相关的会计信息，而对相关的会计信息予以确认。

(4) 可靠性。可靠性是指被确认的会计信息是真实的、可验证的和不偏不倚的。因此，不可靠的会计信息在会计上是不能予以确认的。

在上述四个确认标准中，可定义性和可计量性是主要标准。如果会计信息主要反映的是企业经营管理者的受托责任，则会计确认更强调信息的可靠性；如果会计信息主要是为满足会计信息使用者决策的需要，则会计确认更加强调会计信息的相关性。因此，进行会计确认时应在可靠性和相关性之间进行权衡，以保证输出的信息能满足各方面的需要。

(三)会计确认的基础

会计确认的基础是指会计交易或事项的记账基准。从根本上说，会计基础主要解决收入和费用会计要素应以什么标准、在什么时间及如何在会计报表中披露的问题。目前，会计确认的基础主要分为权责发生制和收付实现制。

1. 权责发生制

权责发生制又称应收应付制或应计基础，是指财务会计确认、计量和报告以权责发生为基础来确定本期收入和费用。在权责发生制下，凡是应属于本期的收入和费用，不论其款项是否实际收到或支出，均应作为本期的收入和费用处理；反之，凡不属于本期的收入和费用，即使已收到款项或已支出款项，都不应作为本期的收入和费用。我国《企业会计准则》规定，企业应当以权责发生制为基础进行确认、计量和报告。

2. 收付实现制

收付实现制又称现金收付制，是指会计确认、计量和报告以款项实际收到或付出来确定收入和费用的一种会计处理制度。在收付实现制下，凡在本期实际收到的收入，不论其应否归属于本期，均作为本期收入处理；凡在本期实际付出的费用，不论其应否在本期的收入中得到补偿，均作为本期的费用处理。相对于权责发生制来说，采用收付实现制进行会计确认、计量和报告的核算手续比较简便，但不能正确地反映各期的盈亏。因此，在我国收付实现制一般适用于财政总预算、行政机关和事业单位等非营利性单位，便于与其预算相比较，监督预算计划的执行。

二、会计计量

会计计量就是将符合确认条件的会计要素予以量化的过程，即以货币金额的多少来表示企业经济业务数量的大小，并列报于财务报表且确定其金额的过程。会计计量是一个模式，由计量单位和计量属性两个要素构成。

(一)计量单位

计量单位是指计量尺度的量度单位，即对计量的对象量化时采用的具体标准，如实物量度、劳动量度、货币量度等。会计一般以货币量度为计量单位，如人民币、美元、英镑等，一般要求在会计报表的附注中说明采用的货币种类。

每一种货币都可以分为名义货币和一般购买力货币两种计量单位。在不存在恶性通货膨胀的情况下，一般以名义货币作为会计的计量单位；在恶性通货膨胀的情况下，通常采用一般购买力货币作为会计的计量单位。

(二)计量属性

计量属性是指被计量对象的特性或外在表现形式，即予以被计量对象数量化的特征。不同计量模式的主要区别在于计量属性的不同。

企业应当按照规定的会计计量属性进行计量，确定相关金额。我国企业会计准则规定，企业在对会计要素进行计量时，一般应当采用历史成本，而采用重置成本、可变现净值、现值、公允价值计量的，应当保证所确定的会计要素金额能够取得并可靠计量。

1. 历史成本

在历史成本计量下，资产按照购置时支付的现金或现金等价物的金额计量；负债按照其因承担现时义务而实际收到的款项或资产的金额，或者承担现时义务的合同金额，或者按照日常活动中为偿还负债预期需要支付的现金或现金等价物的金额计量。

2. 重置成本

在重置成本计量下，资产按照现在购买相同或相似资产所需支付的现金或现金等价物的金额计量；负债按照现在偿付该项负债所需支付现金或现金等价物的金额计量。在实务中，重置成本主要应用于盘盈固定资产的计量等。

3. 可变现净值

在可变现净值计量下，资产按照其正常对外销售所能收到现金或现金等价物的金额扣减该资产至完工时估计将要发生的成本、估计的销售费用以及相关税金后的金额计量。可变现净值通常应用于存货资产减值情况下的后续计量。

4. 现值

现值是指对未来现金流量以恰当的折现率进行折现后的价值，是考虑货币时间价值的一种计量属性。在现值计量下，资产按照预计从其持续使用和最终处置中产生的未来净现金流入量的折现金额计量；负债按照预计期限内需要偿还的未来净现金流出量的折现金额计量。

5. 公允价值

公允价值是指市场参与者在计量日发生的有序交易中，出售一项资产所能收到或转移一项负债所需支付的价格。公允价值主要应用于交易性金融资产、可供出售金融资产的计量等。

以上五种计量属性各有优劣，但并不完全排斥，往往可以在会计计量时同时使用两种或两种以上属性，以提高会计信息的有用性。

目前，我国引入公允价值是适度、谨慎和有条件的。原因是考虑到我国尚属于新兴的市场经济国家，如果不加限制地引入公允价值，有可能出现公允价值计量不可靠甚至借机人为操纵利润的现象。因此，投资性房地产和生物资产等相关准则规定，只有存在活跃市场、公允价值能够取得并可靠计量的情况下，才能采用公允价值计量。

(三)我国的企业会计准则

我国的企业会计准则自 20 世纪 50 年代至 90 年代初，一直采用企业会计制度的形式。我国从 1988 年起开始研究起草企业会计准则，1992 年 11 月经国务院批准以财政部长令的形式，正式颁布了《企业会计准则》和《企业财务通则》，规定从 1993 年开始实行，这是我国经济改革开放以来会计改革的里程碑事件，表明我国的会计制度从适应计划经济体制下的模式转向与国际会计制度接轨，它标志着我国企业会计工作进入了一个新的发展时期。

近几年，随着全球一体化和我国经济社会的不断发展，理论界和实务界将我国的企业会计准则分为基本会计准则和具体会计准则两个层次。普遍认可的是，将 1993 年实施的《企业会计准则》定位于基本准则，它主要就企业财务会计的一般要求和主要方面作出原则性规定，为制定具体会计准则和会计制度提供依据。《企业会计准则》颁布之后，随着学术界理论研究的不断深入和适应我国不断深化改革开放的需要，和国际交流得越来越频繁，对外面的世界和国际会计准则也越来越了解，具体会计准则的制定被提上日程，自 1997 年至 2001 年年底，财政部共发布了 16 项具体的会计准则，2002 年发布了《企业会计制度》与之相配套，2006 年财政部颁布了《企业会计准则——基本准则》和 38 项具体会计准则，2017 年修改了五项具体准则和新颁布了四项具体准则，如表 1-1 所示。至此，我国已基本建立起了比较完善的，既能适合中国国情又能与国际会计准则趋同、等效的能够独立实时运行的企业会计准则体系。

【阅读资料 1-2】

表 1-1　42 项具体会计准则

序号	名称	序号	名称	序号	名称
1	存货	15	建造合同	29	资产负债表日后事项
2	长期股权投资	16	政府补助	30	财务报表列报
3	投资性房地产	17	借款费用	31	现金流量表
4	固定资产	18	所得税	32	中期财务报告
5	生物资产	19	外币折算	33	合并财务报表
6	无形资产	20	企业合并	34	每股收益
7	非货币性资产交换	21	租赁	35	分部报告
8	资产减值	22	金融工具确认和计量	36	关联方披露
9	职工薪酬	23	金融资产转移	37	金融工具列报
10	企业年金基金	24	套期保值	38	首次执行企业会计准则
11	股份支付	25	原保险合同	39	公允价值计量
12	债务重组	26	再保险合同	40	合营安排
13	或有事项	27	石油天然气开采	41	在其他主体中权益的披露
14	收入	28	会计政策、会计估计变更和差错更正	42	持有待售的非流动资产、处置组和终止经营

本 章 小 结

　　本章主要介绍了会计的基本理论，包括财务会计的概念、财务会计的特征、财务会计的目标、财务会计的基本前提、会计信息质量要求、财务会计要素、会计确认、会计计量等基本内容。

自 测 题

一、简答题

1. 财务会计的目标是什么？
2. 财务会计的基本前提有哪些？
3. 财务会计的基本要素有哪些？包括哪些具体内容？这些要素之间的联系如何？
4. 会计信息的质量有哪些要求？这些要求的次序或重要性如何？

二、案例分析题

　　在某大学教会计的张丽老师暑假期间遇到四位活跃于股市的中学同学。他们中的第一位是代理股票买卖的证券公司经纪人，第二位是受资产经营公司之托任某上市公司的董事，第三位为个人投资者，最后一位是证券报股票投资专栏的记者。当问及如何在股市中操作时，四位的回答如下。

　　第一位：分析股价涨跌规律，不看会计信息。

　　第二位：凭直觉炒股。

　　第三位：关键是获得各种信息，至于财务信息是否重要则很难说。

　　第四位：公司财务信息非常重要。

　　试对上述观点加以评论，并提出你的见解。

第二章

货币资金与应收款项

【学习要点及目标】

- 掌握货币资金的内容、管理及会计处理。
- 掌握应收票据和应收账款的特点、种类及会计处理。
- 理解不同结算方式对会计处理的影响。

【核心概念】

货币资金　银行存款　其他货币资金　应收账款　应收票据

【引导案例】

陈某在担任某公司出纳期间,利用自己经管公司财务印章和法人印章的职务之便,私自购买银行支票,从公司银行存款账户中转出 120 万元供自己挥霍。后来怕事情暴露,又以公司名义向与公司有业务往来的一家银行和其他单位借款 120 万元将款还上。他还以公司名义向一家银行借款 20 万元,向一家公司借款 25 万元,都用于个人消费。

思考:在本案例中,该公司在管理上存在哪些问题?

第一节　货　币　资　金

一、货币资金的概念与内容

(一)货币资金的概念

货币资金是指可以立即投入流通,用以购买商品或劳务,或用以偿还债务的交换媒介。它是企业中最活跃的资金,流动性强,是企业的重要支付手段和流通手段,因而是流动资产的审查重点。企业在经营过程中,绝大部分经济活动都是通过货币资金的收支进行的。

(二)货币资金的内容

货币资金按其形态和用途不同,可分为库存现金、银行存款和其他货币资金。凡是不能立即支付和使用的(如银行冻结存款等),一般不能视为货币资金。不同形式的货币资金有不同的管理方式和管理内容。为了适应货币资金管理的需要,一般设置"库存现金""银行存款"和"其他货币资金"等科目。其中,"库存现金"科目用以核算企业的库存现金,包括库存人民币和外币,但不包括企业内部周转使用的备用金。"银行存款"科目用以核算企业存入银行或其他金融机构的各种存款,但不包括企业的外埠存款、银行本票存款和银行汇票存款等。"其他货币资金"科目用以核算企业的外埠存款、银行汇票存款、银行本票存款和在途货币资金等。

二、货币资金的管理

(一)库存现金的管理

(1) 企业在办理有关现金收支业务时,应当遵守以下几项规定。

① 开户单位的现金收入应于当日送存开户银行,如当日不能及时送存银行的,应于次日送存银行,不能以收抵支,应将现金收入和现金支出分开处理。

② 开户单位支付现金,可以从本单位库存现金限额中支付或从开户银行提取,不得从本单位的现金收入中直接支付,即不得"坐支"现金。因特殊情况需要坐支现金的,应当事先报经有关部门审查批准,并在核定的坐支范围和限额内进行,同时,收支的现金必须入账。

③ 开户单位从开户银行提取现金时,应如实写明提取现金的用途,由本单位财会部门负责人签字、盖章,并经开户银行审查批准后予以支付。

④　因采购地点不确定、交通不便、抢险救灾以及其他特殊情况必须使用现金的单位，应向开户银行提出书面申请，由本单位财会部门负责人签字，并经开户银行审查批准后予以支付。

(2)　企业必须设置现金日记账按照现金业务发生的先后顺序逐笔序时登记。每日终了，应将登记的现金日记账结余数与实际库存数进行核对，做到账款相符。月份终了，现金日记账的余额必须与现金总账科目的余额核对相符。

(3)　企业内部现金管理应按内部牵制制度的要求实行钱账分管。

(4)　现金的库存限额。现金的库存限额是指按照银行现金管理规定，由开户银行核定的企业现金的库存最高额度。现金的库存限额由开户单位提出申请，由开户银行审查核定。现金的库存限额原则上根据企业3~5天的日常零星开支的需要确定。边远地区和交通不发达的地区可以适当放宽，但最多不超过15天。

(5)　现金的使用范围：①职工的工资、津贴；②个人劳务报酬；③根据国家规定颁发给个人的科学技术、文化艺术、体育等各种奖金；④各种劳保、福利费用以及国家规定的对个人的其他支出；⑤向个人收购农副产品和其他物资的价款；⑥出差人员必须随身携带的差旅费；⑦结算起点以下的零星开支；⑧中国人民银行确定需要支付现金的其他支出。凡是不属于现金结算范围的，应通过银行进行转账结算。

(二)银行存款的管理

银行存款就是指企业存放在银行或其他金融机构的货币资金。按照国家有关规定，凡是独立核算的单位都必须在当地银行开设账户。企业在银行开设账户以后，除按核定的限额保留库存现金外，超过限额的现金必须送存银行；除了在规定的范围内可以使用现金直接支付的款项外，在经营过程中所发生的一切货币收支业务，都必须通过"银行存款"账户进行结算。

按照《支付结算办法》的规定，企业应在银行开立账户，办理存款、取款和转账等结算。企业在银行开立人民币存款账户，必须遵守中国人民银行《银行账户管理办法》的各项规定。

1. 银行存款开户的有关规定

银行存款账户分为基本存款账户、一般存款账户、临时存款账户和专用存款账户。

基本存款账户是企业办理日常结算和现金收付的账户。基本存款账户是存款人的主要账户，企业日常经营活动的资金收付及企业的工资、奖金等现金的支取，只能通过基本存款账户办理。一般存款账户是企业因借款或其他结算需要，在基本存款账户开户银行以外的银行营业机构开立的银行结算账户。企业可以通过本账户办理转账结算和现金缴存，但不能办理现金支取。临时存款账户是企业因临时经营活动需要开立的账户。企业可以通过本账户办理转账结算和根据国家现金管理的规定办理现金收付。专用存款账户是企业因特定用途需要开立的账户。专用存款账户用于办理各项专用资金的收付，但不能办理现金收付业务。一个企业只能选择一家银行的一个营业机构开立一个基本存款账户，不得在多家银行机构同时开立基本存款账户，不得在同一家银行的几个分支机构同时开立一般存款账户。

2. 银行结算纪律

企业通过银行办理支付结算时，应当认真执行国家各项管理办法和结算制度。中国人民银行 1997 年 9 月 19 日颁布的《支付结算办法》规定：单位和个人办理支付结算，不准签发没有资金保证的票据或远期支票，套取银行信用；不准签发、取得和转让没有真实交易和债权债务的票据，套取银行和他人资金；不准无理拒绝付款，任意占用他人资金；不准违反规定开立和使用账户。

【阅读资料 2-1】

银行结算方式

(1) 银行汇票。银行汇票是汇款人将款项交存当地出票银行，由当地出票银行签发的，由其在见票时，按照实际结算金额无条件支付给收款人或持票人的票据。它具有使用灵活、票随人到、兑现性强等特点，适用于先收款后发货或钱货两清的商品交易。单位和个人的各种款项结算，均可使用银行汇票。银行汇票的付款期限为自出票日起 1 个月内。银行汇票的收款人可以将银行汇票背书转让给他人。

(2) 银行本票。银行本票是银行签发的，承诺自己在见票时无条件支付确定的金额给收款人或者持票人的票据。银行本票由银行签发并保证兑付，而且见票即付，具有信誉高、支付功能强等特点。银行本票分为定额本票和不定额本票。定额本票的面值有 1 000 元、5 000 元、10 000 元和 50 000 元。银行本票的付款期限为自出票日起最长不超过两个月。银行本票可以根据需要在票据交换区域内背书转让。

(3) 商业汇票。商业汇票是由出票人签发的，委托付款人在指定日期无条件支付确定的金额给收款人或者持票人的票据。在银行开立存款账户的法人以及其他组织之间须具有真实的交易关系或债权债务关系，才能使用商业汇票。商业汇票的付款期限由交易双方商定，最长不得超过 6 个月。商业汇票的提示付款期限为自汇票到期日起 10 日内。商业汇票可以由付款人签发并承兑，也可经由收款人签发交由付款人承兑。商业汇票可背书转让。商业汇票按承兑人不同，分为商业承兑汇票和银行承兑汇票两种。商业承兑汇票由银行以外的付款人承兑。银行承兑汇票由银行承兑，由开立存款账户的存款人签发。

(4) 支票。支票是指单位或个人签发的，委托办理支票存款业务的银行在见票时无条件支付确定的金额给收款人或者持票人的票据。支票结算方式是同城结算中应用比较广泛的一种结算方式。单位和个人的同一票据交换区域的各种款项结算，均可使用支票。现金支票只能用于支取现金；转账支票只能用于转账；普通支票可以用于支取现金，也可以用于转账。支票的提示付款期限为自出票日起 10 日内，中国人民银行另有规定的除外。

(5) 信用卡。信用卡是指商业银行向个人和单位发行的，凭以向特约单位购物、消费和向银行存取现金，且具有消费信用的特制载体卡片。信用卡按使用对象分为单位卡和个人卡；按信誉等级分为金卡和普通卡。单位卡一律不得用于 10 万元以上商品交易、劳务供应款项的结算，不得支取现金。信用卡在规定的限额和期限内允许善意透支，透支金额金卡不得超过 10 000 元，普通卡不得超过 5 000 元。透支期限最长为 60 天。

(6) 汇兑。汇兑是汇款人委托银行将其款项支付给收款人的结算方式。汇兑分信汇和电汇两种。汇兑结算方式适用于异地之间的各种款项结算。

(7) 委托收款。委托收款是收款人委托银行向付款人收取款项的结算方式。无论单位还是个人都可收取同城和异地的款项。委托收款款项划回的方式分为邮寄和电报两种。

(8) 托收承付。托收承付是指根据购销合同由收款人发货后委托银行向异地付款人收取款项，由付款人向银行承认付款的结算方式。办理托收承付的必须是国有企业、供销合作社以及经营管理较好，并经开户银行审查同意的城乡集体所有制工业企业。托收承付款项划回的方式分为邮寄和电报两种，它的结算每笔金额的起点为 10 000 元，新华书店系统每笔金额的起点为 1 000 元。采用托收承付结算方式时，购销双方必须签有符合《经济合同法》的购销合同，并在合同上订明使用托收承付结算方式。按照《支付结算办法》的规定，承付货款分为验单付款与验货付款两种。验单付款是购货企业根据经济合同对银行转来的托收结算凭证、发票账单及代垫运杂费等到交易所进行审查无误后，即可承认付款。验货付款是购货企业等到货物运达企业，对其进行检验与合同完全相符后才承认付款。

(9) 信用证。信用证结算方式是国际结算的一种主要方式。采用信用证结算方式的，收款单位收到信用证后，即备货装运，签发有关发票账单，连同运输单据和信用证，送交银行，根据退还的信用证等有关凭证编制收款凭证；付款单位在接到开证行的通知时，根据付款的有关单据编制付款凭证。

三、其他货币资金

(一)其他货币资金的性质与范围

其他货币资金是指企业除现金、银行存款以外的其他各种货币资金，包括外埠存款、银行汇票存款、银行本票存款、信用卡存款、信用保证金存款等。外埠存款是指企业到外地进行临时或零星的采购时，汇往采购地银行并开立采购专户的款项。银行汇票存款是指企业为取得银行汇票，按照规定存入银行的款项。银行本票存款是指企业为取得银行本票按照规定存入银行的款项。信用卡存款是指企业为取得信用卡按照规定存入银行的款项。信用保证金存款是指企业存入银行作为信用证保证金专户的款项。

(二)其他货币资金的核算

企业通过"其他货币资金"科目来核算其他货币资金业务。企业增加其他货币资金，借记本科目，贷记"银行存款"科目；减少其他货币资金，借记有关科目，贷记本科目。本科目可按银行汇票或本票、信用证的收款单位、外埠存款的开户银行，分别采用"银行汇票""银行本票""信用卡""信用证保证金""外埠存款"等进行明细核算。本科目期末借方余额，反映企业持有的其他货币资金。

下面简单介绍外埠存款。

外埠存款是指企业到外地进行临时或零星的采购时，汇往采购地银行并开立采购专户的款项。采购资金存款不计利息，除采购员差旅费可以支取少量库存现金外，一律转账。采购专户只付不收，付完后注销账户。

(1) 企业将款项委托当地银行汇往采购地开立专户时。

借：其他货币资金——外埠存款
　　贷：银行存款

(2) 企业收到采购员交上来的发票账单等报销凭证时，应作如下分录。

借：材料采购(或原材料、在途物资)

应交税费——应交增值税(进项税额)

　　贷：其他货币资金——外埠存款

(3) 采购地银行将多余款项转回当地银行结算账户时。

借：银行存款

　　贷：其他货币资金外埠存款

四、货币资金在财务报表上的列示

资产负债表上一般只列示"货币资金"项目，不再按货币资金的组成项目单独列示或披露。货币资金列示金额为库存现金、银行存款、其他货币资金各账户总账期末余额合计数。

第二节　应　收　账　款

一、应收账款的概念与范围

应收账款是指企业在日常经营过程中因销售商品、提供劳务等，应向购买单位收取的款项，包括应由购买单位或接受劳务的单位负担的税金、为购买方垫付的各种运杂费等。应收账款在资产负债表上属于流动资产项目。

应收账款有特定的范围。首先，应收账款是指因赊销或提供劳务而形成的债权，不包括应收职工欠款、应收债务人的利息等其他应收款；其次，应收账款是指流动资产性质的债权，不包括长期债权，如购买长期债券等；最后，应收账款是指本公司应收客户的款项，不包括本公司付出的各类存出保证金，如投标保证金和租入包装物等保证金等。

二、应收账款的入账价值

一般情况下，应收账款应该按照买卖双方成交时的实际发生额入账。但是企业为了及时回笼货款，在销售时经常采用折扣政策。企业为了确保货物的销售、对客户建立商业信用，对已经销售的商品可能实行折让或退回制度等。在实际工作中，主要有两种不同形式的折扣，它们对应收账款的入账价值的影响也不同。

(一)商业折扣

商业折扣，是指企业根据市场供需情况，或针对不同的顾客，在商品标价上给予的扣除。商业折扣是企业最常用的促销方式之一。企业为了扩大销售、占领市场，对于批发商往往给予商业折扣，采用销量越多价格越低的促销策略，其特点是折扣在实现销售的同时发生。在会计上，只有业务发生时的成交价才能以应收客户款入账。因此，商业折扣对会计核算不产生任何影响。

(二)现金折扣

现金折扣又称销售折扣，是指为敦促顾客尽早付清货款而提供的一种价格优惠。现金折扣的表示方式为：2/10，1/20，n/30 等。现金折扣发生在销货之后，是一种融资性质的理财费用，因此现金不得从销售额中减除。现金折扣实质上是企业为了尽早收到销售款而采取的一种理财手段，因此具有理财费用的性质。在我国目前的会计实务中，在有现金折扣的条件下企业发生的应收账款，须采用总价法入账，发生的现金折扣作为财务费用处理。相关处理如下例所示。

【例 2-1】某企业销售产品一批，售价(不含税)10 000 元，规定的现金折扣条件为 2/10、n/30，增值税税率为 13%，产品已发出并办妥托收手续。按总价法的会计分录如下。

借：应收账款　　　　　　　　　　　　　　　　　　　　　　11 300
　　贷：主营业务收入　　　　　　　　　　　　　　　　　　　　10 000
　　　　应交税费——应交增值税(销项税额)　　　　　　　　　　1 300

如果上述货款在 10 天内收到，其会计分录如下。

借：银行存款　　　　　　　　　　　　　　　　　　　　　　11 100
　　财务费用　　　　　　　　　　　　　　　　　　　　　　　　200
　　贷：应收账款　　　　　　　　　　　　　　　　　　　　　11 300

第三节　应收票据

一、应收票据概述

(一)应收票据的概念与分类

在我国，应收票据是指企业持有的未到期或未兑现的商业汇票。它是一种载有一定付款日期、付款地点、付款金额和付款人的无条件支付的流通证券，也是一种可以由持票人自由转让给他人的债权凭证。

根据我国现行法律的规定，商业汇票的付款期限不得超过 6 个月，符合条件的商业汇票的持票人，可以持未到期的商业汇票和贴现凭证向银行申请贴现。

在我国，按照票据承兑人的不同，商业汇票分为银行承兑汇票和商业承兑汇票两种。商业承兑汇票是付款人签发并承兑，或由收款人签发交由付款人承兑的汇票。银行承兑汇票是由在承兑银行开立存款账户的存款人出票，由承兑银行承兑的票据。

按照票据是否带息，商业汇票分为带息应收票据和不带息应收票据。带息应收票据是票面注明利息的应收票据，其利息应单独计算。无息应收票据是票面不注明利息的应收票据，其利息包含在票面本金之中。

按照票据是否带有追索权，商业汇票分为带追索权的商业汇票和不带追索权的商业汇票。追索权是指企业在转让了应收账款之后，接受应收账款转让方在款项遭受拒付或者逾期未付时，向转让方索取应收金额的权利。在我国，商业票据可以背书转让，因此持票人在款项未收到时可以向转让方行使追索权。在实务中，就应收票据贴现而言，银行承兑汇票的贴现一般不会使企业被追索,商业承兑汇票则有使企业被追索的可能。

(二)应收票据入账价值

应收票据入账价值的确定有两种方法,按票据面值入账和按票据到期值的现值入账。按票据面值入账的方法比较简单实用,按票据到期值的现值入账的方法比较科学。在我国,应收票据都是短期票据,而短期应收票据无须按现值计价。因此,我国企业收到的商业汇票以票据面值入账。

(三)应收票据到期日与到期价值的确定

1. 应收票据到期日的确定

商业汇票的持票人在票据到期日可向承兑人收取票据款。商业汇票自承兑日起生效,其到期日是由票据有效期限的长短决定的。在会计实务中,票据的期限一般有按月表示和按日表示两种。

票据期限按月表示时,票据的期限不考虑各月份实际天数的多少,统一按次月对日为整月计算。当签发承兑票据的日期为某月月末时,统一以到期月份的最后一日为到期日。例如:4月3日签发承兑期限为6个月的商业汇票,其到期日为10月4日。票据期限按月表示时,带息票据的利息应按票面金额、票据期限(月数)和月利率计算。

票据期限按日表示时,票据的期限不考虑月数,统一按票据的实际天数计算。通常票据签发承兑日和票据到期日,只计算其中的一天。如3月4日签发承兑期限为180天的商业汇票,其到期日为8月31日。票据期限按日表示时,带息票据的利息应按票面金额、票据期限(天数)和日利率计算。

2. 应收票据到期价值的确定

应收票据的到期价值即商业汇票到期时的全部应支付款项,要根据票据是否带息的不同来确定。若是不带息票据,到期价值就是票面价值,即本金。若是带息票据,到期价值为票据面值加上应计利息,计算公式为

$$票据到期价值 = 票据面值 \times (1 + 票面利率 \times 票据期限)$$

式中:利率一般以年利率表示;票据期限则用月或日表示。在实际业务中,为了计算方便,通常把一年定为360天。如,一张面值为1 000元、期限为90天、票面利率为10%的商业汇票,到期价值为:1 000×(1+10%×90/360)=1 025(元)。

二、应收票据的会计处理

(一)应收票据取得的会计处理

企业收到商业汇票时,应按票面金额借记"应收票据"科目,并根据不同的业务内容分别贷记"主营业务收入""应交税费""应收账款"等科目。

【例2-2】 某企业为增值税一般纳税人,适用13%的税率,根据发生的相关应收票据业务,相关的会计处理如下。

按照合同约定向A公司销售一批产品,价款为40 000元,增值税为5 200元,收到A公司承兑的商业承兑汇票一张,金额共计45 200元。

借：应收票据 45 200

　　贷：主营业务收入 40 000

　　　　应交税费——应交增值税(销项税额) 5 200

原向B公司销售产品应收货款合计67 800元(其中产品价款60 000元，增值税7 800元)，经双方协商，决定采用商业汇票方式结算，并收到对方开具的银行承兑汇票一张。

借：应收票据 67 800

　　贷：应收账款 67 800

非带息票据在持有期间不需要作会计处理。带息商业汇票到期之前，尽管利息尚未实际收到，但企业已经取得收取票据利息的权利。按照权责发生制原则，应该将应收而实际尚未收到的利息作为应收债权记录，借记"应收票据"科目，贷记"财务费用"(或"利息收入")科目。一般情况下，如果应收票据的利息金额较大，对企业财务成果有较大影响的，应按月计提利息；如果应收票据利息金额不大，对企业财务成果影响较小的，可以于季末或年末计提应收票据的利息。

【例2-3】甲企业2018年9月1日按照合同约定销售一批产品给乙公司，货已发出，发票上注明的销售收入为100 000元，增值税为13 000元。收到乙公司交来的商业承兑汇票一张，期限为6个月，票面利率为6%。

(1) 收到票据时。

借：应收票据 113 000

　　贷：主营业务收入 100 000

　　　　应交税费——应交增值税(销项税额) 13 000

(2) 年度终了(2018年12月31日)。

计提票据利息=113 000×6%×4/12=2 260(元)

借：应收票据 2 260

　　贷：财务费用 2 260

(二)应收票据到期的会计处理

企业对持有的即将到期的商业汇票，应提前计算划款时间，提前委托开户银行收款。一般来说有两种可能：一是付款人足额支付票款，结清有关的债权债务；二是付款人账户资金不足，银行将汇票退回，由收付款双方自行处理。

1. 应收票据到期收回

应收票据到期前，应将票据提交给开户行，委托开户行查询托收该款项。银行于到期日将款项计入公司账户。公司收到银行回单后作如下处理。

借：银行存款

　　贷：应收票据(票据面值)

若为带息商业汇票，到期收回时应作如下处理。

借：银行存款

　　贷：应收票据(票据面值)

财务费用(票据面值×票面利率×票据期限)

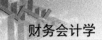

2. 票据到期拒付

如果到期的应收票据因付款人无力支付票款而无法按期收回，则当收到银行退回的商业承兑汇票、委托收款凭证、未付票据通知书或拒绝付款证明等时，按应收票据的账面余额，借记"应收账款"科目，贷记"应收票据"科目。到期未收到款项时，将到期票据的票面金额转入"应收账款"科目。

借：应收账款
　　贷：应收票据

到期不能收回的带息应收票据，转入"应收账款"科目核算后，期末不再计提利息，利息只是在备查簿中登记，待实际收到时再冲减当期的财务费用。

【例 2-4】 承例 2-3，当票据到期收回货款时作以下处理。

收款金额=113 000×(1+6%×6/12)=116 390(元)

2019 年计提的票据利息=113 000×6%×2/12=1 130(元)

借：银行存款　　　　　　　　　　　　　　　　　　　　116 390
　　贷：应收票据　　　　　　　　　　　　　　　　　　　 115 260
　　　　财务费用　　　　　　　　　　　　　　　　　　　　 1 130

(三)应收票据贴现的会计处理

应收票据贴现是指企业以未到期应收票据向银行融通资金，银行按票据的应收金额扣除一定期间的贴现利息后，将余额付给企业的筹资行为。

将商业汇票贴现后，企业可以从银行取得贴现款。贴现款的计算公式如下：

贴现款=票据到期价值-贴现利息

贴现利息=票据到期价值×贴现率×贴现天数÷360

贴现天数为从贴现日到到期日的时间间隔。如果票据期限按日表示，应从出票日起按实际经历天数计算。通常出票日和到期日，只计算其中的一天，即"算头不算尾"或"算尾不算头"。在会计实务中，无论商业汇票的到期日按日表示还是按月表示，贴现天数均按实际贴现天数来计算。

应收票据的贴现一般有两种情形：一种是带追索权贴现，另一种是不带追索权贴现。带追索权贴现时，贴现企业因背书而在法律上负有连带偿债责任，这种责任可能发生，也可能不发生；可能是部分的，也可能是全部的。不带追索权贴现时，票据一经贴现，企业便将应收票据上的风险(不可收回账款的可能性)和未来经济利益全部转让给银行。企业贴现所得收入与票据账面价值之间的差额，计入当期损益。

在我国，企业将银行承兑汇票贴现基本上不存在到期不能收回票款的风险，因此企业应该将银行承兑汇票贴现视为不带追索权的商业汇票贴现业务，按金融资产终止确认的原则处理；而将商业承兑汇票贴现，视为一种典型的带追索权的票据贴现业务。

1. 不带追索权的应收票据贴现

将不带追索权的应收票据贴现，企业在转让票据的同时也将票据所带的风险一并转让给了贴现银行，因此企业对该票据已经不承担连带责任，符合金融资产终止确认的条件。因此，将不带追索权的商业汇票贴现时，企业应该按照实际收到的贴现款借记"银行存款"

科目，按贴现票据的账面金额贷记"应收票据"科目。实际收到的贴现款与贴现票据的账面金额之间的差额记入"财务费用"科目。

【例2-5】某企业2022年4月30日以4月15日签发的60天到期、票面利率为10%、票据面值为600 000元的带息银行承兑汇票向银行贴现，贴现率为16%，计算过程如下。

(1) 票据到期值=600 000+600 000×10%×60/360=610 000(元)。

(2) 计算贴现利息。

先计算到期日：4月15日签发，60天到期，到期日为6月14日。

贴现天数：从贴现日4月30日至到期日6月14日，共计45天。

贴现利息=610 000×16%×45/360=12 200(元)

(3) 贴现款=610 000-12 200=597 800(元)。

(4) 会计分录。

借：银行存款 597 800

　　财务费用 22 00

　　贷：应收票据 600 000

2. 带追索权的应收票据贴现

企业将带追索权的应收票据贴现，企业并未将不能收回票据款的风险转嫁出去，贴现企业在法律上还负有连带偿还责任。企业所承担的这种连带责任是企业的一种或有负债，该债务直到银行收到票据款时方可解除。因此，将带追索权的商业汇票贴现后，不符合金融资产终止确认的条件，不应冲销应收票据账面价值。此时，一般根据实际收到的贴现款借记"银行存款"科目，贷记"短期借款"科目。

【例2-6】承例2-5，如果此汇票为商业承兑汇票，则企业编制的会计分录为

借：银行存款 597 800

　　贷：短期借款 597 800

票据到期时，无论票据付款人是否足额地向贴现银行支付票款，贴现的票据已满足金融资产终止确认的条件，会计上应终止确认该应收票据。

如果票据的付款人于到期日将款项足额支付给贴现银行，这时企业不会收到任何有关追索债务的通知，则企业因票据贴现而产生的负债自动解除。因此此时应抵减短期借款账户金额，借记"短期借款"科目。此时票据也符合金融资产终止确认的条件，所以应该根据应收票据账面价值，贷记"应收票据"科目，根据两者的差额，借记或贷记"财务费用"科目。

如果票据的付款人于汇票到期日没有向贴现银行足额支付票款，则企业因为追索权的存在成为实际债务人。企业如果能够向贴现银行支付票款，则在收到银行有关偿债通知后，根据票据到期价值，借记"应收账款"科目；根据票据账面价值，贷记"应收票据"科目；两者的差额借记或贷记"财务费用"科目。同时按照短期借款账面价值，借记"短期借款"科目，根据票据到期价值，贷记"银行存款"科目；按照两者的差额，借记"财务费用"科目。如果企业无力偿还票款，贴现银行将对无法偿还的票款作为逾期贷款处理。

如果票据到期时，票据付款人没有向贴现银行足额支付票款，而企业能够偿还票款，则进行以下会计处理。

借：应收账款	610 000
贷：应收票据	600 000
财务费用	10 000
借：短期借款	597 800
财务费用	12 200
贷：银行存款	610 000

如果票据到期时，票据付款人没有向贴现银行足额支付票款，而企业也无法偿还票款，则进行以下会计处理。

借：应收账款	610 000
贷：应收票据	600 000
财务费用	10 000
借：短期借款	597 800
财务费用	12 200
贷：短期借款(逾期)	610 000

(四)应收票据备查簿

企业应该设置应收票据备查簿，逐笔登记每一应收票据的种类、号数和出票日期，票面金额，票面利率，交易合同，付款人、承兑人、背书人的姓名和单位名称，到期日，背书转账日，贴现日期，贴现率，贴现净额，未计提的利息，收款日期和收回金额，退票情况等相关信息。应收票据到期结清票款或者退票后，应在应收票据备查簿中逐笔注销。

第四节　其他应收款与预付账款

一、其他应收款

其他应收款是企业应收款项的另一重要组成部分。"其他应收款"科目核算企业除买入返售金融资产、应收票据、应收账款、预付账款、应收股利、应收利息、应收代位追偿款、应收分保账款、应收分保合同款、长期应收款等以外的其他各种应收及暂付款项。其他应收款通常包括暂付款，是指企业在商品交易业务以外发生的各种应收及暂付款项。

其他应收及暂付款主要包括以下几个方面。

(1) 应收的各种赔款、罚款。

(2) 应收的出租包装物租金。

(3) 应向职工收取的各种垫付款项，如为职工垫付的水电费，应由职工负担的医药费、房租等。

(4) 备用金(向企业各职能科室、车间、个人周转使用等拨出的备用金)。

(5) 存出保证金，如租入包装物支付的押金。

(6) 预付账款转入。

(7) 其他各种应收及暂付款项。

备用金是企业预付给职工和企业内部有关单位作差旅费、零星采购、零星开支等用途的款项。

定额预付制是备用金管理的一种常见形式，主要适用于经常使用备用金的单位和个人。在定额预付制下，报销时由财会部门对各项原始凭证进行审核，根据核定的报销数付给现金，补足备用金定额。除收回备用金或备用金定额变动外，账面上的备用金将经常保持核定的备用金定额是定额预付制的主要核算特点。

【例 2-7】 达森公司对备用金采取定额预付制。本月份发生如下业务。

(1) 5 日，设立管理部门定额备用金，由李红负责管理。管理部门的定额备用金核定定额为 300 元，财务科开出现金支票。应作如下分录。

借：其他应收款——备用金(李红)　　　　　　　　　　　　　　　　　300
　　贷：银行存款　　　　　　　　　　　　　　　　　　　　　　　　　　　300

(2) 16 日，李红交来普通发票 120 元，报销管理部门购买办公用品的支出，财务科以现金补足该定额备用金。

借：管理费用　　　　　　　　　　　　　　　　　　　　　　　　　　　120
　　贷：库存现金　　　　　　　　　　　　　　　　　　　　　　　　　　　120

(3) 22 日，经批准减少管理部门备用金的核定定额 100 元，李红将 100 元交回财务科。

借：库存现金　　　　　　　　　　　　　　　　　　　　　　　　　　　100
　　贷：其他应收款——备用金(李红)　　　　　　　　　　　　　　　　　100

(4) 30 日，由于机构变动，经批准撤销管理部门定额备用金，李红交回购买办公用品支出的普通发票 30 元及现金 170 元。

借：管理费用　　　　　　　　　　　　　　　　　　　　　　　　　　　 30
　　库存现金　　　　　　　　　　　　　　　　　　　　　　　　　　　170
　　贷：其他应收款——备用金(李红)　　　　　　　　　　　　　　　　　200

二、预付账款

预付账款是指企业按照购货合同的规定预付给供应单位的款项。预付账款按实际付出的金额入账，施工企业的预收账款主要包括预收工程款、预收备料款等。

企业应设置"预付账款"会计科目，核算企业按照购货合同的规定预付给供应单位的款项。

企业因购货而预付的款项，借记"预付账款"科目，贷记"银行存款"科目。收到所购物资时，根据发票账单等列明应计入购入物资成本的金额，借记"物资采购""原材料"或"库存商品"等科目；按专用发票上注明的增值税税额，借记"应交税金——应交增值税(进项税额)"科目；按应付金额，贷记"预付账款"科目。补付的款项，借记"预付账款"科目，贷记"银行存款"科目；退回多付的款项，借记"银行存款"科目，贷记"预付账款"科目。

预付款项情况不多的企业，也可以将预付的款项直接记入"应付账款"科目的借方，不设置"预付账款"科目。

企业的预付账款，如有确凿证据表明其不符合预付账款性质，或者因供货单位破产、撤销等原因已无望再收到所购货物的，应将原计入预付账款的金额转入"其他应收款"科目。企业应按预计不能收到所购货物的预付账款账面余额，借记"其他应收款——预付账款转入"科目，贷记"预付账款"科目。

除转入"其他应收款"科目的预付账款外，其他预付账款不得计提坏账准备。

"预付账款"科目应按供应单位设置明细账，进行明细核算。

"预付账款"科目期末借方余额，反映企业实际预付的款项；期末如为贷方余额，反映企业尚未补付的款项。

第五节　坏　　账

一、坏账及其确认条件

坏账是指企业无法收回或收回的可能性极小的应收款项。由于发生坏账而产生的损失，称为坏账损失。

根据《国家税务总局　财政部关于企业资产损失税前扣除政策的通知》(财税〔2009〕57号)第四条的规定，企业除贷款类债权外的应收、预付账款符合下列条件之一的，减除可收回金额后确认的无法收回的应收、预付款项，可以作为坏账损失在计算应纳税所得额时扣除。

(1) 债务人依法宣告破产、关闭、解散、被撤销，或者被依法注销、吊销营业执照，其清算财产不足以清偿的。

(2) 债务人死亡，或者依法被宣告失踪、死亡，其财产或者遗产不足以清偿的。

(3) 债务人逾期 3 年以上未清偿，且有确凿证据证明已无力清偿债务的。

(4) 与债务人达成债务重组协议或法院批准破产重整计划后，无法追偿的。

(5) 因自然灾害、战争等不可抗力导致无法收回的。

(6) 国务院财政、税务主管部门规定的其他条件。

二、坏账的核算方法

坏账损失的核算方法有两种：一是直接转销法；二是备抵法。

(一)直接转销法

直接转销法是指在坏账损失实际发生时，直接借记"资产减值损失"科目，贷记"应收账款"科目。这种方法核算简单，不需要设置"坏账准备"科目。关于直接转销法，我们还应掌握以下两个要点：第一，该法不符合权责发生制和配比原则；第二，在该法下，如果已冲销的应收账款以后又收回，应作两笔会计分录，即先借记"应收账款"科目，贷记"资产减值损失"科目，然后再借记"银行存款"科目，贷记"应收账款"科目。在我国，这种方法不允许使用。

(二)备抵法

备抵法是指在坏账损失实际发生前，就依据权责发生制原则估计损失，并同时形成坏账准备，待坏账损失实际发生时再冲减坏账准备。估计坏账损失时，借记"资产减值损失"科目，贷记"坏账准备"科目；坏账损失实际发生时，借记"坏账准备"科目，贷记"应收账款"科目。至于如何估计坏账损失，则有三种方法可供选择，即年末余额百分比法、账龄分析法和销货百分比法。下面主要介绍年末余额百分比法和账龄分析法。

1. 年末余额百分比法

使用年末余额百分比法时，坏账准备的计提(即坏账损失的估计)分首次计提和以后年度计提两种情况。首次计提时，坏账准备提取数=应收账款年末余额×计提比例。

【例2-8】 兴华公司2020年首次计提坏账准备，当年年末的应收账款余额为100 000元，坏账准备的计提比例为5‰。则

坏账准备提取数=100 000×5‰=500(元)

借：资产减值损失　　　　　　　　　　　　　　　　　　　　500

　　贷：坏账准备　　　　　　　　　　　　　　　　　　　　　　500

以后年度计提坏账准备时，可进一步分以下四种情况来掌握。

(1) 应收账款年末余额×计提比例>"坏账准备"账户年末余额(指坏账准备计提前的余额)，按差额补提坏账准备。

【例2-9】 承例2-8，2021年10月兴华公司实际发生坏账损失400元；当年年末应收账款余额为120 000元。会计处理过程如下。

① 2021年10月。

借：坏账准备　　　　　　　　　　　　　　　　　　　　　　400

　　贷：应收账款　　　　　　　　　　　　　　　　　　　　　　400

年末计提前"坏账准备"账户余额=500-400=100(元)

坏账准备提取数=120 000×5‰-100=500(元)

② 2021年12月。

借：资产减值损失　　　　　　　　　　　　　　　　　　　　500

　　贷：坏账准备　　　　　　　　　　　　　　　　　　　　　　500

年末补提500元坏账准备后，"坏账准备"账户的余额为600元。

(2) 应收账款年末余额×计提比例<"坏账准备"账户年末余额，按差额冲减坏账准备。

【例2-10】 承例2-9，2022年6月，兴华公司上年确认的坏账损失又收回；当年年末应收账款余额为150 000元。会计处理过程如下。

① 以前年度核销的坏账又收回，同样需要作两笔分录。

2022年6月，

借：应收账款　　　　　　　　　　　　　　　　　　　　　　400

　　贷：坏账准备　　　　　　　　　　　　　　　　　　　　　　400

借：银行存款　　　　　　　　　　　　　　　　　　　　　　400

　　贷：应收账款　　　　　　　　　　　　　　　　　　　　　　400

年末计提前"坏账准备"账户余额=600+400=1 000(元)

坏账准备提取数=150 000×5‰-1 000=-250(元)

② 2022年12月。

借：坏账准备   250

  贷：资产减值损失   250

年末冲减250元坏账准备后，"坏账准备"账户的余额为750元。

(3) 应收账款年末余额×计提比例="坏账准备"账户年末余额，不补提亦不冲减坏账准备，即不作会计处理。

【例2-11】承例2-10，2023年10月兴华公司实际发生坏账损失350元；当年年末应收账款余额为80 000元。会计处理过程如下。

① 2023年10月。

借：坏账准备   350

  贷：应收账款   350

年末计提前"坏账准备"账户余额=750-350=400(元)

② 坏账准备提取数=80 000×5‰-400=0(元)，不需作任何会计处理。

(4) 年末计提前"坏账准备"账户若出现借方余额，应按其借方余额与"应收账款年末余额×计提比例"之和计提坏账准备。

【例2-12】承例2-10，2023年6月兴华公司实际发生坏账损失1 000元；当年年末应收账款余额为200 000元。会计处理过程如下。

① 2023年6月。

借：坏账准备   1 000

  贷：应收账款   1 000

年末计提前"坏账准备"账户为借方余额600(1 000-400)元。

坏账准备提取数=200 000×5‰+600=1600(元)

② 2023年12月。

借：资产减值损失   1 600

  贷：坏账准备   1 600

年末计提1 600元坏账准备后，"坏账准备"账户为贷方余额1 000元。

总之，在采用年末余额百分比法的情况下，始终要掌握这样一个原则，即当年坏账准备计提后，一定要保持"坏账准备贷方余额÷应收账款年末余额=计提比例"这一等式成立。此外，关于备抵法，我们还应注意以下几点。

(1) 备抵法下的计提比例由企业自行确定。

(2) 在预收账款登记在"应收账款"账户的情况下，计提坏账准备所依据的应收账款应剔除预收账款因素。

(3) 应收票据不计提坏账准备，但上市公司的其他应收款要计提坏账准备。

(4) 要熟练掌握年末余额百分比法，因为它是我们理解合并报表中内部应收账款及其坏账准备在跨年度抵消时的一个基础。

2. 账龄分析法

账龄分析法是指根据应收账款的时间长短来估计坏账损失的一种方法，又称应收账款账龄分析法。采用账龄分析法时，将不同账龄的应收账款进行分组，并根据前期坏账实际发生的有关资料，确定各账龄组的估计坏账损失百分比，再将各账龄组的应收账款金额乘以对应的估计坏账损失百分比，计算出各组的估计坏账损失额之和，即为当期的坏账损失预计金额。

账龄分析法所提供的信息，可使管理当局了解收款、欠款情况，判断欠款的可收回程度和可能发生的损失。利用该方法，管理当局还可酌情放宽或紧缩商业信用政策，并可作为衡量负责收款部门和资信部门工作效率的依据。账龄分析法的使用步骤如下。

第一步：在会计末期，应根据企业应收账款资料编制应收账款账龄分析表。

第二步：根据应收账款账龄分析表和企业事先确定的不同账龄的估计坏账百分比计算和编制期末坏账损失估计表。

第三步：根据表中计算所得的估计损失金额，确定期末应补提或冲销的坏账准备金额。

第四步：编制相应的会计分录并登记账簿。

【例 2-13】　2023 年年末乙公司的应收账款账龄及估计坏账损失如表 2-1 所示。

表 2-1　2023 年年末乙公司的应收账款账龄及估计坏账损失

单位：元

应收账款账龄	应收账款金额	估计损失/%	估计损失金额
未到期	20 000	1	200
过期 6 个月以下	10 000	3	300
过期 6 个月以上	6 000	5	300
合　计	36 000	—	800

假设乙公司 2023 年年初"坏账准备"账户余额为贷方 100 元，计算出 2023 年乙公司应计提的坏账准备以及 2023 年年末"坏账准备"科目余额。

解：2023 年年末"坏账准备"账户余额应为 800 元，2023 年年初有坏账准备贷方余额 100 元，因此在本年中应计提坏账准备 800-100=700(元)。

借：资产减值损失　　　　　　　　　　　　　　　　　　　　　　　700

贷：坏账准备　　　　　　　　　　　　　　　　　　　　　　　　700

2023 年年末"坏账准备"科目余额为 100+700=800 元，即根据应收账款入账时间的长短来估计坏账损失。

本　章　小　结

本章首先介绍了货币资金的概念、内容及货币资金内部控制的管理、其他货币资金的核算；然后列示了应收账款、应收票据、其他应收款及预付账款的特点、种类及内容；接着介绍了应收票据的特点、类型及其会计处理；最后详细地介绍了应收账款中坏账的基本内容及会计处理。

自 测 题

一、简答题

1. 货币资金包括哪些内容？内部控制制度有哪些？

2. 现金和银行存款清查的方法和会计处理有何不同？

3. 应收票据对应哪种结算方式？如何贴现？

4. 应收账款是如何产生的？其会计处理有何特点？坏账准备如何计提？

二、业务处理题

1. 根据以下经济业务编制会计分录。

(1) A 企业按照合同约定销售一批产品给 B 企业，货已发出，货款为 20 000 元，增值税额为 2 600 元。双方商定采用商业汇票结算。B 企业交给 A 企业一张 3 个月到期不带息的商业承兑汇票，面额为 22 600 元。

(2) 3 个月后，应收票据到期，A 企业收回款项 22 600 元，存入银行。

(3) 该票据到期，B 企业无力偿还票款。

(4) 甲企业于 2023 年 1 月 1 日按照合同约定销售一批产品给乙企业，货已发出，专用发票上注明的销售收入为 10 000 元，增值税税额为 1 300 元。收到乙企业交来的商业承兑汇票一张，期限为 5 个月，票面利率为 4%。

(5) 票据到期收回款项。

(6) 甲企业于 2023 年 3 月 1 日取得一张面值为 20 000 元、期限为 3 个月的不带息银行承兑汇票，企业持有一个月后向银行申请贴现，贴现率为 6%，计算贴现净额并进行账务处理。

(7) 乙企业于 2023 年 3 月 1 日取得一张面值为 40 000 元、期限为 4 个月的带息商业承兑汇票，票面利率为 4%，企业于 4 月 5 日向银行申请贴现，贴现率为 6%，计算贴现净额并进行账务处理。

2. 甲企业 5 月 1 日按照合同约定赊销给乙企业一批产品，价税款共计 40 000 元，乙企业开出一张面值为 40 000 元、期限为 6 个月、年利率为 8% 的带息票据支付货款；5 月 2 日甲企业又赊销给丙企业一批产品，价税款共计 50 000 元，丙企业也开出一张面值为 50 000 元、期限为 3 个月、年利率为 8% 的带息票据给甲企业。6 月 1 日，由于甲企业资金紧张，持上述两张票据到其开户银行贴现。年贴现利率为 8.4%。8 月 2 日，丙企业如期支付货款。11 月 1 日，乙企业银行存款不足以支付，为此银行把该商业汇票转退给甲企业。请为甲企业编制关于上述业务的会计分录。(增值税税率为 13%)。

3. 提取坏账准备的比例为 0.5%。

(1) 该企业从 2014 年开始计提坏账准备，这一年年末应收账款余额为 50 万元。

(2) 2015 年年末和 2016 年年末应收账款的余额分别为 125 万元和 110 万元，这两年均未发生坏账损失。

(3) 2017 年 7 月，确认一笔坏账，金额为 9 000 元。

(4) 2017 年 12 月，上述已核销的坏账又收回 2 500 元。

(5) 2017 年年末应收账款余额为 100 万元。

根据上面的材料编制相应的会计分录。

第三章

存　货

【学习要点及目标】

- 掌握存货的概念与内容，以及存货入账价值的计算。
- 掌握原材料实际成本与计划成本的会计处理。
- 了解周转材料的概念及内容。
- 掌握存货的处置及期末处理。

【核心概念】

原材料　实际成本法　计划成本法　可变现净值

【引导案例】 光明集团公司于 2016 年 1 月 22 日购入原材料一批，取得的增值税普通发票上注明的价款是 240 000 元，增值税税额为 40 800 元，另支付运费 2 100 元。发票等结算凭证已经收到，货款已经通过银行转账支付。那么这家公司应该以多少价款核算这批原材料的取得成本呢？若光明公司月初该批原材料尚有 500 千克，价值 5 000 元，那么在这批材料发出用于生产或者其他用途时，发出成本又是多少？月末时该批材料的价值又是多少？

第一节　存货的确认和初始计量

一、存货概述

(一)存货的概念

根据《企业会计准则第 1 号——存货》的规定，存货是指企业在日常活动中持有的以备出售的产成品或商品、处在生产过程中的在产品、在生产过程或提供劳务过程中耗用的材料和物料等。它包括各类材料、在产品、半成品、产成品或库存商品以及包装物、低值易耗品、委托加工物资等。存货一般具有以下特点。

(1) 存货是有形资产，这一点有别于无形资产。

(2) 存货具有较强的流动性。在企业中，存货经常处于不断销售、耗用、购买或重置中，具有较快的变现能力和明显的流动性。

(二)存货的分类

对于不同性质的企业，存货的分类自然也不同。对于商业企业来说，存货的购买目的就是销售，所以存货只有一种，即商品。这里的商品是指商品流通企业外购或委托加工完成、验收入库用于销售的各种商品。对于服务类型的企业来说，比如饭店、酒店等，存货主要是指企业经营过程中用到的各种物料用品、办公用品等。对于生产制造类型的企业来说，存货种类繁多，内容也较多，具体有以下几种。

1. 原材料

它是指企业在生产过程中经加工改变其形态或性质并构成产品主要实体的各种原料及主要材料、辅助材料、燃料、修理用备料、包装材料、外购半成品等。

2. 在产品

它是指在企业尚未加工完成，需要进一步加工且正在加工的在制品。

3. 半成品

它是指企业已完成一定生产过程的加工任务，已验收合格入库，但需要进一步加工的中间产品。

4. 产成品

它是指企业已完成全部生产过程并验收合格入库，可以按照合同规定的条件送交订货单位，或可以作为商品对外销售的产品。

5．周转材料

它是指企业能够多次使用、逐渐转移其价值，仍保持原有形态，不确认为固定资产的材料，如包装物和低值易耗品。

6．委托代销商品

它是指企业委托其他单位代销的产成品。

二、存货的确认条件

根据准则的规定，同时满足以下两个条件时，才能确认为存货：一是与该存货相关的经济利益很可能流入企业；二是该存货的成本能够可靠计量。

确认一项存货是否属于企业的存货，一般是看企业对该存货是否具有法人财产权(或法定产权)。凡是在盘存日期，法定产权属于企业的物品，不论其存放在何处，都应确认为企业的存货。反之，凡法定产权不属于企业的物品，即使存放于企业，也不应确认为该企业的存货。

三、存货的初始计量

存货应该按成本进行初始计量。存货的成本包括采购成本、加工成本和其他成本。外购和自制是企业取得存货的两个主要途径。

(一)外购存货的初始计量

外购存货应该以存货的采购成本入账。存货的采购成本包括购买价款、相关税费、运输费、装卸费、保险费以及其他可归属于存货采购成本的费用。

(1) 购买价款，是指企业购入材料或商品的发票上列明的价款，但不包括按规定可以抵扣的增值税进项税额。

(2) 相关税费，是指企业购买、自制或委托加工存货所发生的消费税、资源税和不能从增值税销项税额中抵扣的进项税额等。

(3) 其他可归属于存货采购成本的费用，即采购成本中除上述各项以外的可归属于存货采购成本的费用，如在存货采购过程中发生的仓储费、包装费、运输途中的合理损耗、入库前的挑选整理费用等。对于采购过程中发生的物资毁损、短缺等，除合理的损耗应作为存货的"其他可归属于存货采购成本的费用"计入采购成本外，因遭受意外灾害发生的损失和尚待查明原因的途中损耗，不得增加物资的采购成本，应暂时作为待处理财产损溢进行核算，在查明原因后再作处理。

需要特别强调的是，小规模纳税人和购入物资不能取得增值税专用发票的企业，购入物资支付的增值税属于不可抵扣进项税额，应该计入所购物资的成本。另外，"营改增"之后，交通运输业也纳入增值税的征税范围，税率为 10%，若取得了增值税专用发票，相应的进项税也可以作为进项抵扣。

【阅读资料 3-1】

"营改增"相关知识

财政部和国家税务总局于 2013 年 5 月 27 日联合印发《关于在全国开展交通运输业和部分现代服务业营业税改征增值税试点税收政策的通知》，明确自 2013 年 8 月 1 日起，在全国范围内开展交通运输业和部分现代服务业营业税改征增值税试点的相关税收政策。国务院总理李克强于 2013 年 12 月 4 日主持召开国务院常务会议，会议决定，继续有序扩大试点范围，从 2014 年 1 月 1 日起，将铁路运输和邮政服务业纳入"营改增"试点，至此交通运输业全部纳入"营改增"范围。"营改增"后，交通运输业的纳税人分为两类：一类是一般纳税人；一类是小规模纳税人。一般纳税人适用 11%的税率，按照一般计税方法计税，即当期的销项税额抵扣当期进项税额后的余额就是应纳税额。一般纳税人购进商品的进项税额可以抵扣，销售商品时可以使用增值税专用发票。小规模纳税人按照 3%的税率征税，适用简易计税方法计税，应纳税额为不含税的销售收入与征收率的乘积，购进商品的进项税额不得抵扣，在销售商品中也不能使用增值税专用发票。

【例 3-1】 甲公司是一家生产企业，为增值税一般纳税人。甲公司 2018 年 7 月 15 日从乙公司采购了一批原材料，价款为 10 000 元，增值税税率为 13%。乙公司给予了 2%的商业折扣。甲公司又另外支付运费 300 元(含增值税)，增值税税率为 10%。原材料已经验收入库。甲公司已经全额付款并取得增值税专用发票。

在此例中，甲公司的采购成本=购买价款+运输费用=9 800+300/(1+10%) ≈ 10 072.73(元)

增值税进项税=9 800×13%+10%×300/(1+10%)=1 301.27(元)

如果取得的是增值税普通发票，则甲公司的采购成本=购买价款+运输费用=9 800×(1+13%)+300=11 374(元)

(二)自制存货的初始计量

通过进一步加工而取得的存货的成本由采购成本、加工成本以及为使存货达到目前场所和状态所发生的其他成本构成。这里的存货具体包括委托外单位加工的存货和自行生产的存货。

(1) 委托外单位加工的存货。委托外单位加工完成的存货，以实际耗用的原材料或者半成品、加工费、运输费、装卸费等费用以及按规定应计入成本的税金，作为实际成本。

(2) 自行生产的存货。自行生产的存货的初始成本包括投入的原材料或半成品、直接人工费用和按照一定方式分配的制造费用。制造费用是指企业为生产产品和提供劳务而发生的各项间接费用，包括企业生产部门管理人员的工资、车间设备的折旧费、生产部门的办公费、水电费、机物料耗用、设备修理费等。

(三)其他方式取得的存货的初始计量

(1) 投资者投入的存货。投资者投入的存货，应该按照投资合同或协议约定的价值确定，但合同或协议约定价值不公允的除外。在投资合同或协议约定价值不公允时，按照该项存货的公允价值入账。

(2) 盘盈的存货。盘盈存货的成本应当以重置成本作为入账价值，通过"待处理财产损溢"账户进行核算。报经相关部门批准后，冲减当期管理费用。

(3) 企业通过非货币性资产交换、债务重组、企业合并等方式取得的存货，其成本应当分别按照《企业会计准则第 7 号——非货币性资产交换》《企业会计准则第 12 号——债务重组》《企业会计准则第 20 号——企业合并》等的相关规定予以确定。

四、存货发出的计量

存货在购置或加工后，就面临发出销售或耗用的问题。存货的成本流转是指购入或自制存货的成本流入以及耗用或出售商品时的成本流出。从理论上来讲，存货的成本流转与实务流转应该一致，但在会计中是很难做到的。存货的采购成本和生产成本在每一批次都会发生变动，因此，如何选择合理的单位成本来计量发出存货的成本成为会计重要的方面。我国《企业会计准则》规定，企业在确定发出存货的实际成本时，可以采用先进先出法、月末一次加权平均法、移动加权平均法和个别计价法来进行核算。

1．先进先出法

先进先出法是指以先购入的存货应先发出(销售或耗用)这样一种存货实物流动假设为前提，对发出存货进行计价。采用这种方法，先购进的存货成本在后购入存货成本之前转出。取得存货时，逐笔登记收入存货的数量、单价和金额；发出存货时，按照先进先出的原则逐笔登记存货的发出成本和结存金额。

该方法的优点是随时结转存货发出成本，有利于存货的管理，但也有一定的缺陷：如果存货收发业务较多，且存货单价不稳定，工作量会较大；在物价持续上涨时，期末存货成本接近市场价格，而发出的存货成本偏低，从而会高估企业当期利润和期末存货价值。

2．月末一次加权平均法

月末一次加权平均法是指以当月全部进货数量加上月初存货数量作为权数，去除当月全部进货成本加上月初存货成本，计算出存货的加权平均单位成本，以此为基础计算当月发出存货的成本和期末存货的成本的一种方法。其计算公式如下：

存货单位成本=(月初库存存货的实际成本+本月各批进货的实际成本)/(月初库存存货数量+本月各批进货数量之和)

本月发出存货的成本=本月发出存货的数量×存货单位成本

采用月末一次加权平均法只在月末一次计算加权平均单价，工作量相对较少。但由于平时无法从账上提供发出和结存存货的单价和金额，因此不利于存货成本的日常管理与控制。

3．移动加权平均法

移动加权平均法是以每次进货的成本加上原有库存存货的成本，除以每次进货数量与原有库存存货的数量之和，据以计算加权平均单位成本，作为在下一次进货前计算各次发出存货成本的依据。其计算公式如下：

存货单位成本=(原有库存存货的实际成本+本次进货的实际成本)/(原有库存存货的数量+本次进货的数量)

本次发出存货成本=本次发出存货数量×本次发货前的存货单位成本

本月月末库存存货成本=月末库存存货的数量×本月月末存货单位成本

该方法的优点是发出存货的成本计算准确，但工作量较大，借助于计算机比较容易实现。

4．个别计价法

个别计价法是指对各种存货，逐一辨认各批发出存货和期末存货所属的购进批别或生产批别，分别按其购入或生产时所确定的单位成本作为计算各批发出存货成本的方法，又称"个别认定法"。在这种方法下，把每一种存货的实际成本作为计算发出存货成本的基础。其优点是计算发出存货的成本和期末存货的成本准确，但需要借助条码技术来实现。该方法适用于容易识别、存货品种数量不多、单位成本较高的存货计价，如珠宝、名画等贵重物品。

【例3-2】 甲公司3月份A商品的收、发、存情况如下。

(1) 3月1日结存300件，单位成本为2万元。

(2) 3月8日购入200件，单位成本为2.2万元。

(3) 3月10日发出400件。

(4) 3月20日购入300件，单位成本为2.3万元。

(5) 3月28日发出200件。

(6) 3月31日购入200件，单位成本为2.5万元。

要求：

(1) 采用先进先出法计算A商品3月份发出存货的成本和月末结存存货的成本。

(2) 采用移动加权平均法计算A商品3月份发出存货的成本和月末结存存货的成本。

(3) 采用月末一次加权平均法计算A商品3月份发出存货的成本和月末结存存货的成本。

解答：

(1) 本月可供发出存货成本=300×2+200×2.2+300×2.3+200×2.5=2 230(万元)

本月发出存货成本=(300×2+100×2.2)+(100×2.2+100×2.3)=1 270(万元)

本月月末结存存货成本=2 230－1 270=960(万元)

(2) 3月8日购货的加权平均单位成本=(300×2+200×2.2)÷(300+200)=2.08(万元)

3月10日发出存货的成本=400×2.08=832(万元)

3月20日购货的加权平均单位成本=(100×2.08+300×2.3)÷(100+300)=2.245(万元)

3月28日发出存货的成本=200×2.245=449(万元)

本月发出存货的成本 =832+449=1 281(万元)

本月月末结存存货的成本 =2 230－1 281=949(万元)

(3) 加权平均单位成本=2 230÷(300+200+300+200)=2.23(万元)

本月发出存货的成本=(400+200)×2.23=1 338(万元)

本月月末结存存货的成本=2 230－1 338=892(万元)

会计准则规定，企业可以根据自己的实际情况，对不同的存货采用不同的计价方法，但企业在同一会计年度内不能随意变更同种存货的计价方法。如果确需变更计价方法的，因变更计价方法而对本期及以后各期有重大影响时，应该按照会计政策的变更处理办法在报表附注中进行披露。

第二节 原材料的核算

原材料是指企业在生产过程中经加工改变其形态或性质并构成产品主要实体的各种原料及主要材料、辅助材料、燃料、修理备用件、包装材料、外购半成品等。原材料的日常收发及结存，可以采用实际成本和计划成本两种核算方法。

一、实际成本法下原材料的核算

原材料按照实际成本法核算时，材料的收发及结存均按照实际成本进行计价。采用这种方法，企业需要设置的会计科目有"原材料""在途物资"等。这种方法通常适用于材料收发业务比较少的企业。

在实际成本法下，"原材料"账户用于核算库存各材料的收发和结存情况。"在途物资"账户核算企业已经购买但尚未验收入库的各种物资的采购成本。原材料一般分为外购原材料和委托加工原材料。

1. 外购原材料的核算

企业从外地购买原材料时，由于结算凭证一般由银行传递，而材料由运输部门运输，所以材料的入库时间和货款支付的时间可能会出现不一致的情况。具体来说，一般有三种情况：一是结算凭证到达的同时货物也到达并验收入库；二是结算凭证已经到达并已经办理了货款结算手续，而货物尚未到达；三是材料已经验收入库，但结算凭证未到且尚未办理货款结算手续。结算凭证是指企业凭以办理现金结算或转账结算的原始单据。

(1) 结算凭证到达，同时材料入库。

【例3-3】 甲公司按照合同 A 购入材料一批，增值税专用发票上记载的货款为 250 000元，增值税税额为 32 500 元，另付杂费 500 元(未收到增值税专用发票)，全部款项已用转账支票付讫，材料已验收入库。(假设甲公司为增值税一般纳税人)

借: 原材料——A 材料　　　　　　　　　　　　　　　　　　　　　250 500
　　应交税费——应交增值税(进项税额)　　　　　　　　　　　　　32 500
　　　贷: 银行存款　　　　　　　　　　　　　　　　　　　　　　283 000

(2) 货款已经支付，而材料尚未入库。

【例3-4】 甲公司采用汇兑结算方式购入 F 材料一批，发票及账单已收到，增值税专用发票上记载的货款为 10 000 元，增值税税额 1 300 元。支付保险费 500 元(假设不考虑增值税)，材料尚未到达。

借: 在途物资　　　　　　　　　　　　　　　　　　　　　　　　　10 500
　　应交税费——应交增值税(进项税额)　　　　　　　　　　　　　1 300
　　　贷: 银行存款　　　　　　　　　　　　　　　　　　　　　　11 800

材料到达，验收入库。

借: 原材料——F 材料　　　　　　　　　　　　　　　　　　　　　10 500
　　　贷: 在途物资　　　　　　　　　　　　　　　　　　　　　　10 500

(3) 材料已经入库，但结算凭证尚未到达。

【例 3-5】 甲公司采用托收承付结算方式购入 H 材料一批，材料已验收入库，月末发票账单尚未收到也无法确定其实际成本，暂估价值为 15 000 元。

借：原材料——H 材料   15 000

   贷：应付账款——暂估应付账款   15 000

下月月初作红字的会计分录予以冲回。

借：原材料——H 材料   15 000

   贷：应付账款——暂估应付账款   15 000

需要注意的是，外购存货可能会因为各种原因使其实际数和应收数不符，两者之差即为在途损耗。在途损耗中属于合理损耗的部分，应包含在存货的实际成本中。对于超定额损耗，应将其实际成本与应负担的进项税额中由保险公司、运输部门或者其他过失人赔偿后尚不能弥补的部分作为期间费用记入"管理费用"科目；购进原材料发生的非常损失(包括自然灾害损失、被盗损失及其他非常损失等)，应将实际损失以及负担的增值税进项税额中由保险公司和有关责任人赔偿后尚不能弥补的部分作为非常损失记入"营业外支出"科目。

【例 3-6】 甲公司为增值税一般纳税人，2014 年 1 月 1 日购入原材料 200 吨，收到的增值税专用发票上注明的售价为 400 000 元，增值税税额为 52 000 元，委托货运公司将其货物送到公司仓库，取得的货运业增值税专用发票上注明的运费为 3 000 元，增值税税额为 300 元，发生装卸费为 1 500 元，途中保险费为 800 元。途中货物一共损失 40%，经查明原因，其中 5%属于途中的合理损耗，剩余的 35%属于非正常损失，该如何作会计处理？

原材料的入账价值=(400 000+3 000+1 500+800)×(1-35%)=263 445

应计入进项税=(52 000+300)×(1-35%)=52 300×(1-35%)=33 995

应计入待处理财产损溢=(400 000+3 000+1 500+800)×35%+(52 000+300)×35%=141 855+18 305=160 160

借：原材料   263 445

   应交税费——应交增值税(进项税额)   33 995

   待处理财产损溢   160 160

   贷：应付账款   457 600

经查明原因，属于运输公司的责任，由其赔偿 140 000 元，其他计入营业外支出。则作以下会计处理。

借：其他应收款——运输公司   140 000

   营业外支出   20 160

   贷：待处理财产损溢   160 160

企业购进原材料发生溢余时，未查明原因的溢余一般作为代保管物资在备查账中登记，不作为进货业务入账核算。

2．委托加工原材料的核算

委托加工材料是指企业提供原料及主要材料，通过支付加工费，委托外单位按合同要求加工成新的材料。委托加工材料的成本应当包括加工中实际耗用物资的成本、支付的加工费用及应负担的运杂费、支付的税金等。企业通过"委托加工物资"账户核算委托加工材料的实际成本。

【例3-7】 甲公司根据发生的有关委托加工原材料的经济业务，编制相关会计分录。

按合同约定，将库存积压的 A 材料 20 000 元交付给乙加工厂进行加工，以加工成生产产品所需的 B 材料。

借：委托加工物资 20 000
  贷：原材料——A 材料 20 000

以现金支付相关运输费 200 元，不考虑税费问题。

借：委托加工物资 200
  贷：库存现金 200

按规定以银行存款支付全部加工费用 2 000 元，增值税 260 元。

借：委托加工物资 2 000
  应交税费——应交增值税(进项税额) 260
  贷：银行存款 2 260

收回已经加工完毕的 B 材料，验收入库。

借：原材料——B 材料 22 200
  贷：委托加工物资 22 200

二、计划成本法下原材料的核算

对于生产制造型企业来讲，存货的特点是品种、规格及数量繁多。如果众多的存货都要采用实际成本法进行核算，会导致会计核算的工作量非常巨大。此时，对于原材料的核算宜采用计划成本法进行。

(一)计划成本法概述

计划成本法是指企业存货的日常收入、发出和结余均按预先制订的计划成本计价，同时另设"材料成本差异"科目，用来登记实际成本和计划成本的差额，月末，再通过对存货成本差异的分摊，将发出存货的计划成本和结存存货的计划成本调整为实际成本进行反映的一种核算方法。采用计划成本法的企业，会计人员平时只记录收入、发出和结余的存货数量，期末将数量乘以计划单价，就可以计算出发出和结存存货的计划成本。采用这种方法，企业需要设置"原材料""材料采购""材料成本差异"等几个会计科目。

(1) "原材料"科目，在计划成本法下，原材料的借方登记入库材料的计划成本，贷方登记发出材料的计划成本。期末余额在借方，反映企业库存材料的计划成本。

(2) "材料采购"科目，借方登记采购材料的实际成本，贷方登记入库材料的计划成本以及入库材料实际采购成本大于计划成本的超值额。期末为借方余额，反映企业在途材料的采购成本。

(3) "材料成本差异"科目，反映企业已入库各种材料的实际成本与计划成本的差异，借方登记超支差异及发出材料应负担的节约差异，贷方登记节约差异及发出材料应负担的超支差异。

本期材料成本差异率=本期材料成本差异额÷本期材料计划成本×100%=(期初材料成本差异+当月入库材料成本差异)÷(期初原材料计划成本+当月入库材料计划成本)×100%

(二)计划成本法应用举例

【例3-8】 甲企业材料存货采用计划成本法核算。2016年1月份"原材料"科目某类材料的期初余额为56 000元,"材料成本差异"科目期初借方余额为4 500元,原材料单位计划成本为12元。

对本月下述业务进行会计处理。

(1) 1月10日进货1 500千克,进价10元,材料货款15 000元,运费500元,货款进项税额1 950元。运费未取得增值税专用发票。材料尚未入库。款项均已支付。

(2) 1月11日第一批材料验收入库。

(3) 1月15日车间领料2 000千克。

(4) 1月20日进货2 000千克,进价13元,材料货款26 000元,增值税额3 380元,运费1 000元(运费取得增值税专用发票,运输费用1 000元,增值税税率为10%,价税合计1 100元)。款项均已支付。

(5) 1月22日第二批材料验收入库。

(6) 1月25日车间第二次领料2 000千克。

(7) 1月31日计算分摊本月领用材料的成本差异。

会计处理如下。

(1) 借:材料采购　　　　　　　　　　　　　　　　　　　15 500
　　　应交税费——应交增值税(进项税额)　　　　　　　1 950
　　　　贷:银行存款　　　　　　　　　　　　　　　　　　　　17 450

(2) 1月11日第一批材料验收入库。

借:原材料　　　　　　　　　　　　　　　　　　　　　18 000
　　贷:材料采购　　　　　　　　　　　　　　　　　　　　　15 500
　　　　材料成本差异　　　　　　　　　　　　　　　　　　　2 500

(3) 1月15日车间领料2 000千克。

借:生产成本　　　　　　　　　　　　　　　　　　　　24 000
　　贷:原材料　　　　　　　　　　　　　　　　　　　　　　24 000

(4) 1月20日进货,支付材料货款。

借:材料采购　　　　　　　　　　　　　　　　　　　　27 000
　　应交税费——应交增值税(进项税额)　　　　　　　　3 380
　　　贷:银行存款　　　　　　　　　　　　　　　　　　　　30 380

(5) 1月22日第二批材料验收入库。

借:原材料　　　　　　　　　　　　　　　　　　　　　24 000
　　材料成本差异　　　　　　　　　　　　　　　　　　　3 000
　　　贷:材料采购　　　　　　　　　　　　　　　　　　　　27 000

(6) 1月25日车间第二次领料2 000千克。

借:生产成本　　　　　　　　　　　　　　　　　　　　24 000
　　贷:原材料　　　　　　　　　　　　　　　　　　　　　　24 000

(7) 1月31日计算分摊本月领用材料的成本差异。

本月材料成本差异率=(4 500-2 500+3 000)÷(56 000+18 000+24 000)×100%≈5.1%

本月领用材料应负担的成本差异=(24 000+24 000)×5.1%≈2 448(元)

借：生产成本 2 448

　　贷：材料成本差异 2 448

将上述会计分录记入"原材料"和"材料成本差异"科目，并结出余额。

月末编制资产负债表时，存货项目中的原材料存货，应当根据"原材料"科目的余额50 000元加上"材料成本差异"科目的借方余额2 552元，以52 552元列示。

【阅读资料3-2】

商业企业商品核算方法

商业企业销售商品的成本核算方法有毛利率法、售价金额核算法、进价金额核算法等。成本核算方法并不是硬性规定的，由企业自行选择。但是，成本核算的方法一经确定，不得随意改变。

1. 毛利率法

毛利率法是根据本期销售净额乘以前期实际(或本月计划)毛利率核算本期销售毛利，据此计算发出存货和期末存货的一种方法。其计算公式如下：

销售净额=商品销售收入-销售退回与折让

毛利率=销售毛利÷销售净额×100%

销售毛利=销售净额×毛利率

销售成本=销售净额-销售毛利=销售净额×(1-毛利率)

期末结存存货成本=期初结存存货成本+本期购货成本-本期销售成本

2. 售价金额核算法

这是在实物负责的基础上，以售价记账，控制库存商品进、销、存情况的一种核算方法。其主要内容包括：

(1) 建立实物负责制。根据岗位责任制的要求，按商品经营的品种和地点，划分为若干柜组，确定实物负责人对其经营的商品承担全部责任。

(2) 售价记账，金额控制。库存商品的进、销、存一律按销售价格入账，只记金额，不记数量。库存商品总分类账反映售价总金额，明细分类账按实物负责人分设，反映各实物负责人所经营的商品的售价金额。在总账控制下，随时反映各实物负责人的经济责任。

(3) 设置"商品进销差价"账户。由于"库存商品"账户按售价反映，而商品购进支付的货款是按进价计算的，因此设置"商品进销差价"账户以反映商品进价与售价之间的差价，正确计算销售商品的进价成本。

(4) 加强物价管理。商品按售价核算后，如遇售价变动，就会直接影响库存商品总额，因此必须加强物价管理，明码标价。

(5) 健全商品盘点制度。"库存商品"明细分类账按售价记账，没有数量控制，只有通过盘点才能确定实际数量。因此，必须加强商品盘点才能检查库存商品账实是否相等及其实物负责人的工作质量和经济责任。

3. 进价金额核算法

这是以进价金额控制库存商品进、销、存的一种核算方法。其主要内容包括以下几个方面。

(1) 库存商品总分类账和明细分类账一律以进价入账，只记金额，不记数量。

(2) 库存商品明细账按商品大类或柜组设置，对需要掌握数量的商品可设置备查簿。

(3) 平时销货账务处理，只核算销售收入，不核算销售成本。月末采取"以存计销"的方法，通过实地盘点库存商品倒挤出商品销售成本。其计算公式为

本期商品销售成本＝期初库存商品总额＋本期进货总额－期末库存商品进价金额

第三节　周转材料的核算

周转材料，是指企业能够多次使用、逐渐转移其价值但仍保持原有形态不确认为固定资产的材料，包括包装物和低值易耗品；企业(建造承包商)的钢模板、木模板、脚手架和其他周转材料等；在建筑工程施工中可多次使用的材料，如钢架杆、扣件、模板、支架等。周转材料不多的企业，一般通过"周转材料"账户核算，当包装物、低值易耗品较多时，分别通过"包装物""低值易耗品"账户核算。本节分别讲述包装物和低值易耗品的具体会计处理。

一、包装物

(一)包装物的范围

包装物是指企业为了包装本企业的产品、原材料等而准备的各种包装容器，如桶、箱、瓶、坛、袋等。作为周转材料的包装物，一般有以下几项。

(1) 生产经营过程中用于包装商品、产品并作为商品、产品组成部分的包装物。

(2) 随同商品、产品出售而不单独收取价款(以下称不单独计价)的包装物。

(3) 随同商品、产品出售而单独收取价款(以下称单独计价)的包装物。

(4) 出租、出借给购货单位使用的包装物。

下列各项不属于包装物核算的范围：①各种包装材料，如纸、绳、铁丝、铁皮等，这些属于一次性使用的包装材料，应在"原材料"账户核算；②用于储存和保管产品、材料而不对外出售的包装物，这类包装物应按其价值的大小和使用年限的长短，分别作为固定资产或低值易耗品管理和核算；③计划上单独列作企业商品、产品的自制包装物，应作为库存商品进行管理和核算。

(二)包装物的核算

企业包装物收入的核算与原材料收入的核算基本一致。以下分别讲述包装物领用及包装物出租出借的账务处理。

1. 包装物领用

产品生产领用的包装物，构成产品生产成本的组成部分，其实际成本应记入"生产成本"账户。随同产品出售不单独计价的包装物，其实际成本应在领用时记入"销售费用"账户。随同产品出售并单独计价的包装物，应视同材料销售处理，其实际成本应记入"其他业务成本"账户。

2. 包装物出租

出租包装物是指企业因销售产品，以出租的方式有偿提供给购货单位暂时使用的包装物。出租包装物除收取押金外，还要向使用单位收取租金。

出租包装物收取的押金作为其他应付款处理。

出租包装物收取的租金作为其他业务收入处理。

出租包装物的价值损耗及其他有关支出作为其他业务成本处理。

按税法规定，出租包装物收取的租金和没收逾期未退包装物的押金应缴纳增值税。

由于包装物的摊销方法有多种，因而包装物在领用、摊销、报废等方面的账务处理也有所不同。最常用的包装物的摊销方法是一次摊销法和五五摊销法两种。

一次摊销法是将包装物的价值一次转作生产费用或有关支出，计入当期损益，作为当期收入抵减数。采用五五摊销法时在领用时按包装物价值的 50%进行摊销，报废时，摊销其余的 50%价值。

3. 包装物出借

出借包装物是企业为销售产品，以出借的方式无偿提供给购货单位暂时使用的包装物。与包装物出租相比，包装物出借在核算上有两点不同：①不收租金；②出借期间，其价值损耗和其他有关支出，都是为推销产品所发生的，应作为销售费用处理。

其他有关内容的核算方法与出租包装物的核算方法基本相同。

二、低值易耗品

(一)低值易耗品的定义

低值易耗品是指企业在生产经营过程中所使用的单项价值比较低或者使用年限比较短，不能作为固定资产核算的物资设备和劳动资料等各种用具物品。作为存货核算和管理的低值易耗品，一般划分为一般工具、专用工具、替换设备、管理用具、劳动保护用品和其他用具等。

(二)低值易耗品的账务处理

(1) 低值易耗品的取得。企业购入、自制、委托外单位加工完成并已验收入库的低值易耗品的核算方法与原材料的核算方法相同。

(2) 低值易耗品的摊销。按照《企业会计准则》的规定，低值易耗品摊销采用一次摊销法或五五摊销法进行摊销。具体实施时，需设置"在库低值易耗品""在用低值易耗品""低值易耗品摊销"三个明细科目进行分类核算。

第四节　存货的期末计量

一、存货期末计量原则

在资产负债表日，存货应当按照成本与可变现净值孰低计量。存货成本高于其可变现净值的,应当计提存货跌价准备,计入当期损益。其中,可变现净值,是指在日常活动中,存货的估计售价减去至完工时估计将要发生的成本、估计的销售费用以及相关税费后的金额。

成本与可变现净值孰低法是指对期末存货按照成本与可变现净值两者之中的较低者计价的方法。当可变现净值低于成本时,期末存货按可变现净值计价,同时按照成本高于可变现净值的差额计提存货跌价准备,计入当期损益。

二、存货期末计量方法

(一)存货减值迹象的判断

存货存在下列情况之一的,表明存货的可变现净值低于成本(存货发生部分减值)。

(1) 该存货的市场价格持续下跌,并且在可预见的未来无回升的希望。

(2) 企业使用该项原材料生产的产品的成本大于产品的销售价格。

(3) 企业因产品更新换代,原有库存原材料已不适应新产品的需要,而该原材料的市场价格又低于其账面成本。

(4) 因企业所提供的商品或劳务过时或消费者偏好改变而使市场的需求发生变化,导致市场价格逐渐下跌。

(5) 其他足以证明该项存货实质上已经发生减值的情形。

(二)存货可变现净值的确定

(1) 企业确定存货的可变现净值时应考虑的因素:①存货可变现净值的确凿证据;②持有存货的目的;③资产负债表日后事项等的影响。

(2) 不同情况下存货可变现净值的确定。

① 持有产成品、商品等直接用于出售的商品存货,没有销售合同约定的。其可变现净值应当为正常生产经营过程中,产成品或商品的一般销售价格(即市场销售价格)减去估计的销售费用和相关税费等后的金额。

可变现净值=估计售价-估计的销售费用和相关税费

② 持有用于出售的材料等,无销售合同约定。应当以市场价格减去估计的销售费用和相关税费等后的金额作为其可变现净值。

可变现净值=市场价格-估计的销售费用和相关税费

③ 为生产产品而持有的原材料。由于持有该材料的目的是用于生产产品,而不是出售,该材料的价值体现在用其生产的产成品上。因此,在确定需要经过加工的材料存货的可变现净值时,需要将其生产的产成品的可变现净值与产成品的成本进行比较,当产品的可变现净值低于成本时,材料应该计提减值准备;当产品的可变现净值高于成本时,即使材料的市场价格低于材料成本,也无须计提减值准备。

可变现净值=该材料所生产的产成品的估计售价-进一步加工的成本
-估计的销售费用和相关税费

(3) 为执行销售合同或者劳务合同而持有的存货,其可变现净值应当以合同价格而不是估计售价作为计算可变现净值的基础。

可变现净值=合同价格-估计的销售费用和相关税费

(三)存货跌价准备的核算

在计算出存货的可变现净值后，若低于账面成本，那么就涉及存货跌价准备的核算。

1. 存货跌价准备的计提

存货跌价准备通常应当按单个存货项目计提。在资产负债表日，企业将每个存货项目的成本与其可变现净值逐一进行比较，按较低者计量存货。当可变现净值低于成本时，两者的差额即为应计提的存货跌价准备。企业计提的存货跌价准备应计入当期损益。

对数量较多、单价较低的存货，可以按照存货类别计提存货跌价准备。

计提存货跌价准备的会计分录如下。

借：资产减值损失

　　贷：存货跌价准备

2. 存货跌价准备的转回

当以前减记存货价值的影响因素已经消失，减记的金额应当予以恢复，并在原已计提的存货跌价准备金额内转回。转回的金额计入当期损益。

在核算存货跌价准备的转回时，转回的存货跌价准备与计提该准备的存货项目或类别应当存在直接对应关系。在原已计提的存货跌价准备金额内转回，意味着转回的金额以将存货跌价准备的余额冲减至零为限。

转回存货跌价准备的会计分录如下。

借：存货跌价准备

　　贷：资产减值损失

3. 存货跌价准备的结转

企业计提了存货跌价准备，如果其中有部分存货已经销售出去了，则企业在结转销售成本时，应同时结转其已计提的存货跌价准备。对于债务重组、非货币性资产交换转出的存货，也应同时结转已计提的存货跌价准备。如果按存货类别计提存货跌价准备的，应当按照发生销售、债务重组、非货币性资产交换等而换出存货的成本占该存货转出前该类别存货成本的比例结转相应的存货跌价准备。

【例3-9】2015年，甲公司库存A机器50台，每台成本为5 000元，已经计提的存货跌价准备合计为60 000元。2016年，甲公司将库存的50台机器全部以每台6 000元的价格售出，适用增值税税率13%。货款尚未收到。

甲公司相关的会计处理如下。

借：应收账款   339 000

　　贷：主营业务收入   300 000

　　　　应交税费——应交增值税(销项税额)   39 000

借：主营业务成本   190 000

　　存货跌价准备   60 000

　　贷：库存商品   250 000

本 章 小 结

本章主要介绍了存货各项目的内容及会计处理，需要掌握存货的范围及入账价值；原材料按实际成本和计划成本核算的具体方法；存货可变现净值的确定方法及存货跌价准备的会计处理方法；存货按实际成本法核算时发出存货成本的确定原则和原理；周转材料的内容及入账科目。

自 测 题

一、简答题

1. 存货包括哪些内容或项目？持有这些存货的目的是什么？

2. 原材料计划成本和实际成本相比较，有什么区别？

3. 存货发出的计价方法有哪些？其各自的特点如何？

4. 材料的可变现净值如何确定？

5. 存货减值迹象有哪些？减值之后存货应如何处理？

二、业务处理题

1. 甲工业企业为增值税一般纳税人，采用实际成本法进行材料的日常核算，2017年6月1日有关账户的期初余额如下：在途物资20万元；预付账款——D企业2万元；委托加工物资——B企业4万元；包装物3万元；原材料100万元(注："原材料"账户期初余额中包括上月月末材料已到但发票账单未到而暂估入账的5万元)。

2017年6月份发生如下经济业务事项。

(1) 1日，对上月月末暂估入账的原材料进行冲回。

(2) 3日，在途物资全部收到，验收入库。

(3) 8日，从A企业购入材料一批，增值税专用发票上注明的货款为100万元，增值税税额为13万元，另外A企业还代垫运费1万元(假定运费不考虑增值税，本题下同)。全部货款已用转账支票付清，材料验收入库。

(4) 10日，收到上月委托B企业加工的包装物并验收入库，入库成本为4万元(假定加工费已在上月支付)。

(5) 13日，持银行汇票30万元从C企业购入材料一批，增值税专用发票上注明的货款为20万元，增值税税额为2.6万元，另支付运费0.8万元，材料已验收入库，甲企业收回剩余票款并存入银行。

(6) 18日，收到上月月末估价入账的材料发票账单，增值税专用发票上注明的货款为5万元，增值税税额为0.65万元，开出银行承兑汇票承付。

(7) 22日，收到D企业发运来的材料并验收入库。增值税专用发票上注明的货款为4万元，增值税税额为0.52万元，对方代垫运费0.4万元。为购买该批材料上月预付货款2万元，收到材料后用银行存款补付余额。

(8) 25 日，接受某企业捐赠的 C 材料，增值税专用发票上注明的价款为 10 万元，增值税税额为 1.3 万元。

(9) 30 日，根据"发料凭证汇总表"，6 月份基本生产车间领用材料 80 万元，辅助生产车间领用材料 12 万元，车间管理部门领用材料 2 万元，企业行政管理部门领用材料 3 万元。

要求：编制甲工业企业上述经济业务事项的会计分录（"应交税费"科目要求写出明细科目，单位：万元）。

2. 某公司为增值税一般纳税人，存货按计划成本法核算，甲材料单位计划成本为 10 元/千克，本月初有关甲材料的资料如下："原材料"账户期初余额为 20 000 元，"材料成本差异"账户期初贷方余额为 700 元，"材料采购"账户期初余额为 38 800 元。每月发生下列业务。

(1) 5 日，上月采购的甲材料 4 040 千克，如数收到并验收入库。

(2) 22 日，从 A 公司购入甲材料 8 000 千克，价款 80 000 元，增值税税额 10 400 元，用银行存款付讫，材料未入库。

(3) 25 日，22 日购入的甲材料运到，验收入库时发现短缺 40 千克，经查明为途中的合理损耗，按实收数量入库。

(4) 30 日，汇总本月发料凭证，共发出甲材料 11 000 千克，全部用于 B 产品的生产。

要求：对上述业务编制会计分录并计算月末甲材料的实际成本。

3. 前方股份有限公司存货在年末按成本与可变现净值孰低计量，对于可变现净值低于成本的差额，按单项存货计提跌价准备。2017 年 12 月 31 日，经检查有关存货情况如下。

(1) 甲商品的账面成本为 2 000 万元，估计售价为 2 300 万元，估计的销售费用及相关税金为 60 万元。年末计提跌价准备前，甲商品的跌价准备余额为 110 万元。

(2) 乙材料的账面成本为 60 万元，因用该材料生产的产品陈旧过时，决定停产，公司拟将乙材料出售。年末估计乙材料的售价为 50 万元，估计材料的销售费用及相关税金为 2 万元。年末计提跌价准备前，乙材料的跌价准备余额为零。

(3) 丙材料的账面成本为 400 万元，丙材料的估计售价为 390 万元。丙材料用于生产 A 商品，年末已签订供货合同，A 商品市场紧缺，全部被客户包销，合同价格为 750 万元。据估计，将丙材料生产成 A 商品还应发生其他成本 100 万元，生产完成后总成本为 500 万元。估计的 A 商品销售费用及相关税金为 15 万元。年末计提跌价准备前，丙材料的跌价准备余额为零。

(4) 丁材料的账面成本为 600 万元，丁材料的估计售价为 520 万元。丁材料用于生产 B 商品。根据生产计划，用丁材料 600 万元生产成 B 商品的成本为 740 万元，即至完工估计将要发生其他成本 140 万元。B 商品因同类商品的冲击，市价下跌，估计售价为 730 万元，估计 B 商品销售费用及相关税金为 50 万元。年末计提跌价准备前，丁材料的跌价准备余额为 15 万元。

要求：计算 2017 年年末前方股份有限公司应计提的存货跌价准备，并进行账务处理。

第四章

金 融 资 产

【学习要点及目标】

● 掌握金融资产的含义。

● 了解金融资产的分类及条件。

● 掌握金融资产的初始计量和后续计量。

● 金融资产减值重分类。

【核心概念】

金融资产　金融资产的分类　金融资产的计量　金融资产减值

【引导案例】 腾达开发有限责任公司 2016 年 6 月 10 日购入鸿飞有限责任公司股票 100 万股，占 5%的股份，支付价款 900 万元，其中包括交易费用 5 万元。购入时，鸿飞有限责任公司已宣告但尚未发放的现金股利为每股 0.2 元。腾达公司 8 月 15 日如数收到宣告发放的现金股利。2016 年 12 月 31 日，该股票的公允价值为 1 000 万元。鸿飞公司 2017 年 4 月 1 日宣告分红 100 万元，并于 5 月 3 日发放。2017 年 6 月 30 日该股票的公允价值为 800 万元，腾达开发有限责任公司于当年 7 月 5 日出售该金融资产，收到价款 920 万元。

思考：腾达开发有限责任公司应如何对该业务进行核算？

第一节　金融工具概述

一、金融工具的内容

按照《企业会计准则第 22 号——金融工具确认与计量》的规定，金融工具是指形成一个企业的金融资产，并形成其他单位的金融负债或权益工具的合同。

(一)金融工具的含义

(1) 依据会计准则的定义，通常交易的双方，一方的收款权利(或付款义务)总是与另一方相应的付款义务(或收款权利)匹配。例如，代表在未来收取现金的合同权利的金融资产以及相应地代表在未来交付现金的合同义务的金融负债，如应收账款和应付账款、应收票据和应付票据、应收账款和应付账款、持有债券和应付债券等。

(2) 某一类金融工具所获得或放弃的经济利益是非现金金融资产。例如，应付政府债券赋予持有人以收取政府债券而非现金的合同权利，同时要求发行人承担交付政府债券而非现金的义务。因此，该票据是其持有人的一项金融资产，同时也是其发行人的一项金融负债。

(3) 对于一项收取、交付或交换金融工具的合同权利或合同义务来说，其本身就是一项金融工具。一系列合同权利或合同义务如果最终导致现金的收付或者权益工具的取得或发行，则这些权利或义务都是金融工具。例如，甲公司对外发行公司债券，乙公司购买了甲公司的债券，则乙公司形成了一项债权投资，产生了一项收回本金和按期收取利息的合同权利，即产生了一项金融资产；而甲公司则承担了一项按期还本付息的义务，即产生了一项金融负债。

又如，甲公司对外发行公司股票，乙公司购买了甲公司的股票，则乙公司形成了一项股权投资，产生了一项按投资协议参与分配甲公司利润和合法转让股票的合同权利，即产生了一项金融资产；而甲公司则承担了一项按投资协议要求按期向购买公司股票的人分配利润的合同权益，即产生了一项权益工具。

(二)金融工具的分类

金融工具分为基本金融工具和衍生金融工具两类。

(1) 基本金融工具又称传统金融工具或传统结算手段和投资方式，包括现金、银行存款、应收应付款项、发行股票债券和债券股票投资等。

(2) 衍生金融工具又称新兴金融工具、创新金融工具，是指价值随特定利率、金融工具价格、商品价格、汇率、价格指数、费率指数、信用等级、信用指数或其他类似变量的变动而变动，不要求或要求很少初始净投资，在未来某一日期结算的合同。衍生金融工具是随着经济发展的复杂化而产生的一类新的结算手段和投资方式，其目的是获取高额投资收益和进行套期保值等。

二、衍生金融工具的含义、特点

(一)衍生金融工具的含义

我国《企业会计准则第 22 号——金融工具确认和计量》对衍生金融工具的定义是具有下列特征的金融工具或其他合同。

(1) 其价值随特定利率、金融工具价格、商品价格、汇率、价格指数、费率指数、信用等级、信用指数或其他类似变量的变动而变动，变量为非金融变量的，该变量与合同的任一方不存在特定关系。

(2) 不要求初始净投资，或与对市场情况变化有类似反应的其他类型合同相比，要求很少的初始净投资。

(3) 在未来某一日期结算。

《企业会计准则第 24 号——套期会计》规定，衍生金融工具通常可以作为套期工具。衍生金融工具包括远期合同、期货合同、互换和期权，以及具有远期合同、期货合同、互换和期权中的一种或一种以上特征的工具。例如，企业为规避库存铁制品价格下跌的风险，可以通过卖出一定数量铁制品的期货合同加以实现，其中为了卖出铁制品所签订的期货合同即衍生金融工具中的品种。

(二)衍生金融工具的特点

与传统金融工具相比，衍生金融工具表现出如下特点。

1．弹性大

例如，市场上可能要求固定利率产品，但金融机构却可以用浮动利率来提供资金。为避免利率风险，金融机构可以使用一些金融工具，如利率期货等，来控制其风险。

2．风险较大

这些风险包括因市场价格变动而造成的市场风险，因交易对手无法履约的信用风险，因合约持有人无法在市场上找到出货或平仓的机会而造成的流动性风险，因人为错误、交易系统或清算系统故障而造成的运作风险，以及结算风险、法律风险、犯罪风险和道德风险等。

3．市场价格明确

绝大部分衍生金融工具都可以在市场上得到明确的交易价格。企业可以随时以这一价格进行买卖交易。日新月异的通信技术的发展更有利于人们获取明确、及时的价格信息。

4. 价值的波动性

由于衍生金融工具产生的动因是规避市场风险和投机，因此其价值的体现就要借助于基础金融工具市场价的波动。一种衍生金融工具降低基础金融工具的风险越多或带来的利润越高，它的价值就越高；反之，非但达不到原来预期的目的反而招致亏损，它的价值就会相应地成为负数。

5. 盈利方式的独特性

在衍生金融工具的交易中，一般只需交付少量的保证金或权利金，即可签订远期大额合约或互换不同的金融工具，之后再寻找合适的机会进行交易。这种"以小搏大"的杠杆作用，能带给人们巨大的利润。

第二节 金融资产的定义与分类

一、金融资产的定义

金融资产，是指企业持有的现金、其他方的权益工具以及符合下列条件之一的资产。

(1) 从其他方收取现金或其他金融资产的合同权利。

(2) 在潜在有利条件下，与其他方交换金融资产或金融负债的合同权利。

(3) 将来须用或可用企业自身权益工具进行结算的非衍生工具合同，且企业根据该合同将收到可变数量的自身权益工具。

(4) 将来须用或可用企业自身权益工具进行结算的衍生工具合同，但以固定数量的自身权益工具交换固定金额的现金或其他金融资产的衍生工具合同除外。

简言之，金融资产是指现金、持有的其他单位的权益工具、从其他单位收取现金或其他金融资产的权利等合同权利。其具体项目包括库存现金、银行存款、应收账款、应收票据、其他应收款项、股权投资、债权投资、基金投资和衍生金融工具形成的资产等。

本章不涉及以下金融资产的会计处理：①货币资金；②库存现金、银行存款、应收账款、应收票据、其他应收款项；③对子公司、联营企业、合营企业投资以及在活跃市场上没有报价的长期股权投资。

二、金融资产的分类

关于金融资产的分类，2017年3月财政部修订了《企业会计准则第22号——金融工具确认和计量》的规定，修订后的准则要求，在境内外同时上市的企业以及在境外上市并采用国际财务报告准则或企业会计准则编制财务报告的企业自2018年1月1日起施行，其他境内上市企业自2019年1月1日施行，执行企业会计准则的非上市企业自2021年1月1日起施行。按照修订后的准则的规定，企业应当根据其管理金融资产的业务模式和金融资产的合同现金流量特征，将金融资产划分为以下三类：以摊余成本计量的金融资产、以公允价值计量且其变动计入其他综合收益的金融资产、以公允价值计量且其变动计入当期损益的金融资产。

(一)以摊余成本计量的金融资产

以摊余成本计量的金融资产应同时满足下列条件。

(1) 企业管理该金融资产的业务模式是以收取合同现金流量为目标。

(2) 该金融资产的合同条款规定，在特定日期产生的现金流量，仅为收回的本金和以未偿付本金金额为基础收取的利息。

(二)以公允价值计量且其变动计入其他综合收益的金融资产

以公允价值计量且其变动计入其他综合收益的金融资产必须同时满足下列条件。

(1) 企业管理该金融资产的业务模式既以收取合同现金流量为目标，又以出售该金融资产为目标。

(2) 该金融资产的合同条款规定，在特定日期产生的现金流量，仅为收回的本金和以未偿付本金金额为基础收取的利息。

(三)以公允价值计量且其变动计入当期损益的金融资产

除分类为以摊余成本计量的金融资产和分类为以公允价值计量且其变动计入其他综合收益的金融资产之外的金融资产，企业应当将其分类为以公允价值计量且其变动计入当期损益的金融资产。

第三节　以摊余成本计量的金融资产

一、初始计量原则

以摊余成本计量的金融资产的初始确认，应当按照公允价值计量，公允价值通常为相关金融资产或金融负债的交易价格。相关交易费用应当计入初始确认金额。其交易费用包括支付给代理机构、咨询公司、券商、政府有关部门等的手续费、佣金、相关税费及其他必要支出，不包括债券溢价、折价、融资费用、内部管理成本等与交易不直接相关的费用。符合该条件的金融资产主要包括应收账款、应收票据、其他应收款、债权投资等。应收款项已经在第二章作了介绍，本章主要介绍债权投资。

1. 债权投资的性质

债权投资是指业务管理模式为以特定日期收取合同现金流量为目的的金融资产，具体来说是指企业购入的到期日固定、回收金额固定或可确定，且企业有明确意图和能力持有至到期的国债和企业债券等各种债券投资，其中，既包括发行期在一年以上的债券投资，也包括发行期在一年以内的债券投资。作为债权投资购入的债券，可以按不同的标准分类，例如，按付息情况可以分为分期付息债券与到期一次付息债券。

债权投资从企业管理金融资产的业务模式来看，由于管理者的意图是持有至到期，不准备随时出售，因而主要是收取合同现金流量。债权投资的合同现金流量特征是在到期日收取的合同现金流量仅为本金和以未偿付本金金额为基础的利息。本金是指金融资产在初始确认时的公允价值。本金金额可能由于提前还款等原因在金融资产的存续期内发生变动；根据债权投资的业务模式和合同现金流量特征判断，在会计上应划分为以摊余成本计量的金融资产。

2．债权投资的主要会计问题

1） 债权投资的取得

企业购入的准备持有至到期的债券，有些是按债券面值的价格购入的；有些是按高于债券面值的价格购入的，即溢价购入；有些是按低于债券面值的价格购入的，即折价购入。债券的溢价、折价主要是由于金融市场利率与债券票面利率不一致造成的。当债券票面利率高于金融市场利率时，债券发行者按债券票面利率会多付利息，导致债券溢价。这部分溢价差额属于债券购买者由于日后多获利息而给予债券发行者的利息返还。而当债券票面利率低于金融市场利率时，导致债券折价发行，这部分折价差额属于债券发行者由于日后少付利息而给予债券购买者的利息补偿。

2） 债权投资入账价值的确定

债权投资的初始计量就是要确定债权投资的入账金额。我国现行会计准则规定，债权投资的初始直接费用应当包括在取得成本之内。债权投资应按购入时实际支付的价款作为初始入账价值，实际支付的价款包括支付的债券实际买价以及手续费、佣金等初始直接费用。但是，实际支付的价款中如果含有发行日或付息日至购买日之间分期付息的利息，按照重要性原则，应作为一项短期债权处理，不计入债券的初始入账价值。

3） 债权投资取得的账务处理

企业取得一项债权投资，就意味着获得了合约规定的两项收款权利：一是债券到期时按债券面值收取款项的权利；二是基于票面利率分期或到期一次收取利息的权利。

取得债权投资的入账价值扣除一次付息债券应计利息后的金额大于债券面值的差额，称为利息调整借差，为债券溢价金额与初始直接费用之和；取得债权投资的入账价值扣除一次付息债券应计利息后的金额小于债券面值的差额，称为利息调整贷差，为债券折价金额减去初始直接费用的差额。如果债券折价金额小于初始直接费用，则其差额也为利息调整借差。利息调整借差、贷差本质上均是债权投资成本的组成部分，借差是债券面值的增项，贷差则是债券面值的减项。因此，为了反映各项债权投资的取得、收益、处置等情况，应设置"债权投资"科目，并设置"债券面值""利息调整""应计利息"等明细科目。

企业在发行日或付息日购入债券时，实际支付的价款中不含有利息，应按照购入债券的面值，借记"债权投资——债券面值"科目；按照可以抵扣的增值税进项税额，借记"应交税费——应交增值税(进项税额)"科目；按照实际支付的全部价款扣除面值以后的差额，借记或贷记"债权投资——利息调整"科目；按实际支付的全部价款，贷记"银行存款"等科目。

企业在发行日后或两个付息日之间购入债券时，实际支付的价款中含有自发行日或付息日至购入日之间的利息，应分别按照不同的情况进行处理。其中，到期一次付息债券的利息由于不能在一年以内收回，应计入投资成本，借记"债权投资——应计利息"科目；分期付息债券的利息一般在一年以内能够收回，从性质上看属于企业获得的一项短期债权，应借记"应收利息"科目，不计入投资成本。

【例4-1】 甲公司于2018年1月1日以754 302元的价格购买了乙公司于当日发行的总面值为800 000元、票面利率为5%、5年期的分期付息债券，债券利息在每年12月31日支付，确认为债权投资。甲公司还以银行存款支付了购买该债券发生的交易费用12 000元。

债权投资的入账金额= 754 302+12 000=766 302(元)

应确认的利息调整贷差= 800 000−766 302 = 33 698(元)

具体的会计处理如下。

借：债权投资——债券面值　　　　　　　　　　　　　　　800 000

　　贷：债权投资——利息调整　　　　　　　　　　　　　　33 698

　　　　银行存款　　　　　　　　　　　　　　　　　　　766 302

【例4-2】 甲公司于2018年1月1日以822 617元的价格购买了乙公司于当日发行的面值为800 000元、票面利率为5%、5年期的分期付息债券，债券利息在每年12月31日支付，确认为债权投资。甲公司还以银行存款支付了购买该债券发生的交易费用10 000元。

债权投资的入账金额= 822 617 + 10 000=832 617(元)

应确认的利息调整借差=832 617−800 000 =32 617(元)

具体的会计处理如下。

借：债权投资——债券面值　　　　　　　　　　　　　　　800 000

　　　　　　——利息调整　　　　　　　　　　　　　　　32 617

　　贷：银行存款　　　　　　　　　　　　　　　　　　　832 617

【例4-3】 甲公司于2018年7月1日以839 393.8元的价格购买了乙公司于2018年1月1日发行的面值为800 000元、票面利率为5%、5年期的分期付息债券，债券利息在每年12月31日支付，确认为债权投资。甲公司还以银行存款支付了购买该债券发生的交易费用10 000元。

支付价款中包含的发行日至购买日的半年利息=800 000×5%÷2 = 20 000(元)

债权投资的入账价值=839 393.8+13 000−20 000=832 393.8(元)

应确认的利息调整借差= 832 393.8−800 000 = 32 393.8(元)

具体的会计处理如下。

借：债权投资——债券面值　　　　　　　　　　　　　　　800 000

　　　　　　——利息调整　　　　　　　　　　　　　　　32 393.8

　　应收利息　　　　　　　　　　　　　　　　　　　　20 000

　　贷：银行存款　　　　　　　　　　　　　　　　　　852 393.8

【例4-4】 P公司于2022年1月1日以银行存款841 804.08元购买了S公司于2021年1月1日发行的总面值为800 000元、票面利率为5%、5年期的到期一次付息债券，确认为债权投资。P公司还以银行存款支付了购买该债券发生的交易费用13 000元。

支付价款中包含的发行日至购买日的一年利息=800 000×5%=40 000(元)

债权投资的入账价值 = 841 804.08+13 000=854 804.08(元)

应确认的利息调整借差=854 804.08−800 000−40 000=14 804.08(元)

具体的会计处理如下。

借：债权投资——债券面值　　　　　　　　　　　　　　　800 000

——利息调整		14 804.08
——应计利息		40 000
贷：银行存款		854 804.08

二、后续计量

债券投资的后续计量包括债券投资持有过程中的投资收益的确认，以及投资的到期兑现。

1. 债权投资的摊余成本与投资收益的确定

按照会计准则的规定，债权投资期末应按摊余成本计价。债权投资的摊余成本，是指其初始成本扣除已偿还的本金，加上或减去利息调整的累计摊销额，扣除已发生的减值损失以后的余额，即债权投资的账面价值。债权投资的账面余额是指经过利息调整摊销和确认一次付息应计利息后的"债权投资"科目余额，如果债权投资未发生减值，则账面余额即为摊余成本。

债权投资摊余成本即账面余额的确定有两种方法：直线法和实际利率法。

直线法的特点是各期的摊销额和投资收益固定不变，但随着利息调整借差或贷差的摊销，债券投资成本在不断变化，因而各期的投资收益率也在变化。采用直线法能够简化计算工作，但在一项投资业务中各期投资收益率不同，不能正确地反映各期的经营业绩。

实际利率法的特点是各期的投资收益率保持不变，能够使一项投资业务中各期的投资收益率相同，客观反映各期的投资效益。在实际利率法下，债券利息调整借差或贷差摊销额为票面利息与投资收益(即实际利息)的差额，在票面利息不变而投资收益变化的情况下，摊销额也不断变化。我国现行会计准则要求采用实际利率法确定摊余成本。

在实际利率法下，期末债权投资的摊余成本为未来现金流量的现值，计算现值所用的折现率一般是债券初始投资时确定的实际利率，现阶段往往直接给出。

2. 会计处理

【例4-5】 承例4-1。假定甲公司购买债券后按实际利率法确定债权投资的摊余成本。实际利率为6%。

编制甲公司投资收益及利息调整贷差摊销表(见表4-1)，并进行各期的会计处理。

表4-1 投资收益及利息调整贷差摊销表(分期付息)

单位：元

日　期	实收票面利息	投资收益	利息调整贷差摊销	利息调整贷差余额	摊余成本
	(1)=面值×5%	(2)=期初(5)×6%	(3)=(2)-(1)	(4)=期初(4)-(3)	(5)=期初(5)+(3)
2019/01/01				33 698	766 302
2019/12/31	40 000	45 978.12	5 978.12	27 719.88	772 280.12
2020/12/31	40 000	46 336.81	6 336.81	21 383.07	778 616.93
2021/12/31	40 000	46 717.02	6 717.02	14 666.05	785 333.95
2022/12/31	40 000	47 120.04	7120.04	7 546.01	792 453.99
2023/12/31	40 000	47 546.01*	7 546.01	0	800 000

*含尾数调整。

2019 年 12 月 31 日编制的会计分录如下。

(1) 收到利息。

借：银行存款   40 000

    贷：投资收益   40 000

(2) 摊销利息调整贷差。

借：债权投资——利息调整   5 978.12

    贷：投资收益   5 978.12

其他年份依次类推。

【例 4-6】 承例 4-2。假定甲公司购买债券后按实际利率法确定债权投资的摊余成本，实际利率为 4%。

编制甲公司投资收益及利息调整借差摊销表(见表 4-2)，并进行各期的会计处理。

表 4-2　投资收益及利息调整借差摊销表(分期付息)

单位：元

日　　期	实收票面利息	投资收益	利息调整借差摊销	利息调整借差余额	摊余成本
	面值×5%	(2)=期初(5)×4%	(3)=(1)-(2)	(4)=期初(4)-(3)	(5)=期初(5)-(3)
2018/01/01				35 617	835 617
2018/12/31	40 000	33 424.68	6 575.32	29 041.68	829 041.68
2019/12/31	40 000	33 161.67	6 838.33	22 203.35	822 203.35
2020/12/31	40 000	32 888.13	7 111.87	15 091.48	815 091.48
2021/12/31	40 000	32 603.66	7 396.34	7 695.14	807 695.14
2022/12/31	40 000	32 304.86*	7 695.14	0	800 000

*含尾数调整。

2018 年 12 月 31 日编制的会计分录如下。

合并编制会计分录。

借：银行存款   40 000

    贷：债权投资——利息调整   6 575.32

         投资收益   33 424.68

其他年份依次类推。

【例 4-7】 承例 4-3。假定甲公司购买债券后按实际利率法确定债权投资的摊余成本，实际利率为 4%。

编制甲公司投资收益及利息调整借差摊销表(见表 4-3)，并进行各期的会计处理。

表 4-3　投资收益及利息调整借差摊销表(分期付息)

单位：元

日　　期	实收票面利息	投资收益	利息调整借差摊销	利息调整借差余额	摊余成本
	(1)= 面值×5%	(2)=期初(5)×4%	(3)= (1)-(2)	(4)=期初(4)-(3)	(5)=期初(5)-(3)
2018/07/01				32 393.8	832 393.8
2018/12/31	20 000(半年)	16 647.88(半年)	3 352.12	29 041.68	829 041.68
2019/12/31	40 000	33 161.67	6 838.33	22 203.35	822 203.35

日 期	实收票面利息	投资收益	利息调整借差摊销	利息调整借差余额	摊余成本
	(1)= 面值×5%	(2)= 期初(5)×4%	(3)=(1)−(2)	(4)= 期初(4)−(3)	(5)= 期初(5)−(3)
2020/12/31	40 000	32 888.13	7 111.87	15 091.48	815 091.48
2021/12/31	40 000	32 603.66	7 396.34	7 695.14	807 695.14
2022/12/31	40 000	32 304.86*	7 695.14	0	800 000

*含尾数调整。

2018 年 12 月 31 日编制的会计分录如下。

(1) 收到利息。

借：银行存款　　　　　　　　　　　　　　　　　　　　　　　40 000

　　贷：投资收益　　　　　　　　　　　　　　　　　　　　　　　　20 000

　　　　应收利息　　　　　　　　　　　　　　　　　　　　　　　　20 000

(2) 摊销利息调整借差。

借：投资收益　　　　　　　　　　　　　　　　　　　　　　　3 352.12

　　贷：债权投资——利息调整　　　　　　　　　　　　　　　　　　3 352.12

或合并编制会计分录。

借：银行存款　　　　　　　　　　　　　　　　　　　　　　　40 000

　　贷：债权投资——利息调整　　　　　　　　　　　　　　　　　　3 352.12

　　　　投资收益　　　　　　　　　　　　　　　　　　　　　　16 647.88

　　　　应收利息　　　　　　　　　　　　　　　　　　　　　　　　20 000

2019 年 12 月 31 日编制的会计分录如下。

(1) 收到利息。

借：银行存款　　　　　　　　　　　　　　　　　　　　　　　40 000

　　贷：投资收益　　　　　　　　　　　　　　　　　　　　　　　40 000

(2) 摊销利息调整借差。

借：投资收益　　　　　　　　　　　　　　　　　　　　　　　6 838.33

　　贷：债权投资——利息调整　　　　　　　　　　　　　　　　　　6838.33

其他年份依次类推。

3．债权投资的到期兑现

债权投资的到期兑现，是指在债权投资期到期时，按面值收回投资及应收未收的利息。如果是一次付息的债券，到期时企业可以收回债券面值和利息；如果是分期付息的债券，到期时企业可以收回债券面值。一般来说，在债券投资到期时，溢价、折价金额已经摊销完毕，不论是按面值购入，还是溢价或折价购入，"债权投资"科目的余额均为债券面值和应计利息。收回债券面值及利息时，应借记"银行存款"科目，贷记"债权投资"科目。

【例 4-8】承例 4-7。2023 年 1 月 1 日按面值收回投资时，编制的会计分录如下。

借：银行存款　　　　　　　　　　　　　　　　　　　　　　800 000

　　贷：债权投资——债券面值　　　　　　　　　　　　　　　　　800 000

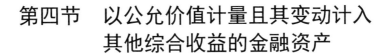

第四节　以公允价值计量且其变动计入
其他综合收益的金融资产

以公允价值计量且其变动计入其他综合收益的金融资产包括其他债权投资和其他权益工具投资。

一、其他债权投资

(一)其他债权投资的性质

其他债权投资是指同时符合下列条件的金融资产：①企业管理该金融资产的业务模式既以收取合同现金流量为目标，又以出售该金融资产为目标；②该金融资产的合同条款规定，在特定日期产生的现金流量，仅为对本金和以未偿付本金金额为基础的利息的支付。具体来说，其他债权投资是指既可能持有至到期日收取合同现金流量，也可能在到期日之前出售的债券投资。企业取得其他债权投资，应将其划分为以公允价值计量且其变动计入其他综合收益的金融资产。在初始确认时，除符合上述条件的金融资产外，企业还可以将非交易性权益工具投资(如企业持有的限售股等)指定为以公允价值计量且其变动计入其他综合收益的金融资产，并确认股利收入。该指定一经作出，不得撤销。

其他债权投资采用实际利率法计算的利息应当计入当期损益，计入各期损益的金额应当与债权投资按摊余成本计量而计入各期损益的金额相等；该金融资产由于公允价值变动产生的所有利得或损失，应当计入其他综合收益；该金融资产发生的减值损失或利得，应计入当期损益；该金融资产终止确认时，之前计入其他综合收益的累计利得或损失，应当从其他综合收益中转出，计入当期损益。

(二)其他债权投资的会计处理

为了反映其他债权投资的取得、处置、公允价值变动等情况，企业应当设置"其他债权投资"科目。该科目借方登记其他债权投资的取得成本和公允价值变动增加额，贷方登记其他债权投资的处置成本和公允价值变动减少额，期末借方余额表示其他债权投资的公允价值。"其他债权投资"科目应根据其他债权投资的品种设置二级科目，按照"债券面值""利息调整""应计利息""公允价值变动"设置明细科目。

1. 其他债权投资的取得

企业取得的其他债权投资，应按该债券的公允价值和相关交易费用之和作为该金融资产的入账价值，分别借记"其他债权投资——债券面值""其他债权投资——应计利息""应收利息"科目，借记或贷记"其他债权投资——利息调整"科目；根据实际支付的价款，贷记"银行存款"等科目。

【例4-9】　2018 年1 月1 日，甲公司购入乙公司当天发行的 3 年期分期付息债券，面值为 80 000 元，票面利率为 5%，每年 12 月 31 日付息，实际支付价款 77 861.69 元。甲公司既可能将其持有至到期日，也可能提前出售，将其确认为以公允价值计量且其变动计入其他综合收益的金融资产。实际利率为 6%。编制会计分录如下。

借：其他债权投资——债券面值　　　　　　　　　　　　　　　　80 000
　　贷：其他债权投资——利息调整　　　　　　　　　　　　　　　　　2 138.31
　　　　银行存款　　　　　　　　　　　　　　　　　　　　　　　　77 861.69

2. 其他债权投资的收益

企业取得的其他债权投资，应按照其摊余成本和实际利率确定投资收益，根据应收的票面利息，借记"其他债权投资——应计利息"或"其他债权投资——应收利息"等科目；根据按照实际利率计算的实际利息收入，贷记"投资收益"科目；根据两者的差额，借记或贷记"其他债权投资——利息调整"科目。

【例 4-10】 承例 4-9。甲公司各年年末确认该金融资产的投资收益，实际利率为 6%。编制甲公司投资收益及利息调整贷差摊销表(见表 4-4)，并进行各期的会计处理。

表 4-4　投资收益及利息调整贷差摊销表(分期付息)

单位：元

日　期	实收票面利息	投资收益	利息调整 贷差摊销	利息调整 贷差余额	摊余成本
	(1)= 面值×5%	(2)= 期初(5)×6%	(1)= (2)−(1)	(4)= 期初(4)−(3)	(5)= 期初(5)+(3)
2018/01/01				2 138.31	77 861.69
2018/12/31	4 000	4 671.7	671.7	1 466.61	78 533.39
2019/12/31	4 000	4 712	712	754.61	79 245.39
2020/12/31	4 000	4 754.61*	754.61	0	800 000

*含尾数调整。

2018 年 12 月 31 日编制的会计分录如下。

借：银行存款　　　　　　　　　　　　　　　　　　　　　　　　　　4 000
　　其他债权投资——利息调整　　　　　　　　　　　　　　　　　　　671.7
　　贷：投资收益　　　　　　　　　　　　　　　　　　　　　　　　　4 671.7
其他年份依次类推。

3. 其他债权投资的期末计价

在资产负债表日，其他债权投资应当按照公允价值计量。按照我国《企业会计准则》的规定，其他债权投资公允价值与账面价值的差额，即公允价值的变动，不得计入当期损益，而应作为所有者权益变动，计入其他综合收益，借记或贷记"其他债权投资——公允价值变动"科目，贷记或借记"其他综合收益"科目。

【例 4-11】 承例 4-10。甲公司各年年末持有的其他债权投资的公允价值见表 4-5。

表 4-5　公允价值变动计算表

单位：元

日　期	摊余成本	公允价值	累计公允价值变动	本期公允价值变动
	(1)	(2)	(3)=(2)-(1)	(4)=(3)-期初(3)
2018/12/31	78 533.39	78 604	70.61	70.61
2019/12/31	79 245.39	79 271	25.61	−45
2020/12/31	80 000	80 000	0	−25.61

2018 年 12 月 31 日编制的会计分录如下。

借：其他债权投资——公允价值变动　　　　　　　　　　70.61

　　贷：其他综合收益　　　　　　　　　　　　　　　　70.61

其他年份依次类推。

4. 其他债权投资的出售

企业出售其他债权投资，应终止确认该金融资产，将实际收到的金额与其账面价值的差额确认为投资收益，同时，将原累计计入其他综合收益的公允价值变动转为投资收益。企业应根据实际收到的出售价款，借记"银行存款"等科目；根据该金融资产的账面价值，贷记"其他债权投资"科目；根据其差额，贷记或借记"投资收益"科目。同时，根据累计公允价值变动原计入其他综合收益的金额，借记或贷记"其他综合收益"科目，贷记或借记"投资收益"科目。

【例 4-12】 承例 4-10、例 4-11。2020 年 1 月 3 日，甲公司出售该债券，实际收到的价款为 79 280 元；该债券的账面价值为 79 271 元，其中，面值为 80 000 元，利息调整贷差为 754.61 元，公允价值变动为 25.61 元。编制会计分录如下。

借：银行存款　　　　　　　　　　　　　　　79 280

　　其他债权投资——利息调整　　　　　　　　754.61

　　贷：其他债权投资——债券面值　　　　　　　　80 000

　　　　公允价值变动　　　　　　　　　　　　　　25.61

　　　　投资收益　　　　　　　　　　　　　　　　9

借：其他综合收益　　　　　　　　　　　　　　25.61

　　贷：投资收益　　　　　　　　　　　　　　　　25.61

二、其他权益工具投资

(一)其他权益工具投资的性质

其他权益工具投资主要是指非交易性股票以及不具有控制、共同控制和重大影响的且没有公允价值的股权等。企业取得其他权益工具投资，一般应指定为以公允价值计量且其变动计入其他综合收益的金融资产。例如，企业持有的上市公司限售股尽管在活跃市场上有报价，但由于出售受到限制，不能随时出售，可指定为以公允价值计量且其变动计入其他综合收益的金融资产。再如，持有的在活跃市场上没有报价且对被投资企业不存在控制、共同控制和重大影响的股权投资，无法随时出售，也应确认为其他权益工具投资。其他权益工具投资的公允价值变动应计入其他综合收益；终止确认时，之前计入其他综合收益的累计利得或损失应当从其他综合收益中转出，计入留存收益。其他权益工具的投资不需要计提减值准备。

(二)其他权益工具投资的会计处理

为了反映其他权益工具投资的取得、处置、公允价值变动等情况，企业应当设置"其他权益工具投资"科目。该科目借方登记其他权益工具投资的取得成本和公允价值变动增加额，贷方登记其他权益工具投资的处置成本和公允价值变动减少额，期末借方余额表示其他权益工具投资的公允价值。"其他权益工具投资"科目应根据其他权益工具投资的品种设置二级科目，按照"成本"和"公允价值变动"设置明细科目。

1. 其他权益工具投资的取得

企业取得的其他权益工具投资，应按其公允价值和相关交易费用之和作为初始投资成本，借记"其他权益工具投资——成本"科目，贷记"银行存款"等科目。如果支付的价款中包含已宣告但尚未发放的现金股利，应确认为应收项目，借记"应收股利"科目。

【例4-13】 2019年4月1日，甲公司购入A公司股票10 000股，每股市价为20元，实际支付价款200 000元，另支付交易费用1 000元，该股票在3年内不得出售，甲公司将其确认为其他权益工具投资。编制会计分录如下。

借：其他权益工具投资——成本　　　　　　　　　　　　　　　　201 000
　　贷：银行存款　　　　　　　　　　　　　　　　　　　　　　　　　201 000

2. 其他权益工具投资的收益

企业取得的其他权益工具投资，对于收到的属于取得该金融资产支付价款中包含的已宣告发放的现金股利，应视为债权的收回，借记"银行存款"等科目，贷记"应收股利"科目；在该金融资产持有期间收到被投资单位宣告发放的现金股利，应将其确认为投资收益，在宣告日应借记"应收股利"科目，贷记"投资收益"科目；收到现金股利时，应借记"银行存款"等科目，贷记"应收股利"科目。

【例4-14】 承例4-13。2019年5月10日，A公司宣告分派现金股利，每股0.2元，5月30日A公司实际发放现金股利。甲公司编制会计分录如下。

(1) 5月10日，A公司宣告发放现金股利。甲公司应收现金股利=0.2×10 000=2 000(元)。

借：应收股利　　　　　　　　　　　　　　　　　　　　　　　　　2 000
　　贷：投资收益　　　　　　　　　　　　　　　　　　　　　　　　　2 000

(2) 5月30日，甲公司收到现金股利。

借：银行存款　　　　　　　　　　　　　　　　　　　　　　　　　2 000
　　贷：应收股利　　　　　　　　　　　　　　　　　　　　　　　　　2 000

3. 其他权益工具投资的期末计价

在资产负债表日，其他权益工具投资应当按照公允价值计量。按照我国《企业会计准则》的规定，其公允价值与账面价值的差额，即公允价值的变动，不得计入当期损益，而

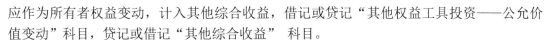

应作为所有者权益变动，计入其他综合收益，借记或贷记"其他权益工具投资——公允价值变动"科目，贷记或借记"其他综合收益"科目。

【例4-15】 承例4-13。2020年12月31日，甲公司持有的A公司股票的账面价值为201 000元，公允价值为190 000元，公允价值下跌11 000元。编制会计分录如下。

借：其他综合收益　　　　　　　　　　　　　　　　　　　　　　　11 000
　　贷：其他权益工具投资——公允价值变动　　　　　　　　　　　　11 000

4. 其他权益工具投资的出售

企业出售其他权益工具投资，应将实际收到的价款与其账面价值的差额，计入其他综合收益；同时将累计确认的其他综合收益转为留存收益，不计入当期损益。企业应根据实际收到的出售价款，借记"银行存款"等科目；根据该金融资产的账面价值，贷记"其他权益工具投资"科目；根据其差额，贷记或借记"其他综合收益"科目。同时，根据累计公允价值变动原计入其他综合收益的金额，借记或贷记"其他综合收益"科目，贷记或借记"利润分配——未分配利润"科目。

【例4-16】 承例4-15。2021年3月5日，甲公司将持有的A公司股票全部出售，取得价款188 000元。A公司股票的账面价值为190 000元，其中，初始投资成本为201 000元，公允价值变动为-11 000元。编制会计分录如下。

(1) 出售A公司股票。

借：银行存款　　　　　　　　　　　　　　　　　　　　　　　　188 000
　　其他综合收益　　　　　　　　　　　　　　　　　　　　　　　　2 000
　　其他权益工具投资——公允价值变动　　　　　　　　　　　　　　11 000
　　贷：其他权益工具投资——成本　　　　　　　　　　　　　　　201 000

(2) 结转累计计入其他综合收益的公允价值变动。

累计其他综合收益变动＝-11 000-2 000＝-13 000(元)

借：利润分配——未分配利润　　　　　　　　　　　　　　　　　　13 000
　　贷：其他综合收益　　　　　　　　　　　　　　　　　　　　　13 000

第五节　以公允价值计量且其变动计入
当期损益的金融资产

以公允价值计量且其变动计入当期损益的金融资产主要是指交易性金融资产。为了反映交易性金融资产的取得、处置、公允价值变动等情况，企业应当设置"交易性金融资产"科目。该科目的借方登记交易性金融资产的取得成本和公允价值变动增加额，贷方登记交易性金融资产的处置成本和公允价值变动减少额，期末借方余额表示交易性金融资产的公允价值。根据该金融资产的类别和品种(如股票、债券、基金等)设置二级科目，并设置"成本"和"公允价值变动"明细科目。

1. 交易性金融资产的取得

企业取得交易性金融资产时，应当将该金融资产的购买价格(包含已经宣告但尚未发放的现金股利或已到付息期但尚未领取的债券利息)作为其初始成本，借记"交易性金融资产——成本"科目；按照取得该金融资产所发生的相关交易费用，借记"投资收益"科目；按照所支付的全部款项，贷记"银行存款"等科目。企业在收到股利或利息时，应借记"银行存款"等科目，贷记"投资收益"科目。

一般认为，投资收益项目反映企业已经实现的损益，公允价值变动损益则反映企业尚未实现的损益。因此，企业会计准则规定将实际支付的交易费用作为投资费用处理；将购买价格中包含的已经宣告但尚未发放的现金股利或已到付息期但尚未领取的债券利息计入投资成本。

【例4-17】 2018年3月10日，甲公司购入A公司股票20 000股，以银行存款支付股票购买价款300 000元。另支付相关交易费用1 800元，并将其划分为交易性金融资产。甲公司编制的会计分录如下。

借：交易性金融资产——成本   300 000
    投资收益   1 800
      贷：银行存款   301 800

【例4-18】 承例4-17。假定A公司在3月7日宣告发放现金股利，每股0.2元，于3月30日发放。则甲公司在3月10日购入A公司股票实际支付价款中包含已宣告但尚未发放的现金股利4 000元(20 000×0.2)，甲公司编制的会计分录如下。

(1) 3月10日，购入股票。

借：交易性金融资产——成本   300 000
    投资收益   1 800
      贷：银行存款   301 800

(2) 3月30日，收到现金股利。

借：银行存款   4 000
      贷：投资收益   4 000

2. 交易性金融资产持有期间收到的现金股利和利息

企业交易性金融资产持有期间，被投资单位宣告发放现金股利或支付债券利息，属于已实现的收益，应在宣告发放日确认为投资收益，借记"应收股利"或"应收利息"科目，贷记"投资收益"科目；实际收到现金股利或债券利息时，借记"银行存款"等科目，贷记"应收股利"或"应收利息"科目。

【例4-19】 承例4-17。2019年5月15日，A公司宣告发放现金股利，每股0.1元；5月31日，甲公司实际收到现金股利2 000元。甲公司编制的会计分录如下。

(1) 5月15日，宣告发放现金股利。

借：应收股利   2 000
      贷：投资收益   2 000

(2) 5月31日，实际收到现金股利。

借：银行存款   2 000
      贷：应收股利   2 000

3. 交易性金融资产的期末计量

企业应根据该金融资产公允价值高于其账面价值的差额，借记"交易性金融资产——公允价值变动"科目，贷记"公允价值变动损益"科目；根据该金融资产公允价值低于其账面余额的差额，作相反的会计处理。

【例4-20】 承例4-17。2018年12月31日，持有A公司股票的市价为每股20元，公允价值共计400 000元(20×20 000)，账面价值为300 000元，公允价值高于其账面价值的差额为100 000元。甲公司编制的会计分录如下。

借：交易性金融资产——公允价值变动　　　　　　　　　100 000
　　贷：公允价值变动损益　　　　　　　　　　　　　　　　　100 000

【例4-21】 承例4-17。假定2018年12月31日，持有A公司股票的市价为每股13元，公允价值共计260 000元(13×20 000)，账面价值为300 000元，公允价值低于其账面价值的差额为40 000元。甲公司编制的会计分录如下。

借：公允价值变动损益　　　　　　　　　　　　　　　　40 000
　　贷：交易性金融资产——公允价值变动　　　　　　　　　　40 000

4. 交易性金融资产的出售

交易性金融资产在出售时，与该金融资产所有权相关的风险报酬已经转移，应当终止确认该金融资产，将出售该金融资产取得的全部价款与其账面价值的差额确认为投资收益。

企业应根据取得的全部价款，借记"银行存款"等科目；根据出售该金融资产的初始成本，贷记"交易性金融资产——成本"科目；根据出售该金融资产的公允价值变动额，借记或贷记"交易性金融资产——公允价值变动"科目；根据上述确认金额的差额，贷记或借记"投资收益"科目。

基于公允价值变动损益属于未实现的损益，投资收益属于已实现的损益，因此，应将出售该金融资产原确认的公允价值变动损益转为投资收益，借记或贷记"公允价值变动损益"科目，贷记或借记"投资收益"科目。

【例4-22】 承例4-20。2019年1月15日，甲公司将持有的A公司股票全部出售，取得价款420 000元，存入银行。甲公司编制的会计分录如下。

借：银行存款　　　　　　　　　　　　　　　　　　　420 000
　　贷：交易性金融资产——成本　　　　　　　　　　　　　　300 000
　　　　　　　　　　——公允价值变动　　　　　　　　　　　100 000
　　　　投资收益　　　　　　　　　　　　　　　　　　　　　20 000
借：公允价值变动损益　　　　　　　　　　　　　　　　100 000
　　贷：投资收益　　　　　　　　　　　　　　　　　　　　　100 000

【例4-23】 承例4-21。假定2019年1月15日，甲公司将持有的A公司股票全部出售，取得价款258 000元，存入银行。甲公司编制的会计分录如下。

借：银行存款　　　　　　　　　　　　　　　　　　　258 000
　　交易性金融资产——公允价值变动　　　　　　　　　　　40 000
　　投资收益　　　　　　　　　　　　　　　　　　　　　2 000
　　贷：交易性金融资产——成本　　　　　　　　　　　　　　300 000

借：投资收益   40 000

  贷：公允价值变动损益   40 000

甲公司 2018 年利润表中"公允价值变动收益"项目为 40 000 元，这并不意味着甲公司持有的该金融资产公允价值上升，而是体现了上年年末实际发生的公允价值变动损失在本年实际发生后的调整。

第六节 金融资产重分类

企业对金融资产进行重分类，应当自重分类日起采用未来适用法进行相关会计处理，不得对以前已经确认的利得、损失或利息进行追溯调整。重分类日，是指导致企业对金融资产进行重分类的业务模式发生变更后的首个会计期间的第一天。

企业将一项以摊余成本计量的金融资产重分类为以公允价值计量且其变动计入当期损益的金融资产的，应当按照该资产在重分类日的公允价值进行计量。原账面价值与公允价值之间的差额计入当期损益。企业将一项以摊余成本计量的金融资产重分类为以公允价值计量且其变动计入其他综合收益的金融资产的，应当按照该金融资产在重分类日的公允价值进行计量。原账面价值与公允价值之间的差额计入其他综合收益。

企业将一项以公允价值计量且其变动计入当期损益的金融资产重分类为以摊余成本计量的金融资产的，应当以其在重分类日的公允价值作为新的账面价值。企业将一项以公允价值计量且其变动计入当期损益的金融资产重分类为以公允价值计量且其变动计入其他综合收益的金融资产的，应当继续以公允价值计量该金融资产。按照《企业会计准则第 22 号——金融工具确认和计量》规定对金融资产重分类进行处理的，企业应当根据该金融资产在重分类日的公允价值确定其实际利率。同时，企业应当自重分类日起对该金融资产适用本准则关于金融资产减值的相关规定，并将重分类日视为初始确认日。

企业将一项以公允价值计量且其变动计入其他综合收益的金融资产重分类为以摊余成本计量的金融资产的，应当将之前计入其他综合收益的累计利得或损失转出，调整该金融资产在重分类日的公允价值，并以调整后的净额作为新的账面价值，即视同该金融资产一直以摊余成本计量。该金融资产重分类不影响其实际利率和预期信用损失的计量。企业将一项以公允价值计量且其变动计入其他综合收益的金融资产重分类为以公允价值计量且其变动计入当期损益的金融资产的，应当继续以公允价值计量该金融资产。同时，企业应当将之前计入其他综合收益的累计利得或损失从其他综合收益转入当期损益。

【阅读资料 4-1】

《企业会计准则第 22 号——金融工具确认和计量》《企业会计准则第 23 号——金融资产转移》和《企业会计准则第 24 号——套期会计》

本 章 小 结

本章主要介绍了金融工具的含义及分类，衍生金融工具的含义、特点，金融资产的定义、分类，具体包括以摊余成本计量的金融资产、以公允价值计量且其变动计入其他综合收益的金融资产、以公允价值计量且其变动计入当期损益的金融资产。以摊余成本计量的金融资产主要以债权投资为代表，详细介绍了债权投资的性质、债权投资的取得、债权持有期间投资收益的计算方法及会计处理。以公允价值计量且其变动计入其他综合收益的金融资产包括了其他债权投资的取得，具体表现为债权可能持有至到期，也可能提前出售及其他权益工具投资。以公允价值计量且其变动计入当期损益的金融资产主要是指交易性金融资产，以股票为例，介绍了其会计处理。

自 测 题

一、简答题

1. 金融资产包括哪些？新准则下金融资产分成哪几类？

2. 对金融资产进行重分类的条件是什么？

二、案例分析题

1. 万和股份有限公司 2018 年有关金融资产的资料如下。

(1) 2018 年 3 月 1 日，购入 A 公司股票 10 000 股，以银行存款支付全部价款 50 000 元(不考虑交易费用)，确认为交易性金融资产。

(2) 2018 年 3 月 15 日，购入 B 公司股票 20 000 股，以银行存款支付全部价款 60 000 元(不考虑交易费用)，确认为其他权益工具投资。

(3) 2018 年 3 月 31 日，A 公司股票的公允价值为 5.3 元，B 公司股票的公允价值为 2.5 元。

(4) 2018 年 4 月 25 日，出售 A 公司股票 6 000 股，取得价款 340 000 元。

(5) 2018 年 5 月 30 日，A 公司股票公允价值为每股 5.7 元，B 公司股票公允价值为每股 2.6 元。

要求：根据上述经济业务，编制有关会计分录。

2. 星辰股份有限公司 2019 年 1 月 1 日购入乙公司当日发行的五年期债券，准备持有至到期。债券的票面利率为 12%，债券面值为 1 000 元，企业按每张 1 050 元的价格购入 100 张，该债券每年年末付息一次，最后一年还本并付最后一次利息。不考虑相关税费，该债券的实际利率为 10.66%。要求：作出星辰公司有关上述债券投资的会计处理(计算结果保留整数)。

第五章

长期股权投资

【学习要点及目标】

- 掌握长期股权投资的概念、分类。

- 掌握长期股权投资的初始计量、后续计量。

- 掌握长期股权投资核算的成本法和权益法。

- 了解企业合并的类型。

【核心概念】

长期股权投资　长期股权投资的分类　长期股权投资的核算　成本法
权益法　企业合并

【引导案例】　海星公司为进行多元化经营，分散经营风险，于 2015 年至 2016 年对大宇公司进行了下列股权投资业务：①2015 年 1 月 5 日海星公司与大宇公司签订了收购大宇公司 15%的股份的协议。根据协议规定，股份转让价格为 3 000 万元，价款于 2015 年 3 月 31 日支付。协议于签订当日生效。海星公司向大宇公司支付购买股份的价款，并于当日办理完毕股份转让手续，以银行存款支付相关税费 25 万元。②2015 年 11 月 28 日，海星公司与大宇公司签订了收购大宇公司 25%的股份的协议。根据协议规定，股份转让价格为 5 500 万元，海星公司以其拥有的一栋完全产权的办公楼抵付股份转让价款，并向大宇公司支付 500 万元的现金作为补价。海星公司的办公楼账面原价 7 500 万元，累计折旧 3 000 万元，公允价值 5 000 万元。股份转让协议于 2015 年 12 月 1 日生效。③2016 年 1 月 1 日，海星公司与大宇公司分别办理完毕股份转让手续和办公楼产权转让手续，海星公司以银行存款向大宇公司支付补价款，并支付相关税费 50 万元。此时，海星公司已累计持有大宇公司 40%的股份。

思考：对上述资料中涉及的股权投资事项，海星公司应如何进行会计处理？

第一节　长期股权投资概述

一、长期股权投资的概念

长期股权投资是指企业通过购入其他企业的股票或以企业资产直接向被投资方投资的方式而形成的长期投资，表现为投资方对被投资企业实施控制、重大影响的权益性投资，以及对其合营企业的权益性投资。投资的目的是获取其他企业的股权或净资产。

《企业会计准则第 2 号——长期股权投资》规范的权益性投资包括以下几方面：一是投资企业能够对被投资单位实施控制的权益性投资，即对子公司投资；二是投资企业与其他合营方一同对被投资单位实施共同控制的权益性投资，即对合营企业投资；三是投资企业对被投资单位施加重大影响的权益性投资，即对联营企业投资。

二、长期股权投资的分类

(一)按照投资企业对被投资企业的影响力分类

1. 控制

控制是指投资企业有权决定被投资企业的财务和经营决策，并能运用对被投资企业的权力影响其回报金额，从被投资企业的经营活动中获取利润。一般来说，控制包含三个基本要素：一是投资方拥有对被投资方的权力；二是因参与被投资方的相关活动而获取收益；三是有能力运用对被投资方的权力影响其回报金额。

在判断投资方是否控制被投资单位时，应当以新修订的《企业会计准则第 33 号——合并财务报表》为标准。

2. 共同控制

共同控制是指按照合同约定与其他投资者对被投资企业所共有的控制。一般来说，具有共同控制权的各投资方所持有的表决权资本相同。在这种情况下，被投资企业的重要财务和经营决策只有在分享控制权的投资方一致同意时才能通过。被各投资方共同控制的企业，一般称为投资企业的合营企业。

3. 重大影响

重大影响是指对一个企业的财务和经营政策有参与决策的权力，但并不能够控制或者与其他方一起共同控制这些政策的制定。实务中，较为常见的重大影响体现为在被投资单位的董事会或类似权力机构中派有代表，能够参与被投资单位财务和经营决策的制定过程。投资企业直接或通过子公司间接拥有被投资单位 20%以上但低于 50%的表决权股份时，一般认为对被投资单位具有重大影响。

(二)按照长期股权投资的形成方式分类

依据投资方取得投资的方式，可以将长期股权投资分为企业合并形成的长期股权投资和非合并形成的长期股权投资两大类。

1. 企业合并形成的长期股权投资

这类投资是指投资方通过控股合并的方式取得被投资单位的控制权而形成的长期股权投资。投资方可以通过支付现金资产、转让非现金资产、承担被投资方的债务以及发行权益性证券等方式实施控股合并。

控股合并是指合并方(或购买方)通过合并交易或事项取得对被合并方(或被购买方)的控制权，能够主导被合并方的生产经营决策，从而对被合并方实施控制的合并方式。在控股合并中，被合并方在企业合并后仍保持其独立的法人资格继续经营，合并方在合并中取得的是对被合并方的股权。

企业合并形成的长期股权投资具体分为同一控制下的企业合并形成的长期股权投资和非同一控制下的企业合并形成的长期股权投资。

(1) 同一控制下的企业合并，是指参与合并的企业在合并前后均受同一方或相同的多方最终控制且该控制并非暂时性的(一般不少于 1 年)。同一控制下的企业合并一般发生于企业集团内部，如集团内母子公司之间、子公司与子公司之间等。因为该类合并从本质上是集团内部企业之间的资产或权益的转移，所以不涉及自集团外购入子公司或是向集团外其他企业出售子公司的情况。能够对参与合并企业在合并前后均实施最终控制的一方为集团的母公司。

实施控制的时间性要求，是指参与合并各方在合并前后较长时间内为最终控制方所控制，具体是指在企业合并之前(即合并日之前)，参与合并各方在最终控制方的控制时间一般在 1 年以上(含 1 年)，企业合并后所形成的报告主体在最终控制方的控制时间也应达到 1 年以上(含 1 年)。其判断依据是实质重于形式原则。

(2) 非同一控制下的企业合并，是指参与合并各方在合并前后不受同一方或相同的多方最终控制的合并交易，即除判断属于同一控制下企业合并的情况以外的其他企业合并。

2. 非合并形成的长期股权投资

除企业合并方式以外，企业还可以以其他方式取得长期股权投资，主要包括支付现金方式、发行权益性证券方式、接受投资者投入方式和其他方式。

(1) 以支付现金方式取得的长期股权投资，包括企业直接购入被投资单位公开发行的股份、企业支付现金资产购入其他投资者持有的非公开发行的被投资单位股份等情形。

(2) 以发行权益性证券方式取得的长期股权投资，是指企业以换股方式取得的投资，即投资企业通过发行一定数量的自身股份交换被投资单位原投资者所持有的股份，换股后投资企业成为被投资单位的股东，而被投资单位的原投资者转而持有投资企业的股份。

(3) 接受投资者投入的长期股权投资，是指企业的股东将其持有的对其他被投资单位的股份作为投资对价投入企业而使企业取得的权益性投资。

(4) 以货币性资产交换方式取得的长期股权投资，主要是指企业通过非货币性资产交换业务换入的投资。企业以非货币性资产作为直接出资参与被投资方所形成的长期股权投资也被划分为此类。

(5) 以债务重组方式取得的长期股权投资，是指企业在债务重组业务中接受的债务人用以抵偿债务的长期股权投资。

第二节　长期股权投资的初始计量

一、企业合并形成的长期股权投资的初始计量

企业合并形成的长期股权投资，其初始投资成本的确定应遵循《企业会计准则第20号——企业合并》的相关原则，即区分企业合并的类型进行，下面分别就同一控制下控股合并与非同一控制下控股合并确定形成长期股权投资进行讨论。

(一)同一控制下企业合并形成的长期股权投资

(1) 合并方以支付现金、转让非现金资产或承担债务的方式作为合并对价的，应当在合并日按照所取得的被合并方在最终控制方合并财务报表中的净资产的账面价值的份额作为股权投资的初始成本。被合并方在合并日的净资产账面价值为负数的，长期股权投资成本按零确定，同时在备查簿中予以登记。长期股权投资的初始投资成本与支付的现金、转让的非现金资产及所承担债务账面价值之间的差额，应当调整资本公积(资本溢价或股本溢价)；资本公积(资本溢价或股本溢价)的余额不足以冲减的，依次冲减盈余公积和未分配利润。

会计处理时，合并方在合并日按取得的被合并方在最终控制方合并财务报表中的净资产的账面价值份额，借记"长期股权投资"科目；按应享有被投资单位已宣告但尚未发放的现金股利或利润，借记"应收股利"科目；按支付的合并对价的账面价值，贷记有关资产或借记有关负债科目；按其差额，贷记"资本公积——资本溢价或股本溢价"科目；如果为借方差额，应借记"资本公积——资本溢价或股本溢价"科目；资本公积(资本溢价或股本溢价)不足以冲减的，借记"盈余公积""未分配利润"科目。

(2) 合并方以发行权益性工具作为合并对价的，应当在合并日按照所取得的被合并方在最终控制方合并财务报表中的净资产的账面价值的份额作为长期股权投资的初始成本，

按发行股份的面值总额作为股本，长期股权投资的初始投资成本与所发行股份面值总额之间的差额，应当调整资本公积(资本溢价或股本溢价)；资本公积不足以冲减的，依次冲减盈余公积和未分配利润。

会计处理时，合并方在合并日按照所取得的被合并方在最终控制方合并财务报表中的净资产的账面价值份额，借记"长期股权投资"科目；按应享有被投资单位已宣告但尚未发放的现金股利或利润，借记"应收股利"科目；按发行权益性证券的面值，贷记"股本"科目；按其差额，贷记"资本公积——资本溢价或股本溢价"科目；如为借方差额，应借记"资本公积——资本溢价或股本溢价"科目；资本公积(资本溢价或股本溢价)不足以冲减，借记"盈余公积""未分配利润"科目。

(3) 合并方为进行企业合并发生的有关费用的处理。合并方为进行企业合并发生的有关费用，是指合并方为进行企业合并发生的各项直接相关费用，如为进行企业合并发生的审计、法律服务、评估咨询等中介费用以及其他相关管理费用，应于发生时计入当期损益，借记"管理费用"科目，贷记"银行存款"等科目。但以下两种情况除外：①与发行债务性工具作为合并对价直接相关的交易费用，应当计入债务性工具的初始确认金额；②与发行权益性工具作为合并对价直接相关的交易费用，应当冲减资本公积(资本溢价或股本溢价)，资本公积不足以冲减的，依次冲减盈余公积和未分配利润。

【例5-1】 2013年3月25日，甲集团旗下的A子公司，支付无形资产账面原价1 200万元，累计摊销200万元，公允价值为1 600万元，取得同一集团内B子公司60%的股权。合并日B公司在甲集团合并财务报表中的净资产的账面价值为1 500万元，合并方资本公积账面余额为70万元，盈余公积账面余额为20万元，未分配利润账面余额为10万元。合并过程中发生的律师费为10万元。

A公司在合并日的账务处理如下。

(1) 长期股权投资初始确定金额=1 500×60%=900(万元)。

(2) 合并对价=1 200-200=1 000(万元)。

(3) 借方差额=100万元。

分别冲销：资本公积70万元，盈余公积20万元，未分配利润10万元。

借：长期股权投资——B公司	9 000 000	
资本公积	700 000	
盈余公积	200 000	
未分配利润	100 000	
累计摊销	2 000 000	
贷：无形资产		12 000 000
借：管理费用	100 000	
贷：银行存款		100 000

【例5-2】 2013年6月30日，P公司向同一集团内S公司的原股东A公司定向增发1 000万股普通股(每股面值为1元，市价为8.68元)，取得S公司100%的股权，相关手续于当日完成，并能够对S公司实施控制。合并后S公司仍维持其独立法人资格继续经营。S公司之前为A公司于2×11年以非同一控制下企业合并的方式收购的全资子公司。合并日，S公司财务报表中的净资产的账面价值为2 200万元，A公司合并报表中的S公司净资产的账面

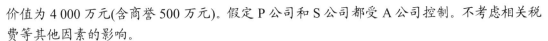

价值为 4 000 万元(含商誉 500 万元)。假定 P 公司和 S 公司都受 A 公司控制。不考虑相关税费等其他因素的影响。

本例中，P 公司在合并日应确认对 S 公司的长期股权投资，A 公司为最终控制方，因此应以 4 000 万元账面价值为基础确认长期股权投资的初始投资成本，即初始投资成本为应享有 S 公司在 A 公司合并报表中的净资产的账面价值的份额及相关商誉，相关会计分录如下。

借: 长期股权投资 40 000 000

    贷: 股本 10 000 000

        资本公积——股本溢价 30 000 000

(二)非同一控制下企业合并形成的长期股权投资

非同一控制下的控股合并中，购买方应当以《企业会计准则第 20 号——企业合并》确定的企业合并成本作为长期股权投资的初始投资成本。企业合并成本包括购买方付出的资产、发生或承担的负债、发行的权益性工具或债务性工具的公允价值之和。

会计处理时，如果支付非货币性资产或承担的负债为对价的，那么应在购买日按企业合并成本，借记"长期股权投资"科目；按享有被投资单位已宣告但尚未发放的现金股利或利润，借记"应收股利"科目；按支付合并对价的账面价值，贷记有关资产或借记有关负债科目；按其差额，贷记"营业外收入"或借记"营业外支出"等科目。

【例 5-3】 2013 年 3 月 31 日，A 公司取得 B 公司 70%的股权，取得该部分股权后能够对 B 公司实施控制。为核实 B 公司的资产价值，A 公司聘请资产评估机构对 B 公司的资产进行评估，支付评估费用 50 万元。合并中，A 公司支付的有关资产在购买日的账面价值与公允价值如表 5-1 所示。假定合并前 A 公司与 B 公司不存在任何关联方关系，不考虑相关税费等其他因素的影响。

表 5-1 例 5-3 的相关资料

单位：元

项 目	账面价值	公允价值
土地使用权	40 000 000	64 000 000
专利技术	16 000 000	20 000 000
银行存款	16 000 000	16 000 000
合计	72 000 000	10 000 000

注：A 公司用作合并对价的土地使用权和专利技术原价为 6 400 万元，至企业合并发生时已累计摊销 800 万元。

本例中，因 A 公司与 B 公司在合并前不存在任何关联方关系，应作为非同一控制下的企业合并处理。A 公司对于合并形成的对 B 公司的长期股权投资的会计分录如下。

借: 长期股权投资——B 公司 100 000 000

    管理费用 500 000

    累计摊销 8 000 000

    贷: 无形资产 64 000 000

        银行存款 16 500 000

        营业外收入 28 000 000

二、非合并形成的长期股权投资的初始计量

长期股权投资可以通过不同的方式取得，除企业合并形成的长期股权投资外，其他方式取得的长期股权投资初始投资成本的确定应遵循以下几项规定。

(1) 以支付现金取得的长期股权投资，应当按照实际支付的购买价款作为长期股权投资的初始投资成本，包括购买过程中支付的手续费等支出，但所支付价款中包含的被投资单位已宣告但尚未发放的现金股利或利润应作为应收项目核算，不构成取得长期股权投资的成本。

【例 5-4】 甲公司于 2013 年 2 月 10 日，自公开市场中买入乙公司 22%的股份，实际支付价款 9 000 万元。在购买过程中支付手续费等相关费用 100 万元，并于同日完成了相关手续。甲公司取得该股份后能够对乙公司施加重大影响。不考虑相关税费等因素的影响。

甲公司应当按实际支付的买价作为取得长期股权投资的成本，其会计分录如下。

借：长期股权投资——成本　　　　　　　　　　　　　　　　　　91 000 000

　　贷：银行存款　　　　　　　　　　　　　　　　　　　　　　　91 000 000

(2) 以发行权益性证券方式取得的长期股权投资，其成本为所发行权益性证券的公允价值，但不包括自被投资单位收取的已宣告但尚未发放的现金股利或利润。为发行权益性工具支付给有关证券承销机构等的手续费、佣金等与工具发行直接相关的费用，不构成取得长期股权投资的成本，应当从权益性证券的溢价发行收入中扣除；溢价收入不足冲减的，应冲减盈余公积和未分配利润。

【例 5-5】 2013 年 3 月，甲公司通过增发 1 000 万股本公司普通股(每股面值 1 元)，从非关联方处取得乙公司 20%的股权，所增发股份的公允价值为 40 000 万元。为增发该部分股份，甲公司向证券承销机构等支付了 80 万元的佣金和手续费。相关手续于当日完成。

假定甲公司取得该部分股权后能够对乙公司的生产经营决策施加重大影响。乙公司 20%的股权的公允价值与甲公司增发股份的公允价值不存在重大差异。不考虑相关税费等其他因素的影响。

本例中，由于乙公司 20%的股权的公允价值与甲公司增发股份的公允价值不存在重大差异，甲公司应当以所发行股份的公允价值作为取得长期股权投资的初始投资成本，其会计分录如下。

借：长期股权投资——投资成本　　　　　　　　　　　　　　　400 000 000

　　贷：股本　　　　　　　　　　　　　　　　　　　　　　　　 10 000 000

　　　　资本公积——股本溢价　　　　　　　　　　　　　　　　390 000 000

发行权益性证券过程中支付的佣金和手续费，应冲减权益性证券的溢价发行收入。

借：资本公积——股本溢价　　　　　　　　　　　　　　　　　　　800 000

　　贷：银行存款　　　　　　　　　　　　　　　　　　　　　　　　800 000

(3) 投资者投入的长期股权投资，是指投资者以其持有的对第三方的投资作为出资投入企业，接受投资的企业原则上应当按照投资各方在投资合同或协议中约定的价值作为取得投资的初始投资成本，但有明确证据表明合同或协议中约定的价值不公允的除外。

在确定投资者投入的长期股权投资的公允价值时，有关权益性投资存在活跃市场的，

应当参照活跃市场中的市价确定其公允价值；不存在活跃市场，无法按照市场信息确定其公允价值的情况下，应当将按照一定的估值技术等合理的方法确定的价值作为其公允价值。

(4) 以债务重组、非货币性资产交换等方式取得的长期股权投资，其初始投资成本应按照《企业会计准则第12号——债务重组》和《企业会计准则第7号——非货币性资产交换》的原则确定。

(5) 企业进行公司制改建。此时，对资产、负债的账面价值按照评估价值调整的，长期股权投资应以评估价值作为改制时的认定成本，评估值与原账面价值的差额应计入资本公积(资本溢价或股本溢价)。

【阅读资料 5-1】

权益法下的隐性商誉和负商誉

企业因对外投资达到共同控制或重大影响而采用权益法核算长期股权投资时，要比较其初始投资成本与取得的净资产公允价值的相应份额，若初始投资成本大于其取得的净资产公允价值的相应份额，则不调整已确认的初始投资成本，即把该差额视为隐性商誉；反之，则列为营业外收入，即把该差额视为负商誉。这一规定与《企业会计准则第20号——企业合并》中关于商誉和负商誉的规定一致。

第三节　长期股权投资的后续计量

长期股权投资在持有期间，根据投资企业对被投资单位的影响程度及是否存在活跃市场、公允价值能否可靠取得等进行划分，应当分别采用成本法及权益法进行核算。

一、长期股权投资的成本法

(一)成本法的适用范围

根据《企业会计准则第2号——长期股权投资》的规定，投资方持有的对子公司的投资应当采用成本法进行核算，投资方为投资性主体且子公司不纳入其合并财务报表的除外。投资方在判断对被投资单位是否具有控制权时，应综合考虑直接持有的股权和通过子公司间接持有的股权。在个别财务报表中，投资方进行成本法核算时，应仅考虑直接持有的股权份额。

(二)成本法下长期股权投资的账面价值的调整及投资收益的确认

采用成本法核算的长期股权投资，确认长期股权投资初始成本后，在持有股权期间除追加投资或收回投资外，均不调整长期股权投资的账面价值。初始投资或追加投资时，按照初始投资或追加投资支付的成本的公允价值及发生的相关交易费用增加长期股权投资的账面价值。被投资单位宣告分派现金股利或利润时，投资方根据享有的部分确认为投资收益。

【例 5-6】 2013 年 1 月，甲公司自非关联方处以现金 800 万元取得对乙公司 60%的股权，相关手续于当日完成，并能够对乙公司实施控制。2014 年 3 月，乙公司宣布分派现金股利，甲公司按其持股比例可取得 10 万元。假设不考虑相关税费等其他因素的影响。

甲公司有关会计处理如下。

(1) 2013 年 1 月。

借：长期股权投资——乙公司　　　　　　　　　　　　　　8 000 000

　　贷：银行存款　　　　　　　　　　　　　　　　　　　　　　8 000 000

(2) 2014 年 3 月。

借：应收股利　　　　　　　　　　　　　　　　　　　　　100 000

　　贷：投资收益　　　　　　　　　　　　　　　　　　　　　　100 000

企业按照上述规定确认自被投资单位应分得的现金股利或利润后，应当考虑长期股权投资是否发生减值。在判断这类长期股权投资是否存在减值迹象时，应当关注长期股权投资的账面价值是否大于享有被投资单位净资产(包括相关商誉)账面价值的份额等类似情况。出现类似情况时，企业应当按照《企业会计准则第 8 号——资产减值》对长期股权投资进行减值测试，可收回金额低于长期股权投资账面价值的，应当计提减值准备。

二、长期股权投资的权益法

(一)权益法的适用范围

根据《企业会计准则第 2 号——长期股权投资》的规定，对合营企业和联营企业投资应当采用权益法进行核算。投资方在判断对被投资单位是否具有共同控制、重大影响时，应综合考虑直接持有的股权和通过子公司间接持有的股权。如果认定投资方在被投资单位拥有共同控制或重大影响，在个别财务报表中，投资方进行权益法核算时，应仅考虑直接持有的股权份额；在合并财务报表中，投资方进行权益法核算时，应同时考虑直接持有和间接持有的份额。

(二)权益法的核算

权益法是指投资以初始成本计量后，在投资持有期间根据投资企业享有被投资单位所有者权益的份额的变动对投资的账面价值进行调整的方法。

1．会计科目的设置

在"长期股权投资"一级科目下，设置"投资成本""损益调整""其他权益变动"等二级科目。其中，"投资成本"明细科目反映了购入股权时在被投资企业按公允价值确定的所有者权益中占有的份额及初始投资成本大于占有份额形成的商誉；"损益调整"科目反映了购入股权以后随着被投资企业留存收益的增减变动而享有份额的调整数；"其他权益变动"科目反映了购入股权后随被投资企业资本公积的增减变动而享有份额的调整数。

2．初始投资成本的调整

投资企业取得对联营企业或合营企业的投资以后，对于取得投资时的初始投资成本与应享有被投资单位可辨认净资产公允价值的份额之间的差额，应区别情况处理。

(1) 初始投资成本大于取得投资时应享有被投资单位可辨认净资产公允价值份额的，

该部分差额是投资方在取得投资过程中通过作价体现出的与所取得股权份额相对应的商誉,这种情况下不要求对长期股权投资的成本进行调整。

(2) 初始投资成本小于取得投资时应享有被投资单位可辨认净资产公允价值份额的,两者之间的差额体现为双方在交易作价过程中转让方的让步,该部分经济利益的流入应作为收益处理,计入取得投资当期的营业外收入,同时调整增加长期股权投资的账面价值。

【例5-7】 A公司于2013年1月1日取得B公司30%的股权,实际支付价款为3 000万元。在取得B公司的股权后,A公司派人参与了B公司的财务和生产经营决策,能够对B公司的生产经营决策施加重大影响。取得投资时被投资单位账面所有者权益的构成如下:实收资本为30 000 000元,资本公积为24 000 000元,盈余公积为6 000 000元,未分配利润为15 000 000元,所有者权益总额合计为75 000 000元。

按题设,A公司对该项投资应当采用权益法核算。取得投资时,A公司的会计分录如下。

借:长期股权投资——投资成本　　　　　　　　　　　　　30 000 000

　　贷:银行存款　　　　　　　　　　　　　　　　　　　　　30 000 000

长期股权投资的成本3 000万元大于取得投资时应享有B公司可辨认净资产公允价值的份额2 250万元(7 500万元×30%),不对其初始投资成本进行调整。

3. 投资收益的确认

投资企业取得长期股权投资后,应当按照应享有或应分担的被投资单位实现的净损益的份额,确认为投资收益并调整长期股权投资的账面价值。基本的账务处理是:当被投资单位实现净利润时,借记“长期股权投资——损益调整”科目,贷记“投资收益”科目;当被投资单位产生亏损时,借记“投资收益”科目,贷记“长期股权投资——损益调整”科目。

采用权益法核算的长期股权投资,在确认应享有或应分担被投资单位的净利润或净亏损时,在被投资单位账面净利润的基础上,应考虑以下因素的影响,并进行适当调整。

(1) 被投资企业采用的会计政策与投资企业不一致的,应按投资企业的会计政策对被投资单位的财务报表进行调整,在此基础上确定应享有被投资单位的损益。

(2) 以取得投资时被投资单位各项可辨认资产等的公允价值为基础,对被投资单位的净利润进行调整后确认。

【例5-8】 2017年1月2日,甲公司以货币资金取得乙公司30%的股权,初始投资成本为4 000万元;当日,乙公司可辨认净资产公允价值为14 000万元,与其账面价值相同。甲公司取得投资后即派人参与乙公司的生产经营决策,但未能对乙公司形成控制。乙公司2017年实现净利润1 000万元。假定不考虑所得税等因素的影响,2017年甲公司的会计处理如下。

2017年1月2日。

借:长期股权投资——乙公司(成本)　　　　　　　　4 200(14 000×30%)

　　贷:银行存款　　　　　　　　　　　　　　　　　　　　　　4 000

　　　　营业外收入　　　　　　　　　　　　　　　　　　　　　　200

2017年12月31日。

借:长期股权投资——乙公司(损益调整)　　　　　　　300(1 000×30%)

　　贷:投资收益　　　　　　　　　　　　　　　　　　　　　　　300

(3) 对于投资方或纳入投资方合并财务报表范围的子公司,与其联营企业及合营企业之间发生的未实现内部交易损益应予抵消。即投资方与联营企业及合营企业之间发生的未实现内部交易损益，按照应享有的持股比例计算归属于投资方的部分，应当予以抵消，在此基础上确认投资损益。投资方与被投资单位发生的内部交易损失，按照《企业会计准则第 8 号——资产减值》的规定属于资产减值损失的，应当全额确认。

【阅读资料 5-2】

投资方与联营企业、合营企业之间发生投出或出售资产的交易，该资产构成业务的，应当按照《企业会计准则第 20 号——企业合并》《企业会计准则第 33 号——合并财务报表》的有关规定进行处理。投资或出售资产不构成业务的，应当区分顺流交易和逆流交易进行相应的会计处理。顺流交易是指投资方向其联营企业或合营企业投出或出售资产；逆流交易是指联营企业或合营企业向投资方出售资产。

(4) 被投资单位其他综合收益变动的处理。被投资单位其他综合收益发生变动的，投资方应当按照归属于本企业的部分，相应地调整长期股权投资的账面价值，同时增加或减少其他综合收益。

【例 5-9】 A 企业持有 B 企业 30% 的股份，能够对 B 企业施加重大影响。当期 B 企业因持有的出售金融资产公允价值的变动计入其他综合收益的金额为 1 200 万元，除该事项外，B 企业当期实现的净损益为 6 400 万元。假定 A 企业与 B 企业适用的会计政策、会计期间相同，投资时 B 企业各项可辨认资产、负债的公允价值与其账面价值亦相同。双方在当期及以前期间未发生任何内部交易，且不考虑所得税影响因素。

A 企业在确认应享有被投资单位所有者权益的变动时的会计处理如下。

借：长期股权投资——损益调整	19 200 000
——其他综合收益	3 600 000
贷：投资收益	19 200 000
其他综合收益	3 600 000

(5) 取得现金股利或利润的处理。按照权益法核算的长期股权投资，投资方自被投资单位取得的现金股利或利润，应抵减长期股权投资的账面价值。在被投资单位宣告分派利润或现金股利时，应借记"应收股利"科目，贷记"长期股权投资——损益调整"科目。

(6) 超额亏损的处理。长期股权投资准则规定，投资方确认应分担被投资单位发生的损失，原则上应以长期股权投资及其他实质上构成对被投资单位净投资的长期权益减记至零为限，投资方负有承担额外损失义务的除外。

"其他实质上构成对被投资单位净投资的长期权益"通常是指长期应收项目，如投资方对被投资单位的长期债权，该债权没有明确的清收计划，且在可预见的未来期间不准备收回，实质上构成对被投资单位的净投资。应予说明的是，该类长期权益不包括投资方与被投资单位之间因销售商品、提供劳务等日常活动所产生的长期债权。

【阅读资料 5-3】

《企业会计准则解释第 9 号——关于权益法下投资净损失的会计处理》(财会〔2017〕16 号)

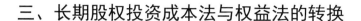

三、长期股权投资成本法与权益法的转换

企业的长期股权投资在投资期间由于各方面投资情况的变化，会影响投资方在被投资企业中的权益份额，长期股权投资的会计计量也要随之进行相应的调整。

(一)成本法转换为权益法

投资企业对被投资方由控制转为与其他投资方共同控制或施加重大影响的，虽然投资方不再具有控制权，但仍然存在共同控制或重大影响，应当将剩余投资的会计处理改为按照权益法核算。应将剩余长期股权投资的成本与按照持股比例计算原投资时应享有被投资单位可辨认净资产公允价值的份额进行比较，前者大于后者的，属于投资作价中体现的商誉部分，不调整长期股权投资的账面价值；前者小于后者的，调整长期股权投资的成本，同时调整留存收益。

对于原取得投资时至处置投资时(转为权益法核算)被投资单位实现的净损益中投资方应享有的份额，一方面应当调整长期股权投资的账面价值，另一方面对被投单位实现的净损益应享有的份额(不包括已宣告发放的现金股利)，调整留存收益；对于处置当期期初至处置投资之日被投资单位实现的净损益中的份额，调整当期损益。在被投资单位其他综合收益变动中应享有的份额，在调整长期股权投资的账面价值的同时，应当计入其他综合收益。除了净损益、其他综合收益和利润分配外的其他原因导致的份额的变动，在调整账面价值的同时，应当计入其他资本公积。

【例 5-10】　A 公司原持有 B 公司 60% 的股权，能够对 B 公司实施控制。2022 年 11 月 6 日，A 公司对 B 公司的长期股权投资的账面价值为 6 000 万元，未计提减值准备，A 公司将其持有股份的 1/3 出售给非关联方，取得价款 3 600 万元，当日被投资单位可辨认净资产的公允价值总额为 16 000 万元。相关手续于当日完成，此时 A 公司不再有控制权，但仍具有重大影响。A 公司取得 B 公司 60% 的股权时，B 公司可辨认净资产的公允价值与账面价值一致，为 9 000 万元，自 A 公司取得 B 公司投资后至部分处置投资前，B 公司实现利润 5 000 万元。其中，自 A 公司取得投资日至 2022 年年初实现净利润 4 000 万元。假定 B 公司未进行利润分配及其他交易或事项，也不考虑相关税费等因素的影响。

在 A 公司出售 20% 的股权后，A 公司对 B 公司的持股比例为 40%，施加重大影响，对 B 公司的长期股权投资应由成本法改为权益法，有关会计处理如下。

(1)　确认长期股权投资处置损益。

借：银行存款　　　　　　　　　　　　　　　　　　　　　　　36 000 000
　　贷：长期股权投资　　　　　　　　　　　　　　　　　　　　　20 000 000
　　　　投资收益　　　　　　　　　　　　　　　　　　　　　　　16 000 000

(2)　调整长期股权投资账面价值。

剩余长期股权投资的账面价值为 4 000 万元，与原投资时应享有被投资单位可辨认净资产公允价值份额之间的差额为 400 万元(4 000-9 000×40%)为商誉，不对长期股权投资的账面价值进行调整。

处置投资以后按照持股比例计算被投资单位自购买日至处置投资日之间实现的净损益为 1 600 万元(4 000×40%)，应调整增加长期股权投资的账面价值，同时调整留存收益；处置期初至处置日之间实现的净损益为 400 万元，应调整增加长期股权投资的账面价值，同时记入当期投资收益。具体的会计分录如下。

借：长期股权投资	2 000 000
贷：盈余公积	1 600 000
利润分配——未分配利润	14 400 000
投资收益	4 000 000

(二)权益法转换为成本法

权益法转换为成本法分为以下两种情况。

(1) 投资企业对被投资企业由共同控制或施加重大影响转为无重大影响。这是投资企业因处置投资等各种原因对被投资企业不再具有共同控制或重大影响，应当改为按成本法核算，并以权益法下长期股权投资的账面价值作为按照成本法核算的初始投资成本。

(2) 投资企业对被投资企业由共同控制或施加重大影响转为控制。投资企业因追加投资等原因能够对被投资企业实施控制，也应当按照成本法进行核算。投资企业在追加投资日，原长期股权投资采用权益法确认的账面价值不需要进行调整；追加投资日的投资成本按照支付投资额的公允价值确认，两者之和即为追加投资后长期股权投资的账面价值。

【阅读资料5-4】

权益法的理论问题

《企业会计准则第 2 号——长期股权投资》是借鉴国际会计准则制定而成的，如果能够控制被投资方(通常认为持股比例超过 50%)，则应采用成本法；如果对被投资方影响力不大(通常认为持股比例低于 20%)，且该股权未上市交易，也应采用成本法；只有当对被投资方实施共同控制或者对被投资方具有重大影响(通常认为持股比例不低于 20%，不高于 50%)时，才采用权益法核算。

在成本法下，长期股权投资的账面价值入账后不再增加，以后收到的股利原则上按应享有份额计入投资收益。但权益法比较复杂且存在一些问题和争论：首先，权益法要处理前面提到的商誉和负商誉的情形；其次，要随投资份额的变动调整长期股权投资的账面价值。然而，为什么同类业务采用不同的方法？这类业务的经济实质是什么？20%、50%的比例是临界点吗？这两个比例导致经济业务的实质发生了哪些改变？这些问题需要企业管理层作出自行选择吗？如果是这样，成本法与权益法的公允性在哪儿？因此，关于权益法的理论问题请大家思考。

四、长期股权投资的处置

出售长期股权投资时，应按实际收到的金额，借记"银行存款"等科目；原已计提减值准备的，借记"长期股权投资减值准备"科目；按其账面余额，贷记本科目；按尚未领取的现金股利或利润，贷记"应收股利"科目；按其差额，贷记或借记"投资收益"科目。

出售采用权益法核算的长期股权投资时，其账面价值与实际取得价款的差额，应当计入当期损益。同时将因被投资单位除净损益以外所有者权益的其他变动而计入所有者权益的，处置该项投资时应当将原计入所有者权益的部分按相应比例转入当期损益。还应按处置长期股权投资的投资成本比例结转原记入"资本公积——其他资本公积"科目的金额，借记或贷记"资本公积——其他资本公积"科目，贷记或借记"投资收益"科目。

【例 5-11】 A 企业原持有 B 企业 30%的股权，2023 年 1 月 20 日，A 企业决定出售 10%的 B 企业股权，出售时 A 企业账面上对 B 企业长期股权投资的构成为：投资成本 1 500 万元，损益调整 300 万元，其他权益变动 300 万元。出售取得价款 600 万元。

(1) A 企业确认处置损益的会计处理如下。

借：银行存款　　　　　　　　　　　　　　　　　　　　　　　6 000 000
　　投资收益　　　　　　　　　　　　　　　　　　　　　　　1 000 000
　　　贷：长期股权投资　　　　　　　　　　　　　　　　　　　　　7 000 000

(2) 除应将实际取得价款与出售长期股权投资的账面价值进行结转，确认出售损益外，还应将原计入资本公积的部分按比例转入当期损益。

借：资本公积——其他资本公积　　　　　　　　　　　　　　　　750 000
　　　贷：投资收益　　　　　　　　　　　　　　　　　　　　　　750 000

本 章 小 结

本章主要介绍了长期股权投资的概念、特点和分类；介绍了控制、共同控制和重大影响，以及长期股权投资形成的途径；介绍了长期股权投资的初始计量、后续计量，长期股权投资的成本法和权益法及其转换，以及长期股权投资的处置。

自 测 题

一、简答题

1. 长期股权投资的取得方式有哪些？会计核算上有哪些区别？
2. 成本法和权益法的适用条件是什么？

二、案例分析题

1. 2020 年 1 月 1 日，A 公司以银行存款 1 000 万元取得 B 公司 80%的股份。该项投资属于非同一控制下的企业合并。乙公司所有者权益的账面价值为 1 500 万元。2021 年 5 月 2 日，B 公司宣告分配 2022 年度现金股利 100 万元，2022 年 B 公司实现利润 200 万元。2023 年 5 月 2 日，B 公司宣告分配现金股利 200 万元。

要求：作出 A 公司上述股权投资的会计处理。

2. A 股份有限公司 2020 年 1 月 1 日以银行存款购入 B 公司 10%的股份，并准备长期持有，实际投资成本为 260 000 元。B 公司于 2020 年 5 月 2 日宣告分配 2019 年的现金股利 200 000 元。如果 B 公司 2020 年 1 月 1 日股东权益合计 2 400 000 元，其中股本 2 000 000 元，未分配利润 400 000 元；2020 年实现净利润 800 000 元。

要求：对 A 公司该项投资进行会计处理。

3. 甲股份有限公司(以下简称甲公司)2020 年至 2022 年投资业务的相关资料如下。

(1) 2020 年 1 月 1 日，甲公司以银行存款 1 000 万元购入乙股份有限公司(以下简称乙公司)的股票，占乙公司有表决权股份的 30%，对乙公司的财务和经营政策具有重大影响。不考虑相关费用。2020 年 1 月 1 日，乙公司所有者权益总额为 3 500 万元。

(2) 2020 年 5 月 2 日，乙公司宣告发放 2019 年度的现金股利 200 万元，并于 2020 年 5 月 26 日实际发放。

(3) 2020 年度，乙公司实现净利润 1 200 万元。

(4) 2021 年 5 月 2 日，乙公司宣告发放 2020 年度的现金股利 400 万元，并于 2021 年 5 月 20 日实际发放。

(5) 2021 年度，乙公司发生净亏损 600 万元。

(6) 2022 年 12 月 31 日，甲公司预计对乙公司长期股权投资的可收回金额为 950 万元。

要求：编制甲公司 2020 年至 2022 年投资业务的相关会计分录。

第六章

固定资产

【学习要点及目标】

- 了解固定资产的概念及特征。
- 掌握固定资产的确认条件及初始计量。
- 了解固定资产折旧的性质。
- 固定资产折旧方法及核算。
- 固定资产处置核算。

【核心概念】

固定资产　固定资产的确认　固定资产的计量　固定资产折旧　固定资产的处置　固定资产的核算

【引导案例】 名华公司为增值税一般纳税人，2022 年 12 月为扩大生产规模，进行了一系列与固定资产有关的业务，具体如下。

(1) 2022 年 12 月 9 日购买了一套办公桌椅，单位价值 1 900 元，预计使用寿命超过一年。

(2) 2022 年 12 月 15 日购入一台不需要安装的机器设备，价款 80 000 元，增值税税额为 13 600 元，支付运费和装卸费 2 200 元，款项已经通过银行转账支付，设备当月投入使用。

(3) 2022 年 12 月 28 日与天德公司签订合同，从 2023 年 1 月 1 日起将本公司刚完工、拥有房产所有权的价值为 2 800 万元的一栋办公楼出租给天德公司使用，期限为 5 年，第一年租金 200 万元已经收到。

思考：

1. 针对上述交易事项，名华公司如何进行会计处理？
2. 名华公司 2022 年年报编制时哪些属于公司的固定资产？

第一节 固定资产概述

一、固定资产的性质

(一)固定资产的概念

按照《企业会计准则第 4 号——固定资产》的定义，固定资产是指同时具有下列特征的有形资产：①为生产商品、提供劳务、出租或经营管理而持有的；②使用寿命超过一个会计年度。使用寿命，是指企业使用固定资产的预计期间，或者该固定资产所能生产产品或提供劳务的数量。

企业在生产经营过程中，并不是将所有的劳动资料全部列为固定资产，一般来说，生产经营用的劳动资料，使用年限在 1 年以上，单位价值较高，就应列为固定资产；否则，应列为低值易耗品。

(二)固定资产的特征

固定资产的特征一般表现为以下四个方面。

(1) 固定资产是有形资产，看得见、摸得着。这有别于企业的货币资金、无形资产、应收账款、其他应收款等资产。

(2) 可供企业长期使用。固定资产的使用寿命超过一个会计年度。固定资产的使用寿命，是指企业使用固定资产的预计期间，或者该固定资产所能生产产品或提供劳务的数量。

(3) 不以投资和销售为目的。固定资产是企业的劳动工具或手段，企业取得各种固定资产的目的是为了服务于企业自身的生产经营活动。企业可以通过使用固定资产生产产品，可以使用固定资产提供劳务以及将固定资产出租等获取收入，还可以为企业的行政管理部门以及销售部门等使用。

(4) 具有可衡量的未来经济利益。企业取得固定资产的目的是为了获得未来的经济利

益，虽然这种经济利益不是来自可直接转换成的货币，但它能在未来为企业带来可以用货币加以合理计量的经济利益。

二、固定资产的分类

企业固定资产的种类繁多，用途各异，在经营活动中起着不同的作用。对固定资产进行合理的分类，有利于加强对固定资产的管理，并提高其使用效率，有利于正确核算固定资产的价值，合理地计算折旧及相关费用。

(一)按经济用途划分

固定资产按经济用途进行分类，可以分为生产经营用固定资产和非生产经营用固定资产。

生产经营用固定资产是指直接参与生产经营过程或直接服务于生产经营过程的各种房屋及建筑物、机器设备、运输设备、动力传导设备、工具、器具等。

非生产经营用固定资产是指不直接在生产中使用的固定资产，如生活福利部门使用的房屋、器具、食堂、文教卫生等职工福利方面的设备等。

(二)按所有权划分

固定资产按所有权进行分类，可以分为自有固定资产和融资租入固定资产。

自有固定资产是指企业对该类固定资产享有占有权、处置权，可供长期使用。自有固定资产是企业全部资产的重要构成部分。

融资租入固定资产，是指企业在租赁期间不拥有所有权但拥有实质控制权的各种固定资产。融资租入的固定资产应作为资产入账，在日常使用中为了与自有资产相区别，需单独设立明细账进行核算。

(三)按使用情况划分

固定资产按使用情况分，可以分为使用中固定资产、未使用固定资产和不需用固定资产。

使用中固定资产，是指正在使用的各种固定资产。未使用的房屋及建筑物由于受到自然力的影响，会发生使用价值的损耗，因此也列为使用中固定资产。

未使用固定资产，是指尚未投入使用或暂停使用(房屋及建设物以及季节性停用、修理停用除外)的各种固定资产。

不需用固定资产，是指不适合本企业需要，准备出售处理的各种固定资产；或准备出租给其他单位使用的固定资产。

三、固定资产的确认

按照《企业会计准则第 4 号——固定资产》的规定，一项资产如要作为固定资产加以确认，首先要符合固定资产的定义，其次应同时满足与该固定资产有关的经济利益很可能流入企业以及该固定资产的成本能够可靠地计量两个条件。

(一)与该固定资产有关的经济利益很可能流入企业

资产最重要的特征是预期会给企业带来经济利益。企业在确认固定资产时，需要判断与该固定资产有关的经济利益是否很可能流入企业。在会计实务中，判断与固定资产有关的经济利益是否很可能流入企业主要是通过判断与该固定资产所有权相关的风险和报酬是否转移到了企业来确定。另外，企业在对固定资产进行确认时，应根据企业的具体情形进行判断。例如，企业的环保设备和安全设备等资产，虽然不符合固定资产的定义(即不能直接为企业带来经济利益)，但这类资产却有助于企业从其他相关资产上获得经济利益，因此也应当确认为固定资产。

(二)该固定资产的成本能够可靠地计量

成本能够可靠地计量是资产确认的一项基本条件，当然也是固定资产确认的条件。企业要确认固定资产，该项固定资产所发生的成本支出必须能够可靠地计量。例如，对已经到达预定可使用状态但尚未办理竣工决算的房屋建筑物，应当根据工程预算、工程造价等实际发生的成本，合理地估计该项房屋建筑物的成本，待办理竣工决算后，再按照其实际成本调整原来的暂估价值入账。

四、固定资产的计价

固定资产计价是指以货币为计量单位来计量固定资产的价值。固定资产的计价包括两个方面：一是初始计价，是指取得固定资产时成本的确定；二是期末计价，是指固定资产期末价值的确定。本节只阐述初始计价的相关概念。

1. 原始价值

原始价值是指为购建某项固定资产达到可供使用状态前所发生的一切合理、必要的支出。一般来说，企业从外部取得的固定资产，其原值中包括固定资产的买价(含增值税，下同)、运输途中发生的各种包装运杂费以及在使用前发生的各种安装调试费；企业自行建造的固定资产，其原值中包括建造过程中发生的全部耗费。

2. 重置完全价值

重置完全价值是指在当时的生产技术和市场状况下，重新购建同样的固定资产所需要的全部支出。重置完全价值的特点是可以比较真实地反映固定资产的现时价值。

3. 净值

净值也称折余价值，是指固定资产原始价值或重置完全价值减去累计已提折旧后的净额。净值是固定资产现有的账面价值。

第二节　固定资产的初始计量

固定资产应当按照成本也就是原始价值进行初始计量，因此计量的关键就是确定其取得成本。固定资产取得途径主要有外购、自行建造、接受投资、接受捐赠的固定资产，非货币性交易取得的固定资产，债务重组取得的固定资产以及盘盈的固定资产等。

一、外购的固定资产

企业购入的固定资产，有些不需要安装即可投入使用，有些则需要安装后才能使用。购入的固定资产可能采用现购结算方式，也可能采用赊购结算方式，企业应根据不同的情况，分别采用不同的核算方法。

(一)固定资产核算的科目设置

固定资产核算应设置的会计科目有"固定资产""累计折旧""工程物资""在建工程"等会计科目。

(1) "固定资产"科目。该科目总括反映固定资产原值的增减变动和结存情况。该科目借方登记增加固定资产的原值，贷方登记减少固定资产的原值，借方余额表示实有固定资产的原值。并按照固定资产的类别和单项设置明细账。

(2) "累计折旧"科目。该科目属于"固定资产"科目的抵减科目。该科目贷方登记计提的固定资产折旧，借方登记减少的固定资产已提折旧，贷方余额表示全部固定资产已提折旧的累计数。"累计折旧"科目可以只进行总分类核算，不进行明细分类核算。

(3) "工程物资"科目。该科目反映各项工程物资实际成本的增减变动和结存情况，借方登记验收入库的工程物资的实际成本，贷方登记出库的工程物资的实际成本，借方余额表示库存工程物资的实际成本。

(4) "在建工程"科目。该科目反映各项工程的实际成本，借方登记各项工程发生的实际成本，贷方登记已完工程的实际成本，借方余额表示未完工程的实际成本。

(二)购入不需安装的固定资产

企业外购的固定资产，其成本包括实际支付的买价、进口关税和其他税费，以及使固定资产达到预定可使用状态前所发生的可归属于该项资产的费用，如场地整理费、运输费和专业人员服务费等。

企业购入不需要安装的固定资产，可以立即投入使用，按应计入固定资产成本的金额，借记本科目，贷记"银行存款""应付账款""应付票据"等科目。

【例6-1】　甲公司为增值税一般纳税人，于2023年2月3日购进一台不需要安装的生产设备，收到的增值税专用发票上注明的设备价款为1 000万元，增值税税率为13%，增值税税额为130万元，款项已支付；另支付保险费为15万元，装卸费为5万元。当日，该设备投入使用。其账务处理如下。

借：固定资产　　　　　　　　　　　　　　　　　　　　　10 200 000
　　应交税费——应交增值税(进项税额)　　　　　　　　　1 300 000
　　贷：银行存款　　　　　　　　　　　　　　　　　　　　　　11 500 000

(三)购入需要安装的固定资产

企业购入的需要安装的固定资产，应先通过"在建工程"科目核算购置固定资产所支付的价款、运输费和安装成本等，安装完毕并达到预定可使用状态后，再转入本科目。购入固定资产超过正常信用条件延期支付价款(如分期付款购买固定资产)，实质上具有融资性质的，应按所购固定资产购买价款的现值，借记本科目或"在建工程"科目；按应支付的金额，贷记"长期应付款"科目；按其差额，借记"未确认融资费用"科目。

【例 6-2】 某企业购入一台需要安装的生产用设备，取得的增值税专用发票上注明的设备价款为 20 000 元，增值税税率为 13%，增值税税额为 2 600 元，支付的运杂费和保险费为 1 000 元，设备安装时领用工程用材料价值为 1 500 元(不含增值税)，支付有关人员工资 2 000 元。其会计处理如下。

该固定资产的成本=20 000+1 000+1 500+2 000=24 500(元)。

借：在建工程——生产设备		21 000
应交税费——应交增值税(进项税额)		2 600
贷：银行存款		23 600
借：在建工程——生产设备		3 500
贷：原材料		1 500
应付职工薪酬		2 000
借：固定资产——生产设备		24 500
贷：在建工程——生产设备		24 500

(四)一揽子购买固定资产

有些情况下，企业可能会采用一揽子购买方式购买几项可以独立使用的固定资产。这种情况下，购买的单项固定资产并没有标价。但是在会计核算时由于各项固定资产的作用、价值额以及后续计量问题的会计处理方法不同，就需要对每一项资产的价值分别加以衡量。

当以一笔款项购入多项没有单独标价的固定资产时，应当按照各项固定资产的公允价值占各项资产公允价值总和的比例对总成本进行分配，分别确定各项固定资产的成本。

【例 6-3】 2023 年 3 月 10 日，甲公司为一家制造型企业，向乙公司一次购进了三套不同型号且有不同生产能力的设备 X、Y 和 Z。 甲公司以银行存款支付货款 480 000 元、增值税税额 62 400(增值税税率为 13%)元、包装费 20 000 元。假定设备 X、Y 和 Z 分别满足固定资产的定义及其确认条件，公允价值分别为 96 000 元、240 000 元、144 000 元。上述设备不需要安装。假设不考虑其他相关税费，会计处理如下。

(1) 计算各项固定资产的公允价值占各项资产公允价值总和的比例。

X 设备：96 000÷(96 000+240 000+144 000)×100%=20%

Y 设备：240 000÷(96 000+240 000+144 000)×100%=50%

Z 设备：144 000÷(96 000+240 000+144 000)×100%=30%

(2) 计算各设备的成本。

X 设备的入账价值=(480 000+20 000)×20%=100 000

Y 设备的入账价值=(480 000+20 000)×50%=250 000

Z 设备的入账价值=(480 000+20 000)×30%=150 000

(3) 编制会计分录。

借：固定资产——X 设备		100 000
——Y 设备		250 000

——Z设备	150 000
应交税费——应交增值税(进项税额)	62 400
贷：银行存款	562 400

二、自行建造的固定资产

自行建造固定资产，是指企业利用自身的力量自营建造以及出包给他人建造的固定资产。企业自营建造的固定资产原值，原则上应包括建造期间的全部支出，如直接材料、直接人工、其他与自营建造固定资产相关的支出以及在固定资产达到使用状态前发生的长期负债利息等；企业出包建造的固定资产，以实际支付的全部工程价款以及应负担的长期负债利息等作为原值。企业不论采用何种方式自行建造固定资产，均应通过"在建工程"科目进行核算。

(一)采用自营方式建造固定资产

企业自行建造固定资产耗用的材料物资，一般应单独进行核算。在购入自营工程所需的材料物资时，应根据实际支付的全部价款，借记"工程物资"科目，贷记"银行存款"等科目。

当领用工程材料物资或本企业商品时，应根据实际成本，借记"在建工程"科目，贷记"工程物资""库存商品""应交税金"等科目。

自营工程应负担的职工工资和职工福利费，应借记"在建工程"科目，贷记"应付工资"和"应付福利费"科目。

企业的辅助生产经营部门为自营工程提供的水、电、设备安装、运输等产品或劳务，应根据实际成本和应负担的税金，借记"在建工程"科目，贷记"生产成本""应交税金"科目。

自营建造的固定资产在交付使用前应负担的长期负债利息，应计入自营工程成本，借记"在建工程"科目，贷记"长期借款"等科目。

自营工程中发生的报废损失，应计入工程成本；发生的残料，应冲减工程成本，借记"原材料"科目，贷记"在建工程"科目。

工程物资在盘点时，如发现盘亏，应将盘亏物资的实际成本计入工程成本，借记"在建工程"科目，贷记"工程物资"科目；盘盈的工程物资，作相反的会计处理。

自营建造的固定资产在交付使用时，应根据自营工程的实际成本，借记"固定资产"科目，贷记"在建工程"科目。

【例6-4】 某企业自行建造仓库一座，购入为工程准备的各种物资200 000元，支付的增值税为26 000元，实际领用工程物资(含增值税)203 400元，剩余物资转作企业存货；另外还领用了企业生产用的原材料一批，实际成本为30 000元，应转出的增值税为3 900元；分配工程人员工资50 000元，企业辅助生产车间为工程提供有关劳务支出10 000元，工程完工交付使用。有关会计处理如下。

(1) 购入为工程准备的物资。

借：工程物资	226 000
贷：银行存款	226 000

(2) 工程领用物资。

借: 在建工程——仓库   203 400

    贷: 工程物资   203 400

(3) 工程领用原材料。

借: 在建工程——仓库   33 900

    贷: 原材料   30 000

          应交税金——应交增值税(进项税额转出)   3 900

(4) 分配工程人员工资。

借: 在建工程——仓库   50 000

    贷: 应付工资   50 000

(5) 辅助生产车间为工程提供的劳务支出。

借: 在建工程——仓库   10 000

    贷: 生产成本——辅助生产成本   10 000

(6) 工程完工交付使用。

借: 固定资产   304 500

    贷: 在建工程——仓库   304 500

(7) 剩余工程物资转作企业存货。

借: 原材料   20 000

    应交税金——应交增值税(进项税额)   2 600

    贷: 工程物资   22 600

(二)采用出包方式建造固定资产

企业采用出包方式建造固定资产,预付工程价款时,应借记"在建工程——工程支出"科目,贷记"银行存款"等科目;工程完工补付工程价款时,也应借记"在建工程"科目,贷记"银行存款"等科目;出包工程在竣工结算之前应负担的长期负债利息等,应计入工程成本,借记"在建工程——工程支出"科目,贷记"长期借款"等科目。出包工程完工后,应根据工程实际成本,借记"固定资产"科目,贷记"在建工程"科目。

三、接受投资的固定资产

企业对投资者作价投入的固定资产投资,应进行评估,按评估确认的固定资产原值或者合同、协议约定的价值作为固定资产的原价,借记"固定资产"科目;按评估确认的净值,贷记"实收资本"科目;按其差额,贷记"累计折旧"科目。

四、接受捐赠的固定资产

接受捐赠的固定资产,应按下列情况分别进行计价。

(1) 如果捐赠者提供了有关凭据,应按凭据中的金额加上应支付的相关税费计价。

(2) 如果捐赠者没有提供有关凭据,则应按下列顺序计价。

① 同类或类似固定资产存在活跃的市场，应参照同类或类似固定资产的市场价格估计的金额，加上应支付的相关税费计价。

② 同类或类似固定资产不存在活跃的市场，应按其预计未来现金流量的现值计价。

当企业接受固定资产捐赠时，应根据确定的入账价值，借记"固定资产"科目；按未来应缴纳的所得税，贷记"递延税款"科目；按确定的入账价值扣除未来应缴纳所得税的差额，贷记"资本公积——接受非现金资产准备"科目。

五、通过非货币性交易换入的固定资产

企业通过非货币性交易换入的固定资产，按换出资产的账面价值加上应支付的相关税费作为入账价值，分下列两种情况计价。

(1) 如不涉及补价的。在未发生补价的情况下，换入的固定资产应以换出资产的账面价值加上应支付的相关税费计价，借记"固定资产"等科目，贷记有关科目。

(2) 如涉及补价的，按以下规定确定换入固定资产的入账价值。

① 支付补价的。换入的固定资产应以换出资产的账面价值加上应支付的相关税费和支付的补价计价，借记"固定资产"等科目，贷记"银行存款"和有关科目。

② 取得补价的。换入的固定资产应以换出资产的账面价值加上应支付的相关税费和确认的损益，减去收取的补价，按此金额为入账价值，借记"固定资产"和"银行存款"等科目，贷记"营业外收入"科目(确认的损失应借记"营业外支出"科目)和其他有关科目。损益的确认方法，按非货币性交易准则规定的方法进行。

六、通过债务重组取得的固定资产

企业通过债务重组取得的固定资产，应按重组债权的账面价值计价，借记"固定资产"等科目，贷记"应收账款"等相关会计科目。

七、盘盈的固定资产、融资租入的固定资产

盘盈、盘亏的固定资产在本章后面介绍，融资租入的固定资产在高级会计学中介绍。

第三节 固定资产折旧

一、固定资产折旧的性质和计提范围

(一)固定资产折旧的性质

固定资产折旧是指在固定资产使用寿命内，按照确定的方法对应计提折旧额进行的系统分摊。固定资产在使用过程中由于损耗而不断地减少其价值，这种损耗分为有形损耗和无形损耗两种。有形损耗是指固定资产在使用过程中由于使用和自然力的影响在使用价值

和价值上的损耗；无形损耗是指由于技术进步而引起的固定资产价值上的损耗。与存货不同，固定资产的价值不是一次转移计入产品成本或费用，而是在使用中随着损耗程度，以折旧费的形式分期计入产品成本或费用，并通过取得相应的收入而得到补偿。

(二)固定资产折旧的计提范围

最新出台的固定资产准则没有对计提折旧的范围作出新的规定，2002 年出台的《固定资产准则》规定，企业所持有的固定资产，除以下情况外，都应当计提折旧：第一，已提足折旧仍继续使用的固定资产；第二，按照规定单独估价作为固定资产入账的土地。

二、固定资产计提折旧应考虑的因素

企业分期计算提取折旧时，应考虑的因素有固定资产应计提折旧总额和预计使用年限或工作总量。

(一)固定资产应计提折旧总额

固定资产应计提折旧总额，是指单项固定资产从开始使用至报废清理的全部使用年限内应计提的折旧总额。从理论上讲，某项固定资产应计提折旧总额并不等于该项固定资产原值，这是因为固定资产在报废清理时会取得残值收入，这部分残值收入不需要通过计提折旧的方式予以补偿，应在计提折旧时预先估计，从原值中扣除；此外，固定资产在报废清理时还会发生清理费用，这部分清理费用一般从预计残值收入中扣除。预计残值收入减去预计清理费用后的余额，称为预计净残值。某项固定资产的原值减去预计净残值，即为该项固定资产的应计提折旧总额。

在我国，预计净残值一般按固定资产原值乘以预计净残值率计算。预计净残值率是指预计净残值与固定资产原值的比率。一般来说，各类固定资产预计净残值率的上下限由国家统一规定，各企业在其范围内确定本企业各类固定资产的预计净残值率。

(二)固定资产预计使用年限

固定资产预计使用年限是指固定资产预计的经济使用年限，应考虑固定资产的有形损耗和无形损耗。

在我国，各类固定资产预计使用年限的上下限也由国家统一规定，各企业在其范围内确定本企业各类固定资产的预计使用年限。

三、固定资产折旧的计算方法

固定资产的折旧方法有多种，常用的折旧方法可以分为两类：直线法和加速折旧法。

(一)直线法

直线法是指按照时间或完成的工作量平均计提折旧的方法，具体又包括年限平均法和工作量法。

1. 年限平均法

年限平均法是折旧方法中最简单的一种，是指按照固定资产的预计使用年限平均计提折旧的方法，其累计折旧额为使用时间的线性函数。采用这种方法，假定固定资产的服务潜力随着时间的推移而逐渐递减，其效能与固定资产的新旧程度无关。因此，固定资产的应计提折旧总额可以均匀地摊配于预计使用年限内的各个会计期间。其计算公式为

$$年折旧额 = \frac{固定资产原值 - (预计残值收入 - 预计清理费用)}{预计使用年限}$$

$$= \frac{固定资产计提折旧总额}{预计使用年限}$$

$$月折旧额 = \frac{年折旧额}{12}$$

上述公式为固定资产折旧年限平均法的一般原理。在实际工作中，固定资产折旧额一般按固定资产原值乘以折旧率计算。在年限平均法下，固定资产折旧率是固定资产折旧额与固定资产原值的比率，其计算公式为

$$年折旧率 = \frac{1 - 预计净残值率}{预计使用年限} \times 100\%$$

$$月折旧率 = \frac{年折旧率}{12} \times 100\%$$

月折旧额=固定资产原值×月折旧率

采用年限平均法计提折旧，其折旧方式分为个别折旧和分类折旧两种。

【例6-5】 某企业某项固定资产原值为700 000元，预计净残值率为4%，预计使用年限为10年。其个别折旧率和月折旧额的计算如下。

$$该项固定资产年折旧率 = \frac{1 - 4\%}{10} \times 100\% = 9.6\%$$

$$该项固定资产月折旧率 = \frac{9.6\%}{12} \times 100\% = 0.8\%$$

该项固定资产月折旧额=700 000×0.8%=5 600(元)

采用个别折旧方式计提折旧，折旧额计算的准确性较高，但计算量较大。个别折旧方式一般只适用于固定资产数量不多或数量虽多但各月之间变化不大的企业。

采用分类折旧方式计提折旧，折旧额是按固定资产类别计算的，与个别折旧方式相比，各项固定资产折旧额计算的准确性相对差些；但是，由于固定资产的类别不是很多，因而计提折旧的工作量较小。采用平均年限法计提折旧的企业，均可采用分类折旧方式，应用举例略。

2. 工作量法

工作量法是指按照固定资产预计完成的工作总量平均计提折旧的方法，其累计折旧额为完成工作量的线性函数。采用工作量法计提折旧，应首先确定固定资产应计提折旧总额；然后根据固定资产应计提折旧总额和预计完成的工作总量，确定单位工作量折旧额；最后根据单位工作量折旧额和某月实际完成的工作量，就可以计算出该月折旧额。其计算公式如下：

$$某项固定资产单位工作量折旧额 = \frac{该项固定资产应计提折旧总额}{该项固定资产预计完成的工作总量}$$

某项固定资产月折旧额=该项固定资产单位工作量折旧额×该项固定资产该月实际完成的工作量

【例 6-6】 某企业有运输汽车 1 辆,原值为 300 000 元,预计净残值率为 4%,预计行驶总里程为 800 000 千米。该汽车采用工作量法计提折旧。某月该汽车行驶 6 000 千米。该汽车的单位工作量折旧额和该月折旧额的计算如下。

$$单位工作量折旧额=\frac{300\,000\times(1-4\%)}{800\,000}=0.36\,(元/千米)$$

该月折旧额=0.36×6 000=2 160(元)

工作量法一般适用于价值较高的大型精密机床以及运输设备等固定资产折旧的计算。这些固定资产各月的工作量一般不均衡,若采用年限平均法计提折旧,会使各月成本费用负担不够合理。

(二)加速折旧法

加速折旧法也称递减折旧法,是指在固定资产使用初期计提折旧较多而在后期计提折旧较少,从而相对加速折旧的方法。采用加速折旧法,各年的折旧额呈递减趋势。加速折旧法一般只采用个别折旧方式。为了简化折旧计算工作,月折旧额一般按年折旧额除以 12 计算。如果某项固定资产开始计提折旧的时间不是年初(1 月份),则该年度各月的折旧额以及下一年度前几个月的折旧额(即开始计提折旧 1 年之内各月的折旧额),均按年折旧额的月平均数计算。较常用的加速折旧法有双倍余额递减法和年数总和法两种。

1.双倍余额递减法

双倍余额递减法是指按固定资产净值和双倍直线折旧率计提折旧的方法。其计算公式如下。

$$双倍直线折旧率=\frac{2}{预计使用年限}\times100\%$$

$$固定资产年折旧额=固定资产期初净值\times双倍直线折旧率$$

$$固定资产月折旧额=\frac{固定资产年折旧额}{12}$$

采用双倍余额递减法计提折旧,一般不考虑固定资产预计净残值。但是,必须注意下面两个问题。

(1) 在预计使用年限结束时,应避免固定资产净值大于预计净残值。如果固定资产净值大于预计净残值,意味着该项固定资产在预计使用年限内少提了折旧。因此,在固定资产使用期间内,某一年按双倍余额递减法计提的折旧额小于该年在剩余年限内按平均年限法计提的折旧额,则该年应改按年限平均法计提折旧。上述条件具体表达如下。

$$固定资产期初净值\times双倍直线折旧率<\frac{固定资产期初净值-预计净残值}{剩余使用年限}$$

【例 6-7】 某企业某项固定资产原值为 60 000 元,预计净残值为 2 000 元,预计使用年限为 5 年。该项固定资产采用双倍余额递减法计提折旧。年折旧率及各年折旧额的计算如表 6-1 所示。

从表 6-1 中可以看出,该项固定资产第 4 年如果仍按双倍余额递减法计提折旧,年折旧额应为 5 184 元(即 12 960×40%);如果改按年限平均法计提折旧,年折旧额应为 5 480 元(即 (12 960 - 2 000)/2)。由于该项固定资产第 4 年按双倍余额递减法计提的折旧额小于按年限平均法计提的折旧额,因此,从第 4 年开始,该项固定资产改为按年限平均法计提折旧。

表 6-1　折旧计算表(双倍余额递减法)

单位：元

年　份	期初净值	年折旧率/%	年折旧额	累计折旧	期末净值
1	60 000	40	24 000	24 000	36 000
2	36 000	40	14 400	38 400	21 600
3	21 000	40	8 640	47 040	12 960
4	12 960	—	5 480	52 520	7 480
5	7 480	—	5 480	58 000	2 000

假定该项固定资产于 2021 年 8 月开始计提折旧,则 2021 年 8 月至 2022 年 7 月,各月的折旧额为 2 000 元(即 24 000/12);2022 年 8 月至 2023 年 7 月,各月的折旧额为 1 200 元(即 14 400/12); 余者依次类推。

(2) 在预计使用年限内,应避免固定资产期末净值小于预计净残值。如果固定资产期末净值小于预计净残值,意味着该项固定资产多提了折旧。因此,当某期按双倍余额递减法计提的折旧额大于剩余应计提折旧额(即期初净值减去预计净残值)时,从理论上讲,应从该期开始,改按平均年限法计提折旧。但在实务中,由于采用加速折旧法会使折旧额逐年递减,该期的剩余应计提折旧额一定小于上年折旧额,按照重要性原则,可以将该期剩余应计提折旧额全部列作当期的折旧额,以后使用期间不再计提折旧。

2. 年数总和法

年数总和法是指按固定资产应计提折旧总额和某年尚可使用年数占各年尚可使用年数总和的比重(即年折旧率)计提折旧的方法。各年尚可使用年数总和(简称年数总和),是一个以预计使用年限为通项、初项和公差为 1 的等差数列。其年折旧率和年折旧额的计算公式如下。

$$年折旧率 = \frac{该年尚可使用年数}{各年尚可使用年数总和}$$

$$= \frac{预计使用年限-已使用年数}{预计使用年限 \times \dfrac{预计使用年限+1}{2}}$$

$$年折旧额 = 应计提折旧总额 \times 年折旧率$$

【例 6-8】　某企业某项固定资产原值为 50 000 元,预计净残值为 2 000 元,预计使用年限为 5 年。该项固定资产按年数总和法计提折旧。该项固定资产的年数总和为

$$年数总和 = 5+4+3+2+1 = 15 = 5 \times \frac{5+1}{2} = 15$$

各年折旧率的折旧计算如表 6-2 所示。

表 6-2　折旧计算表(年数总和法)

单位：元

年　　份	应计提折旧总额	年折旧率	年折旧额	累计折旧
1	50 000-2 000=48 000	5/15	16 000	16 000
2	48 000	4/15	12 800	28 800
3	48 000	3/15	9 600	38 400
4	48 000	2/15	6 400	44 800
5	48 000	1/15	3 200	48 000

(三)直线法与加速折旧法的比较

采用直线法计提折旧，固定资产的转移价值平均摊配于其使用的各个会计期间或完成的工作量，优点是使用方便，易于理解。但是，这种方法没有考虑固定资产使用过程中相关支出摊配于各个会计期间或完成的工作量的均衡性。因为随着固定资产使用时间的推移，其磨损程度也会逐渐增加，使用后期的维修费支出将会高于使用前期的维修费支出，即使各个会计期间或单位工作量负担的折旧费相同，但各个会计期间或单位工作量负担的固定资产使用成本(折旧费与维修费之和)将会不同。

采用加速折旧法计提折旧，克服了直线法的不足。因为这种方法前期计提的折旧费较多而维修费较少，后期计提的折旧费较少而维修费较多，从而保持了各个会计期间负担的固定资产使用成本的均衡性。此外，由于这种方法前期计提的折旧费较多，所以能够使固定资产投资在前期较多地收回。在税法允许将各种方法计提的折旧费作为税前费用扣除的前提下，还能够减少前期的所得税额，符合谨慎性原则。这种方法不适宜采用分类折旧方式，在固定资产数量较多的情况下，计提折旧的工作量较大。

(四)计提折旧的范围

采用工作量法，应于月末根据该月固定资产完成的工作量计提折旧。

采用其他方法，除了已经提足折旧继续使用的固定资产以及过去单独估价入账的土地不提折旧以外，其他固定资产均应计提折旧。具体包括：房屋和建筑物；在用的机器设备、仪表仪器、运输工具、工具器具；季节性停用、大修理停用的固定资产；融资租入和以经营租赁方式租出的固定资产；不需用、未使用的固定资产。此外，提前报废的固定资产，不补提折旧，其未提足折旧的净损失应计入营业外支出。

为了简化计提折旧的计算工作，月份内增加的固定资产，当月不提折旧，从下月起开始计提折旧；月份内减少的固定资产，当月照提折旧，从下月起停提折旧。

(五)计提折旧的总分类核算

为了进行计提折旧的总分类核算，企业应按月根据固定资产计提折旧的范围和采用的折旧计算方法，编制固定资产折旧计算表。

企业计提的固定资产折旧，应按用途进行分配，借记"制造费用""管理费用""营业费用"等会计科目，贷记"累计折旧"科目。

【阅读资料6-1】

加速折旧法

加速折旧法是一个笼统的概念，泛指在固定资产使用初期计提折旧较多而在后期计提折旧较少，相对于"等额"来说计算折旧的各种方法，即教材中的双倍余额递减法和年数总和法。加速折旧使得企业在固定资产使用前期费用较大、利润减少。

会计准则允许企业选择使用加速折旧法，但《中华人民共和国企业所得税法》及其实施条例却规定有更严格的条件：固定资产按照直线法计提的折旧，准予扣除。企业应当按照固定资产的性质和使用情况，合理确定固定资产的预计净残值，且一经确定不得变更。企业的固定资产由于技术进步等原因，需要加速折旧的，可以缩短折旧年限或者采取加速折旧法计提折旧。按照2009年的规定，允许采取加速折旧法的固定资产有：①由于技术进步，产品更新换代较快的固定资产；②常年处于强震动、高腐蚀状态的固定资产。采取缩短折旧年限方法的，最低折旧年限不得低于实施条例规定折旧年限的60%。《企业所得税法》及其实施条例规定的固定资产最低年限有：房屋建筑物为20年；飞机、火车、轮船、机器、机械和其他生产设备为10年；与生产经营活动有关的器具、工具、家具等为5年；飞机、火车、轮船以外的运输工具为4年；电子设备为3年。

第四节 固定资产的后续计量

企业的固定资产投入使用以后，为了适应新技术发展的需要，维护或提高固定资产的使用效能，往往需要对现有固定资产进行维护、改建、扩建或改良。因此，固定资产的后续支出，是指固定资产投入使用以后发生的修理和改扩建等支出。

一、固定资产的修理

固定资产在长期使用过程中，由于自然损耗或使用磨损等原因，往往会发生部分零部件的损坏。为了保证固定资产的正常运转及使用，企业需要对固定资产进行必要的修理。

(一)固定资产修理的特点

固定资产修理的主要目的是恢复其使用价值。一般来说，固定资产的各个零部件，按其结构的复杂程度，分别标明了复杂系数。固定资产的修理，按每次修理的零部件的复杂系数分类，可以分为日常修理和大修理两类。日常修理也称中小修理，一般是指每次修理的零部件的复杂系数之和在规定的复杂系数以下的修理。大修理一般是指每次修理的零部件的复杂系数之和在规定的复杂系数以上的修理。不同的固定资产对划分日常修理和大修理的复杂系数的规定有所不同。

(二)固定资产修理的核算方法

固定资产修理的核算方法一般有直接摊销法、分期摊销法等。

1. 直接摊销法

直接摊销法是指将实际发生的修理成本支出,直接计入产品成本或当期费用。采用直接摊销法,应将实际发生的修理成本支出,按用途进行分配,按发生的修理费用,借记"制造费用""管理费用""营业费用"和"其他业务支出"等科目;按支付的增值税进项税额,借记"应交税金——应交增值税(进项税额)"科目;按发生的全部价款,贷记"银行存款"等科目。

2. 分期摊销法

分期摊销法是指对于某月个别数额较大或很大的修理成本支出,在本月和以后各月分期摊销的方法。采用分期摊销法,应确定个别数额较大或很大的修理成本支出的摊销期限。数额很大的修理成本支出,应在一年以上的期间内分期摊销,借记"长期待摊费用""应交税金——应交增值税(进项税额)"科目,贷记"银行存款"等科目。

二、固定资产的改扩建

(一)固定资产改扩建的特点

固定资产的改扩建,是指对原有固定资产进行的改良和扩充。固定资产改良是指为了提高固定资产的质量而采取的措施,如以自动装置代替非自动装置等。固定资产扩建是指为了提高固定资产的生产能力而采取的措施,如房屋增加楼层等。由于固定资产改扩建后,可以使固定资产的质量有所提高,或在实物量上有所增加,因而其原值也会有所增加。固定资产改扩建后,有些会延长使用年限,从而增加生产能力,有些则仅仅会提高产品质量或增加生产能力而不延长其使用年限。

(二)固定资产改扩建的核算

企业在固定资产进行改扩建期间,由于停止使用,工期又比较长,因而应在改扩建之前,将其原值及累计折旧注销,将其净值转作在建工程,借记"在建工程""累计折旧"科目,贷记"固定资产"科目。

固定资产改扩建工程支出的核算方法与在建工程支出的核算方法相同,应通过"在建工程"科目核算;工程完工后,应将改扩建工程的全部成本转为改扩建后的固定资产原值,借记"固定资产"科目,贷记"在建工程"科目;固定资产改扩建后,应对改扩建后各期的固定资产折旧额进行调整。

【例6-9】 某企业改建机器设备1台,改建前的原值为100 000元,预计使用年限为10年,预计净残值为5 000元,已使用8年,采用年限平均法以个别折旧方式计提折旧;该项机器设备采用出包方式进行改建,用银行存款支付改建工程款30 000元;改建机器设备拆除部件的残值计价2 000元入库;工程完工后,延长使用年限2年,预计净残值提高到6 000元。根据以上资料,编制会计分录如下。

(1) 将改建前的固定资产原值及累计折旧注销,将其净值转作在建工程。

原值=100 000元

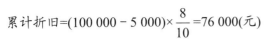

$$累计折旧=(100\,000-5\,000)\times\frac{8}{10}=76\,000(元)$$

净值=100 000－76 000=24 000(元)

借：在建工程	24 000	
累计折旧	76 000	
贷：固定资产		100 000

(2) 用银行存款支付改建工程款 30 000 元。

| 借：在建工程 | 30 000 | |
| 贷：银行存款 | | 30 000 |

(3) 拆除部件的残料计价 2 000 元入库。

| 借：原材料 | 2 000 | |
| 贷：在建工程 | | 2 000 |

(4) 改建工程完工后，全部工程成本 52 000 元计入固定资产原值。

| 借：固定资产 | 52 000 | |
| 贷：在建工程 | | 52 000 |

(5) 改建后第 9 年至第 12 年各年的折旧额应重新计算。

$$改建后的年折旧额=\frac{52\,000-6\,000}{4}=11\,500(元)，相关会计分录略。$$

第五节 固定资产的减值

由于企业经营环境的变化和科学技术的进步，或者企业经营管理不善等原因，往往导致固定资产创造未来经济利益的能力下降，使得固定资产可收回金额低于其账面价值，称为固定资产减值。这里的固定资产可收回金额，是指资产的销售净价与预期从该资产的持续使用和使用寿命结束时的处置中形成的现金流量的现值两者之中的较高者。对发生的固定资产减值，应将其可收回金额低于账面价值的差额，计提减值准备，确认为损失。固定资产减值准备应按单项资产计提。

企业发生固定资产减值时，应借记"营业外支出"科目，贷记"固定资产减值准备"科目。固定资产计提减值准备后，应对其剩余使用年限内的月折旧额进行调整。

【例 6-10】 某企业 2020 年 1 月购入 1 台机器设备，原值为 200 000 元，预计净残值为 8 000 元，预计使用年限为 5 年，采用年限平均法计提折旧。2022 年 2 月 28 日，该机器设备发生减值，可收回金额为 110 000 元。计提减值准备后，该机器设备的剩余使用年限预计为 2 年，预计净残值为 2 000 元。

(1) 计算该机器设备 2020 年 1 月至 2022 年 12 月的累计折旧。

$$月折旧额=\frac{200\,000-8\,000}{12\times5}=3\,200(元)$$

累计折旧额=3 200×(11+12)=73 600(元)

(2) 计算该机器设备 2022 年 12 月 31 日的净值。

机器设备的净值=200 000－73 600=126 400(元)

(3) 计提减值准备。

固定资产减值准备=126 400-110 000=16 400(元)

借：营业外支出 16 400

　　贷：固定资产减值准备 16 400

(4) 2023 年 1 月起月折旧额。

$$月折旧额=\frac{110\,000-2\,000}{12\times2}=4\,500\,(元)$$

第六节　固定资产的处置

固定资产的处置，是指企业拥有的固定资产会因为出售、报废、毁损、盘亏等原因而减少，为了加强对固定资产的管理，任何原因导致的固定资产减少都必须确定其账面价值。

为了反映固定资产账面价值的变动、清理费支出、变价收入和其他收入的取得以及清理净损益的情况，应设置"固定资产清理"科目。该科目借方登记在清理过程中发生的各项费用，包括转入清理过程的固定资产账面价值、清理过程中发生的清理费用以及销售不动产等应缴纳的税金；贷方登记清理过程中发生的各项收入，包括转让收入、残料收入以及应向保险公司或有关责任者收取的赔款等。该科目贷方发生额大于借方发生额的差额，为清理过程中发生的净收益，应作为营业外收入从该科目的借方转出；反之，则为清理过程中发生的净损失，应作为营业外支出从该科目的贷方转出。经过上述结转后，该科目无余额。

一、固定资产的出售

(一)出售固定资产账面价值的计算与结转

企业的固定资产出售时，首先应计算其账面价值。固定资产账面价值应根据固定资产原值减去累计折旧和固定资产减值准备计算。由于累计折旧一般不进行明细核算，因而固定资产明细账中不能提供累计折旧及账面价值资料。因此，计算固定资产账面价值，主要是计算其累计折旧。

【例 6-11】 某企业采用个别折旧方式计提折旧，一项固定资产的原值为 10 000 元，预计净残值为 400 元，预计使用年限为 10 年，采用年限平均法计提折旧。该项固定资产 2019 年 1 月投入使用，2022 年 8 月停止使用并出售。根据以上资料，计算该项固定资产出售时的累计折旧及净值。

$$月折旧额=\frac{10\,000-400}{10\times12}=80\,(元)$$

已提折旧月数=11(2019 年 1 月份开始使用，当月不提折旧)+12(2020 年)+12(2021 年)+8(2022 年 8 月份停用，当月照提折旧)=43(月)

累计折旧额=80×43=3 440(元)

固定资产净值=10 000-3 440=6 560(元)

企业出售固定资产后，其原值和累计折旧应予以注销(如已计提固定资产减值准备，则计提的减值准备也应一并注销)，账面价值转入"固定资产清理"科目。结转出售固定资产账面价值、累计折旧和固定资产减值准备时，应按其账面价值，借记"固定资产清理"科目；按累计折旧，借记"累计折旧"科目；按已提固定资产减值准备，借记"固定资产减值准备"科目；按原值，贷记"固定资产"科目。

(二)出售固定资产的清理费用

　　企业出售的固定资产，有些不发生清理费用，有些则需要拆除，会发生清理费用。在固定资产清理过程中，应按实际发生的清理费用，借记"固定资产清理"科目，贷记"银行存款"等科目。

(三)出售固定资产的收入

　　企业出售固定资产实际收取的价款，应借记"银行存款"等科目，贷记"固定资产清理"科目。

(四)结转出售不动产等应交纳的税金

　　企业出售不动产后，应按收入的一定比例计算缴纳增值税、城市维护建设税和教育费附加等，借记"固定资产清理"科目，贷记"应交税金""其他应交款"科目。

(五)结转出售固定资产的净损益

　　企业出售固定资产的收入大于固定资产净值、清理费用与应交税费之和的差额，为清理净收益，借记"固定资产清理"科目，贷记"资产处置损益"科目；出售固定资产的收入小于固定资产账面价值、清理费用与应交税费之和的差额，为清理净损失，借记"资产处置损益"科目，贷记"固定资产清理"科目。经过上述结转后，"固定资产清理"科目没有余额。

　　【例6-12】　某企业出售一座建筑物，原值为 2 000 000 元，已经使用 6 年，计提折旧 300 000 元，清理过程中用现金支付清理费用 10 000 元，取得出售的价格收入 1 900 000 元，存入银行，增值税税率为 6%。假定该企业对固定资产计提了 5 000 元的减值准备，其他税费略。根据以上资料，编制会计分录如下。

　　(1)　固定资产转入清理。

　　借：固定资产清理　　　　　　　　　　　　　　　　　　　　　　1 695 000

　　　　累计折旧　　　　　　　　　　　　　　　　　　　　　　　　　300 000

　　　　固定资产减值准备　　　　　　　　　　　　　　　　　　　　　　5 000

　　　　贷：固定资产　　　　　　　　　　　　　　　　　　　　　　2 000 000

　　(2)　支付清理费用。

　　借：固定资产清理　　　　　　　　　　　　　　　　　　　　　　　 10 000

　　　　贷：银行存款　　　　　　　　　　　　　　　　　　　　　　　 10 000

　　(3)　收到价款时。

　　借：银行存款　　　　　　　　　　　　　　　　　　　　　　　　1 900 000

　　　　贷：固定资产清理　　　　　　　　　　　　　　　　　　　　1 900 000

(4) 计算应缴纳的增值税。

应缴纳的增值税 = 1 900 000×6%=114 000(元)

借: 固定资产清理 114 000
　　贷: 应交税金——应交增值税(销项税额) 114 000

(5) 结转固定资产清理净损益。

固定资产清理净收益=1 900 000－1 695 000－10 000－114 000=81 000(元)

借: 固定资产清理 81 000
　　贷: 资产处置损益 81 000

二、固定资产的报废、毁损

固定资产报废的原因一般有两类: 一类是由于使用期限已满不再继续使用而形成的正常报废; 另一类是由于对折旧年限估计不准确或非正常原因造成的提前报废, 如确定预计使用年限时未考虑无形损耗而在技术进步时必须淘汰的固定资产以及由于管理不善或自然灾害造成的固定资产毁损等。

正常报废的固定资产已提足折旧, 其账面价值应为预计净残值。但由于实际净残值与预计净残值可能有所不同, 因而在清理过程中也可能发生净损益。这部分净损益也应计入营业外收入或营业外支出。正常报废固定资产的核算方法与出售固定资产的核算方法相同。

提前报废的固定资产未提足折旧, 为了简化核算工作, 未提足的折旧也不再补提, 而是在计算清理净损益时一并考虑。此外, 毁损的固定资产根据其毁损原因, 有可能收回一部分赔偿款, 如自然灾害造成的毁损有可能取得保险公司的赔款, 管理不善造成的毁损有可能取得有关责任者的赔款。企业取得的赔款也视为清理过程中的一项收入, 借记"其他应收款"等科目, 贷记"固定资产清理"科目, 在计算清理净损益时也应一并考虑。

第七节　固定资产的盘盈与盘亏

为了保证固定资产核算的真实性, 企业应经常对固定资产进行盘点清查。一般来说, 每年至少应在编制会计决策报告之前对固定资产进行一次全面清查, 平时可以根据需要进行局部清查。对清查过程中发现的盘盈、盘亏的固定资产, 应及时查明原因, 并编制固定资产盘盈、盘亏报告表, 作为调整固定资产账簿的依据。

企业盘盈、盘亏的固定资产, 在审批之前, 应调整资产的账面价值, 作为企业的待处理财产损溢, 在报经有关部门审批之后, 作为营业外收支处理。因此, 固定资产盘盈、盘亏应通过"待处理财产损溢"科目所属"待处理固定资产损溢"二级科目进行核算。期末, 对于尚未审批的盘盈、盘亏的固定资产, 应进行处理。如果审批数与处理数不一致, 再进行调整。

一、固定资产的盘盈

在固定资产清查过程中发现的盘盈固定资产, 经查明确属企业所有, 应确定固定资产重置价值，并为其开立固定资产卡片。

企业盘盈的固定资产，在批准处理之前，应根据重置价值借记"固定资产"科目，贷记"待处理财产损溢"科目；待有关部门审批之后，应借记"待处理财产损溢"科目，贷记"营业外收入"科目。

【例6-13】　某企业盘盈机器设备1台，重置价值为30 000元。报经有关部门审批后，将盘盈的固定资产净值转为营业外收入。根据以上资料，编制会计分录如下。

(1) 盘盈固定资产。

借：固定资产	30 000
贷：待处理财产损溢	30 000

(2) 有关部门审批后。

借：待处理财产损溢	30 000
贷：营业外收入	30 000

二、固定资产的盘亏

在固定资产清查过程中发现的盘亏固定资产，应根据账面价值借记"待处理财产损溢"科目，根据已提折旧借记"累计折旧"科目，根据原值贷记"固定资产"科目；待有关部门审批之后，应借记"营业外支出"科目，贷记"待处理财产损溢"科目。

【阅读资料6-2】

(1) 《国家税务总局关于企业固定资产加速折旧所得税处理有关问题的通知》(国税发〔2009〕81号)。

(2) 《落实完善固定资产加速折旧企业所得税政策有关问题公告》(国家税务总局公告2014年第64号)。

(3) 《中华人民共和国增值税暂行条例实施细则》(2017)。

本 章 小 结

本章介绍了固定资产的概念、特点、分类，固定资产的计价标准；固定资产的初始计量，固定资产增加的方式、会计处理；固定资产的后续计量及会计处理、固定资产折旧方法的选择以及固定资产处置的最新相关会计处理。

自 测 题

一、简答题

1. 固定资产在企业中的作用是什么？

2. 如何理解折旧？固定资产计提折旧的范围和要求有哪些？

3. 计提折旧的方法有哪几种？各自的特点是什么？

4. 固定资产的改扩建如何核算？固定资产的处置如何核算？

二、案例分析题

1. 资料：

(1) 企业从某机床厂直接购得一台机床，价款 25 万元，已通过银行转账支付了 15 万元，其余尚欠，该机床已交付安装。

(2) 企业用转账支票支付上述机床的运杂费 8 000 元。

(3) 上述机床在安装过程中从材料库房领用原材料 12 000 元。另外用现金 3 600 元支付外请安装工人的工资。

(4) 上述机床安装完毕交付使用，办理竣工决算手续。

(5) 企业从五金交电公司用转账支票购入一台台钻，直接交装配车间使用，该台钻价格为 2 400 元。

(6) 某外商以参股的形式向企业投入一台设备，经投资双方评估确认，该设备价值为 54 万元。

(7) 生产车间将一台设备报废，该设备的原始价值为 86 000 元，已提折旧 75 000 元。

(8) 上述报废设备变卖后，得款 18 000 元存入银行。

(9) 结转上述报废设备的净收益。

(10) 企业将一台不用的设备对外投资，该设备的原始价值为 67 万元，累计折旧 8 万元，投资双方经协议，对该设备作价 85 万元。

(11) 企业将一台旧设备捐赠给灾区，该设备原始价值为 15 万元，已提折旧 6 万元。

(12) 企业将一台不需用的设备对外出售，得款 56 000 元存入银行。该设备原始价值为 120 000 元，已提折旧 52 000 元。

要求：根据上述资料编制会计分录。

2. 资料及要求：

(1) 按规定计提本月固定资产折旧 88 000 元，其中生产用设备应计提固定资产折旧 65 000 元，管理用设备应计提折旧 23 000 元。试编制相应的会计分录。

(2) 企业新增一台价值为 50 万元的设备，该设备预计使用年限为 8 年，预计净残值为 12 000 元，试分别用年数总和法和双倍余额折旧法计算该设备每年应计提的折旧额。

第七章

无形资产与投资性房地产

【学习要点及目标】

- 掌握无形资产取得、摊销、处置的会计核算方法。
- 掌握投资性房地产初始计量与后续计量的会计核算方法。
- 理解投资性房地产转换的会计处理。
- 了解无形资产与投资性房地产的概念、特征及分类。

【核心概念】

无形资产　投资性房地产　累计摊销　研发支出

【引导案例】 宏宇股份有限公司创立于 2008 年，是一家专门从事商品零售的连锁企业，经过近几年的发展，业绩良好，2022 年公司董事会决议准备进一步扩大经营网点。经过考察，公司看中了一家地处市区繁华地段的连锁商店，考虑到该连锁商店所处地理位置优越，收益也比其他地段同等经营状况的同类连锁商店高，宏宇公司于 2023 年年初以高于同类连锁商店 50 万元的价格买了该连锁商店。该公司会计在对该业务进行处理时，将 50 万元作为了商誉的实际成本计入无形资产当中，并在资产负债表中予以列示。

请问：宏宇公司的会计处理是否正确？为什么？你认为应该怎样处理？

第一节　无　形　资　产

一、无形资产概述

(一)无形资产的含义及特征

无形资产是指企业拥有或者控制的没有实物形态的可辨认非货币性资产。一般来说，无形资产具有以下特征。

1. 无实体性

无形资产不具有实物形态，看不见，摸不着。这是无形资产与固定资产等其他资产相区别的主要特征之一。但需要说明的是，不具有实物形态并不能看作是无形资产独有的特征，应收账款、对外投资等许多资产也没有实物形态。

2. 长期性

无形资产应能在一段较长时期内(一般在 1 年以上)供企业使用。该特征主要是要与应收账款等不具有实物形态的流动资产区别开来。

3. 不确定性

无形资产未来能给企业带来多少经济利益存在较大的不确定性。当代科技发展迅速，很多无形资产的经济使用寿命难以得到准确的估计，进而导致无形资产未来能给企业带来多少经济利益也难以准确地估计。不确定性是无形资产区别于能在较长时期内供企业使用且又不具有实物形态的资产的主要特征。

4. 可辨认性

无形资产能从企业中分离出来，并且能单独或与相关资产、负债、合同一起，用于出售、转让、授予许可等。无形资产具有可辨认性，主要是与商誉等不可辨认资产相对而言的。

(二)无形资产的分类

按照不同的分类标准，无形资产可以划分为不同的类别。

1．按照经济内容分类

按其反映的经济内容，无形资产可分为专利权、非专利技术、著作权、商标权、特许权和土地使用权等。

(1) 专利权。专利权是指发明创造人或其权利受让人对特定的发明创造在一定期限内依法享有的独占实施权。它包括发明专利权、实用新型专利权、外观设计专利权。专利权受法律保护，在专利权的有效期限内，专利权人对其拥有的专利权享有独占或排他的权利，未经其许可或者出现专利权法律规定的特殊情况，任何人不得使用，否则即构成侵权。

(2) 非专利技术。非专利技术又称专有技术，是指未经公开的、在生产经营活动中已采用的、可以带来经济效益的各种技术，如独特的设计、造型、配方，计算公式，软件包，制造工艺等工艺诀窍，技术秘密等。非专利技术无须进行注册登记，它依靠保密手段进行垄断。因此，它不受法律保护，也没有固定的有效期，只要不泄露，即可有效地使用并可有偿转让。

(3) 著作权。著作权也称版权，是指著作者或文艺作品创作者以及出版商依法享有的在一定年限内发表、制作、出版和发行其作品的专有特殊权利。著作权是受法律保护的，在未经著作权所有人许可或转让的情况下，他人不得非法占有和使用。

(4) 商标权。商标权是商标专用权的简称，是指商标主管机关依法授予商标所有人对其注册商标受国家法律保护的专有权。商标注册人有依法支配其注册商标并禁止他人侵害的权利。商标权的有效期一般为 10 年。

(5) 特许权。特许权是特许人授予受许人的某种权利，在该权利之下，受许人可以在约定的条件下使用特许人的某种工业产权或知识产权。特许权既可以是政府授予，也可以是单位或个人授予。

(6) 土地使用权。土地使用权是指在一定期间内，企业经国家土地管理机关批准对国有土地所享有的开发、利用、收益和有限处分的权利。在我国，土地归国家所有，单位或个人只能拥有土地的开发、利用、收益和有限处分的权利，没有土地所有权。

2．按照取得来源分类

按照其取得来源，无形资产可分为外来无形资产和自创无形资产两类。

(1) 外来无形资产。外来无形资产是指从企业外部获得的无形资产，包括从其他单位或个人购入的、接受捐赠的、接受投资的无形资产等。

(2) 自创无形资产。自创无形资产是指企业自行研究、开发的无形资产。

3．按照经济寿命期限分类

按照是否有确定的经济使用寿命期限，无形资产可以分为期限确定的无形资产和期限不确定的无形资产两类。

(1) 期限确定的无形资产是指在有关法律和合同中规定了最长使用期限的无形资产，比如专利权、著作权、商标权、特许权和土地使用权等。这些无形资产在规定的有效使用期限内是受法律保护的；有效使用期限届满，若企业未办理相关手续，将失去法律保护。

(2) 期限不确定的无形资产是指没有相关法律规定其有效使用期限的无形资产，如非专利技术。该类无形资产的经济使用期限取决于技术保密工作的好坏、技术进步的快慢等。当企业技术已不再是秘密，当新的技术成果出现时，旧的非专利技术就无价值可言。

二、无形资产的计量

(一)无形资产的初始计量

企业获得的无形资产,只有满足与该无形资产相关的经济利益很可能流入企业并且该无形资产的成本能够可靠计量的条件下,才能予以确认。企业取得的无形资产,其取得的途径不同,构成成本也会有所不同。

1. 外部购入的无形资产

企业外部购入的无形资产,其实际成本包括购买价款、相关税费以及直接归属于使该项资产达到预定用途所发生的其他支出,比如律师费、公证费、注册登记费、咨询费、鉴定费等。直接归属于使该项资产达到预定用途所发生的其他支出,不包含为引进新产品发生的广告宣传费、管理费用以及其他间接费用,也不包含无形资产已达到预定用途之后发生的费用。

若企业购入无形资产的价款超过正常信用条件,延期支付的,其实质上具有融资性质,该无形资产的入账成本应以购买价款的现值为基础确认。实际支付价款与购买价款现值之间的差额应作为未确认融资费用,在信用期间内按照实际利率法进行摊销,摊销金额除按照会计准则规定应予资本化的以外,其余应当在信用期间内计入当期损益(财务费用)。

企业应设置"无形资产"账户,核算外部购入无形资产的成本增减变动。企业购入无形资产时,应当按照其实际成本进行会计处理,借记"无形资产""应交税费——应交增值税(进项税额)"科目,贷记"银行存款"等科目。

【例 7-1】 某企业现购入一项商标权,取得的增值税专用发票上注明的价款为 300 000元,税款为 18 000 元,全部以银行存款支付。根据资料,应编制会计分录如下。

借:无形资产——商标权 300 000
　　应交税费——应交增值税(进项税额) 18 000
　　贷:银行存款 318 000

2. 自行研究开发的无形资产

企业内部自行研究开发的项目支出,应当分为研究阶段支出和开发阶段支出两部分。研究是指为获取并理解新的科学或技术知识而进行的独创性的有计划调查。该阶段的特点主要是探索性,是为进一步的开发活动进行资料和相关方面的准备。从已进行的研究活动来看,将来能否转入开发以及开发后能否形成无形资产等都有很大的不确定性。因此,研究阶段发生的有关支出,应予以费用化。

开发是指在进行商业性生产或使用前,将研究成果或其他知识应用于某项计划或设计,以生产出新的或具有实质性改进的材料、装置、产品等。相对于研究阶段,开发阶段应是完成了研究阶段的相应工作,形成一项新技术或新产品的条件基本上已经具备。企业自行研发项目在开发阶段的支出,不满足资本化确认条件的,应计入当期损益,如果同时满足以下条件,应予以资本化处理。

(1) 完成该无形资产以使其能够使用或出售在技术上具有可行性。

(2) 具有完成该无形资产并使用或出售的意图。

(3) 无形资产产生经济利益的方式，包括能够证明运用该无形资产生产的产品存在市场或无形资产自身存在市场，无形资产将在内部使用的，应当证明其有用性。

(4) 有足够的技术、财务资源和其他资源支持，以完成该无形资产的开发并有能力使用或出售该无形资产。

(5) 归属于该无形资产开发阶段的支出能够可靠地计量。

企业应设置"研发支出"账户核算无形资产自行研发过程中形成的各项支出，该账户下应分别设置"费用化支出""资本化支出"两个明细科目。企业研究阶段发生的各项支出，应予以费用化，借记"研发支出——费用化支出""应交税费——应交增值税(进项税额)"科目，贷记"原材料""银行存款"等科目；期末根据其发生的研究支出，借记"管理费用"科目，贷记"研发支出——费用化支出"科目。

企业开发阶段发生的支出，满足资本化确认条件的，应予以资本化，借记"研发支出——资本化支出""应交税费——应交增值税(进项税额)"科目，贷记"原材料""银行存款"等科目；最终确认为无形资产时，应按"研发支出——资本化支出"的余额，借记"无形资产"科目，贷记"研发支出——资本化支出"科目。企业开发阶段费用化支出的核算方法，与研究阶段费用化支出的核算方法相同。

【例 7-2】某企业自行研发一项专利技术，研究和开发阶段发生材料费 200 000 元，人工费 50 000 元，共计 250 000 元。其中应予以费用化的支出为 100 000 元，符合资本化条件的支出为 150 000 元，支付的增值税税额为 15 000 元。开发成功后发生注册登记费 20 000 元，全部费用均以银行存款支付。根据以上资料，进行会计处理如下。

(1) 研发支出发生时。

借：研发支出——费用化支出	100 000
——资本化支出	150 000
应交税费——应交增值税(进项税额)	15 000
贷：银行存款	265 000

(2) 期末结转费用化支出时。

借：管理费用	100 000
贷：研发支出——费用化支出	100 000

(3) 登记注册时。

借：无形资产——专利权	170 000
贷：研发支出——资本化支出	150 000
银行存款	20 000

【阅读资料 7-1】

通俗地讲，资本化是将相关支出计入资本成本；费用化是将相关支出直接计入当期期间费用。资本化和费用化的概念源于《企业会计准则——借款费用》的规定。所谓借款费用，是指企业因借款而发生的利息及其相关成本，包括借款利息、折价或者溢价的摊销、辅助费用以及因外币借款而发生的汇兑差额等，不包括与融资租赁有关的融资费用。企业发生的借款费用，满足以下三个条件时，应当予以资本化：①资产支出已经发生；②借款费用已经发生；③为使资产达到预定可使用或者可销售状态所必要的购建或者生产活动已经开始。其他借款费用，应当在发生时根据其发生额确认为费用，计入当期损益。

借鉴该准则的判断标准，将费用支出资本化或费用化运用到无形资产中，就是《企业会计准则第 6 号——无形资产》的规定。

(二)无形资产的后续计量

1. 无形资产的摊销期限

企业应该在取得无形资产时判断其预期使用寿命。若无形资产的预期使用寿命是有限的，则应当预计其使用寿命的期限或构成使用寿命产量等类似计量单位的数量；如果无法估计无形资产为企业带来经济利益的期限，应将其视为使用寿命不确定的无形资产。

对于使用寿命有限的无形资产，应将其摊销金额在预计的使用寿命内进行系统合理的摊销。如果使用寿命超过了有关合同规定的受益期限或者法律规定的有效期限，则一般按以下原则进行确定。

(1) 法律规定了有效年限，而合同未规定受益年限，摊销年限以法定有效年限为上限。

(2) 法律未规定有效年限，而合同规定了受益年限，摊销年限以合同规定的受益期限为上限。

(3) 法律规定了有效年限，合同也规定了受益年限，摊销年限应以有效年限与受益年限中的较短者为上限。

对于使用寿命不确定的无形资产则不需要进行摊销，但应于每个会计期末进行减值测试。

2. 无形资产的摊销方法

企业应根据与无形资产相关的经济利益的预期实现方式选择无形资产的摊销方法，包括年限平均法、产量法、年数总和法和双倍余额递减法等多种。无法可靠确定相关经济利益预期实现方式的，应采用年限平均法进行摊销。

无形资产的摊销金额为成本扣减预计净残值之后的金额。已经计提减值准备的资产，还需扣减已计提的无形资产减值准备。使用寿命有限的无形资产，其残值通常视为零，但有以下情形的，应预计其净残值。

(1) 有第三方承诺在无形资产使用寿命结束时购买该无形资产。

(2) 可以根据活跃市场得到预计残值信息，并且该市场在无形资产使用寿命结束时很可能存在。

企业应设置"累计摊销"科目核算企业无形资产的摊销情况。摊销时，按照无形资产的服务对象，借记"管理费用""制造费用""其他业务成本"等科目，贷记"累计摊销"科目。

【例 7-3】 企业外购一项专利权，支付价款 200 000 元，增值税税款 12 000 元。该专利权使用期限为 10 年，采用年限平均法摊销，净残值为零。根据以上资料，进行会计处理如下。

(1) 购入时。

借：无形资产——专利权   200 000

     应交税费——应交增值税(进项税额)   12 000

        贷：银行存款   212 000

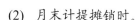

(2) 月末计提摊销时。

年摊销额=20 000(元)

月摊销额=20 000/12=1 666.67(元)

借: 管理费用 1 666.67

 贷: 累计摊销 1 666.67

【阅读资料7-2】

关于无形资产的摊销方法,虽然会计准则中允许企业按照与该项无形资产相关实体的业务寿命选择采用加速摊销法,但税法却要求企业采用直线法计算摊销额,即无形资产按照直线法计算的摊销费用才准予扣除。如果企业采用了加速摊销法,则需要在企业所得税缴纳时进行纳税调整。

《企业会计准则解释第 11 号——关于以使用无形资产产生的收入为基础的摊销方法》(财会〔2017〕18 号)

三、无形资产的出租

无形资产的出租是指企业将其拥有的无形资产使用权让渡给他人使用,并收取相应租金。企业出租无形资产取得租金收入时,借记"银行存款"等科目,贷记"其他业务收入""应交税费——应交增值税(销项税额)"科目。

企业取得租金收入之后,除了要缴纳增值税外,还要缴纳城市维护建设税、教育费附加等附加税。这些附加税可以由收入进行补偿,因此计提应缴纳的附加税费时,借记"税金及附加"科目,贷记"应交税费"科目。

企业摊销出租无形资产的成本并结转发生的相关费用(如律师费、咨询费等)时,应借记"其他业务成本"科目,贷记"累计摊销""银行存款"等科目。

【例7-4】 甲公司将一项专利权出租给乙公司,每月租金为 20 000 元(不含增值税),按月支付,该专利权每月摊销金额为 6 000 元,增值税税率为 6%,不考虑其他税费。则甲公司的会计处理如下。

(1) 收取租金时。

借: 银行存款 21 200

 贷: 其他业务收入 20 000

  应交税费——应交增值税(销项税额) 1 200

(2) 按月摊销时。

借: 其他业务成本 6 000

 贷: 累计摊销 6 000

四、无形资产的处置及减值

(一)无形资产的出售

无形资产出售是指企业将无形资产所有权转让给他人。无形资产出售之后,企业对其不再拥有占有、使用、收益和处置的权利。

出售无形资产时，企业应将出售价款与相关税费及其账面价值之间的差额，确认为当期损益。按出售无形资产实际收取的价款，借记"银行存款"等科目；按无形资产累计摊销金额，借记"累计摊销"科目；按无形资产的原值，贷记"无形资产"科目；按应该缴纳的相关税费，贷记"应交税费"科目；以前计提了减值准备的，还需借记"无形资产减值准备"科目；按其差额，借记或贷记"资产处置损益"科目。

【例 7-5】 某企业转让一项无形资产，收取不含增值税的价款 100 000 元，增值税税额为 6 000 元(假定不考虑其他税费)，用银行存款支付转让过程中发生的相关费用 2 500 元，增值税税额为 150 元。已知该无形资产的原始价值为 160 000 元，已计提的累计摊销金额为 80 000 元，持有期间未计提减值准备。相应的会计处理如下。

借：银行存款		106 000
累计摊销		80 000
应交税费——应交增值税(进项税额)		150
贷：无形资产		160 000
应交税费——应交增值税(销项税额)		6 000
银行存款		2 650
资产处置损益		17 500

(二)无形资产的报废

无形资产如果预期不能为企业带来相应的经济利益(被新技术取代或者不再享有法律保护)，则不再符合无形资产的定义，应将其进行报废处理。无形资产报废时，按累计摊销金额，借记"累计摊销"科目；按已计提的减值准备金额，借记"无形资产减值准备"科目；按无形资产的原值，贷记"无形资产"科目；按其差额，借记"营业外支出"科目。

(三)无形资产减值

期末除了应对无形资产进行摊销之外，还需对其进行减值测试。经测试，无形资产如果发生了减值，就应对其计提减值准备。判断无形资产减值与否的标准是其可收回金额。

企业应于每年年末，对无形资产进行减值测试。出现减值迹象时，则需估计无形资产的可收回金额。可收回金额应根据无形资产的公允价值扣除处置费用后的净值与无形资产预计未来现金流量的现值两者之中的较高者确定。如果无形资产的可收回金额低于其账面价值，应将该无形资产的账面价值减记至其可收回金额，按两者的差额，借记"资产减值损失"科目，贷记"无形资产减值准备"科目。

无形资产计提减值准备之后，应在未来期间对无形资产的摊销金额进行相应的调整，在无形资产的剩余使用期限内，根据调整后的无形资产账面价值，重新计算确定摊销金额。

应该注意的是，无形资产减值损失一经确认，在以后会计期间不得转回。

【例 7-6】 甲公司某年 1 月份购入一项专利权，用银行存款支付价款 240 000 元，增值税税款为 14 400 元，预计使用年限为 10 年。当年 12 月 31 日，该专利权发生减值，预计未来现金流量的现值为 130 000 元，公允价值为 120 000 元。该专利权发生减值之后，预计剩余使用年限为 5 年。根据以上资料，编制会计分录如下。

(1) 购入时。

借：无形资产——专利权 240 000

应交税费——应交增值税(进项税额) 14 400

贷：银行存款 254 400

(2) 每月计提摊销时。

月摊销金额=240 000÷(10×12)=2 000(元)

借：管理费用 2 000

贷：累计摊销 2 000

(3) 期末计提减值准备。

期末账面价值=240 000-2 000×12=216 000(元)

可收回金额=130 000(元)

应计提的减值准备= 216 000-130 000=86 000(元)

借：资产减值损失 86 000

贷：无形资产减值准备 86 000

(4) 计算剩余年限内的月摊销额。

剩余年限内每月摊销额=130 000÷(5×12) ≈ 2 166.67(元)

第二节 投资性房地产

投资性房地产是指为赚取租金或资本增值，或两者兼有而持有的房地产，主要包括：已出租的建筑物、已出租的土地使用权、持有并准备增值后转让的土地使用权。

一、投资性房地产的初始计量

企业取得的投资性房地产，不论其取得方式是外购还是自建，均应按其取得时的实际成本进行初始计量。企业应设置"投资性房地产"科目对投资性房地产进行核算。若企业采用公允价值模式进行后续计量，还应在该科目下设置"成本""公允价值变动损益"两个明细科目。其取得成本的确认与计量方法参照固定资产或者无形资产。

投资性房地产对外出租获取的租金收入，属于其他业务收入，在进行会计核算时，应根据收取的全部价款，借记"银行存款"科目；按确认的收入金额，贷记"其他业务收入"科目；按应收取的增值税额，贷记"应交税费——应交增值税(销项税额)"科目。

二、投资性房地产的后续计量

投资性房地产有两种后续计量模式：成本模式和公允价值模式。同一个企业的投资性房地产只能采用一种后续计量模式，并且计量模式一经确定，不得随意变更。

(一)采用成本模式进行计量的投资性房地产

采用成本模式进行后续计量的投资性房地产，应比照固定资产或者无形资产的相关规定,对已出租的建筑物或土地使用权按期计提折旧或进行摊销,借记"其他业务成本"科目,贷记"投资性房地产累计折旧(摊销)"科目。企业收到租金时,应借记"银行存款"科目,贷记"其他业务收入""应交税费——应交增值税(销项税额)"科目。资产负债表日,投资性房地产存在减值迹象时,应进行相应的减值测试,按照资产减值的规定计提减值准备,借记"资产减值损失"科目,贷记"投资性房地产减值准备"科目。

(二)采用公允价值模式进行计量的投资性房地产

企业采用公允价值模式对投资性房地产进行后续计量,应同时满足下列两个条件。

(1) 投资性房地产的所在地有活跃的房地产交易市场,该投资性房地产可在房地产交易市场中直接进行交易。

(2) 企业能从房地产交易市场中取得同类或者类似房地产的市场价格信息及其他相关信息,从而对投资性房地产的公允价值作出科学合理的估计。

采用公允价值模式进行计量的投资性房地产,不需要计提折旧或者摊销。企业应以投资性房地产的公允价值为基础,在资产负债表日对其账面价值进行相应调整,两者的差额确定为公允价值变动损益。若公允价值大于账面价值,则借记"投资性房地产——公允价值变动"科目,贷记"公允价值变动损益"科目;否则,做相反处理。

需要指出的是,投资性房地产的后续计量模式如果由成本模式转换为公允价值模式,属于会计政策变更,应当进行追溯调整。其具体处理方式:首先,将投资性房地产已计提的累计折旧额或摊销额予以冲销,将其账面价值还原为初始成本,并同时调整期初留存收益和当年的其他业务成本,借记"投资性房地产累计折旧(摊销)"科目,贷记"盈余公积""利润分配——未分配利润"以及"其他业务成本"科目;其次,将投资性房地产的初始成本按变更日当年期初的公允价值进行调整,借记或贷记"投资性房地产——公允价值变动"科目,贷记或借记"盈余公积""利润分配——未分配利润"科目;最后,将投资性房地产变更日当年期初的公允价值调整为变更日的公允价值,借记或贷记"投资性房地产——公允价值变动"科目,贷记或借记"公允价值变动损益"科目。

已采用公允价值模式进行后续计量的投资性房地产,不得从公允价值模式转换为成本模式。

三、投资性房地产的转换

(一)非投资性房地产转为投资性房地产

企业如果将土地使用权是自用的改用于出租或资本增值,或者将自用房屋建筑物或作为存货的房地产改用于出租,则应将上述非投资性房地产转换为投资性房地产进行核算。

1. 转换为采用成本模式计量的投资性房地产

企业应将非投资性房地产转换前的账面价值作为转换之后投资性房地产的入账价值,资产的原始价值、累计折旧(摊销)应当分别进行结转处理,借记"投资性房地产""累计折旧(摊销)"科目,贷记"固定资产""无形资产""投资性房地产累计折旧(摊销)"科目等。若转换前非投资性房地产发生减值,其计提的减值准备也应同时结转。

2．转换为采用公允价值模式计量的投资性房地产

在公允价值模式下，企业应将转换日的公允价值作为投资性房地产的入账价值。如果转换日的公允价值小于原账面价值，差额应计入当期损益，借记"投资性房地产""累计折旧(摊销)""公允价值变动损益"等科目，贷记"固定资产""无形资产"等科目；如果转换日的公允价值大于原账面价值，差额应计入其他综合收益，借记"投资性房地产""累计折旧(摊销)"等科目，贷记"固定资产""无形资产""其他综合收益"等科目。若转换前非投资产性房地产发生减值，其计提的减值准备也应同时结转。

(二)投资性房地产转换为非投资性房地产

投资性房地产如果转为企业自用，应将投资性房地产转换为非投资性房地产。

1．转换前投资性房地产采用成本模式计量

企业应当将投资性房地产转换前的账面价值作为转换后非投资性房地产的入账价值，投资性房地产的原始价值、累计折旧(摊销)应分别进行结转，其会计处理与非投资性房地产转换为投资性房地产的处理则相反。

2．转换前投资性房地产采用公允价值模式计量

企业应以投资性房地产转换当日的公允价值作为非投资性房地产的入账价值，转换当日公允价值与原账面价值的差额确认为当期损益，应借记"固定资产""无形资产"等科目，贷记"投资性房地产"科目，差额借记或贷记"公允价值变动损益"科目。

四、投资性房地产的处置

(一)采用成本模式后续计量的投资性房地产的处置

企业应根据处置时实际收取的价款，借记"银行存款"等科目，贷记"其他业务收入""应交税费——应交增值税(销项税额)"科目。结转投资性房地产的成本时，根据已计提的累计折旧(摊销)，借记"投资性房地产累计折旧(摊销)"科目；根据已计提的减值准备，借记"投资性房地产减值准备"科目；根据投资性房地产的账面余额，贷记"投资性房地产"科目；按其差额，借记"其他业务成本"科目。

(二)采用公允价值模式后续计量的投资性房地产的处置

企业应根据实际收到的价款，借记"银行存款"等科目，贷记"其他业务收入""应交税费——应交增值税(销项税额)"科目。结转投资性房地产的成本时，根据投资性房地产的初始成本，贷记"投资性房地产——成本"科目；根据累计公允价值变动金额，借记或贷记"投资性房地产——公允价值变动"科目；根据投资性房地产的账面价值，借记"其他业务成本"科目。另外，还应按投资性房地产公允价值变动金额，借记或贷记"公允价值变动损益"科目，贷记或借记"其他业务成本"科目。若非投资性房地产转换为投资性房地产时有计入其他综合收益的金额，也需一并结转，借记"其他综合收益"科目，贷记"其他业务成本"科目。

【例7-7】 甲企业于2020年12月31日购入一栋房屋用于出租，以银行存款支付买价为30 000 000元，增值税为3 000 000元，企业将该房屋确认为投资性房地产，并采用成本模式进行后续计量。该投资性房地产采用年限平均法计提折旧，其预计使用年限为50年，预计净残值为0。2021年1月1日至2022年6月30日，企业每月收取租金500 000元，增值税为50 000元。2022年6月30日，企业将投资性房地产转换为公允价值模式计量，转换当日的公允价值为32 000 000元，年初公允价值为31 500 000元。2022年下半年，企业每月收取租金200 000元，增值税为20 000元；2022年12月31日，该房屋的公允价值为31 000 000元。该企业按净利润的10%提取法定盈余公积。不考虑其他税费。根据上述资料，编制的相关会计分录如下。

(1) 2020年12月31日购入房屋。

借：投资性房地产——成本	30 000 000
应交税费——应交增值税(进项税额)	1 800 000
——待抵扣进项税额	1 200 000
贷：银行存款	33 000 000

(2) 2021年1月至2022年6月每月收取租金时。

借：银行存款	550 000
贷：其他业务收入	500 000
应交税费——应交增值税(销项税额)	50 000

(3) 2022年12月，将原计入待抵扣进项税额的部分转入进项税额，可以抵扣。

借：应交税费——应交增值税(进项税额)	1 200 000
贷：应交税费——待抵扣进项税额	1 200 000

(4) 2021年1月至2022年6月每月计提房屋折旧。

年折旧额=30 000 000÷50=600 000(元)

月折旧额=600 000÷12=50 000(元)

借：其他业务成本	50 000
贷：投资性房地产累计折旧	50 000

(5) 2022年6月30日将该投资性房地产后续计量转换为公允价值模式。

① 注销累计已经计提的累计折旧，2021年折旧金额为600 000元，调整期初盈余公积和未分配利润；2022年折旧金额为300 000元，调整本期其他业务成本。

借：投资性房地产累计折旧	900 000
贷：盈余公积	60 000
利润分配——未分配利润	540 000
其他业务成本	300 000

② 调整2022年年初投资性房地产公允价值变动。公允价值增加1 500 000元，调整期初盈余公积和未分配利润。

公允价值大于账面价值的差额=31 500 000-30 000 000=1 500 000(元)

借：投资性房地产——公允价值变动	1 500 000
贷：盈余公积	150 000
利润分配——未分配利润	1 350 000

③　调整 2022 年 6 月 30 日投资性房地产公允价值变动。公允价值增加 500 000 元，计入当期损益——公允价值变动损益。

公允价值大于账面价值的差额=32 000 000-31 500 000=500 000(元)

借：投资性房地产——公允价值变动 　　　　　　　　　　　　　　　500 000
　　贷：公允价值变动损益 　　　　　　　　　　　　　　　　　　　　　　500 000

(6)　收取 2022 年下半年每月租金。

借：银行存款 　　　　　　　　　　　　　　　　　　　　　　　　　　200 000
　　贷：其他业务收入 　　　　　　　　　　　　　　　　　　　　　　　　200 000

(7)　2022 年 12 月 31 日调整投资性房地产公允价值。

公允价值变动=31 000 000-32 000 000＝-1 000 000(元)

借：公允价值变动损益 　　　　　　　　　　　　　　　　　　　　　1 000 000
　　贷：投资性房地产——公允价值变动 　　　　　　　　　　　　　　　1 000 000

本 章 小 结

本章主要讲述了无形资产和投资性房地产的核算。

无形资产按其反映的经济内容，可以分为专利权、非专利技术、商标权、著作权、土地使用权和特许权等。企业的无形资产可以是外购的，也可以是自行研发的。研究阶段的支出应予以费用化；开发阶段的支出，满足一定条件的，应予以资本化。

投资性房地产主要包括：已出租的建筑物、已出租的土地使用权、持有并准备增值后转让的土地使用权。对投资性房地产的初始计量，应按照取得成本来进行初始计量；后续计量，可以采用成本模式和公允价值模式。计量模式一经确定，不得随意变更。

自 测 题

一、单项选择题

1. 关于企业内部研究开发项目的支出，下列说法中错误的是(　　)。
    A. 企业内部研究开发项目的支出，应当区分研究阶段支出与开发阶段支出
    B. 企业内部研究开发项目研究阶段的支出，应当于发生时计入当期损益
    C. 企业内部研究开发项目开发阶段的支出，应当确认为无形资产
    D. 企业内部研究开发项目开发阶段的支出，可能确认为无形资产，也可能确认为费用

2. 关于无形资产的后续计量，下列说法中正确的是(　　)。
    A. 使用寿命不确定的无形资产应该按照系统合理的方法摊销
    B. 使用寿命不确定的无形资产，其应摊销金额应按 10 年摊销
    C. 企业无形资产摊销方法，应当反映与该项无形资产有关的经济利益的预期实现方式
    D. 无形资产的摊销方法只有直线法一种

3. 企业出售无形资产发生的净损失，应计入(   )。

  A. 营业外支出 B. 其他业务成本 C. 资产处置损益 D. 管理费用

4. 丙公司为上市公司，2019 年 1 月 1 日，丙公司以银行存款 6 000 万元购入一项无形资产。2020 年年末和 2021 年年末，丙公司预计该项无形资产的可收回金额分别为 4 000 万元和 3 556 万元。该项无形资产的预计使用年限为 10 年，按月摊销。丙公司于每年年末对无形资产计提减值准备，计提减值准备后，原预计使用年限不变。假定不考虑其他因素，丙公司该项无形资产于 2022 年应摊销的金额为(   )万元。

  A. 508 B. 500 C. 600 D. 3 000

5. 某企业研制一项新技术，开始并无成功的把握，该企业在研究过程中发生研究费用 70 000 元。研究成功后申请专利权，在申请专利的过程中发生专利登记费 30 000 元，律师费 8 000 元。该项专利权的入账价值为(   )。

  A. 48 000 B. 120 000 C. 108 000 D. 38 000

6. 下列各项资产，不属于投资性房地产的是(   )。

  A. 用于赚取租金的房地产

  B. 用以资本增值的房地产

  C. 赚取租金和资本增值两者兼有而持有的房地产

  D. 用于生产活动的房地产

7. 自用房地产转换为以公允价值模式计量的投资性房地产时，转换日的公允价值大于账面价值的差额(   )。

  A. 借记"其他综合收益"科目 B. 贷记"其他综合收益"科目

  C. 贷记"公允价值变动损益"科目 D. 贷记"营业外支出"科目

8. 关于投资性房地产的后续计量，下列说法中不正确的是(   )。

  A. 已采用公允价值模式计量的不得将其从公允价值模式转为成本模式

  B. 已采用成本模式计量的，可以转为采用公允价值模式计量

  C. 采用公允价值模式计量的，不对其计提折旧或进行摊销

  D. 采用公允价值模式计量的，也可以对其计提折旧或进行摊销

二、简答题

1. 无形资产的主要特征有哪些？

2. 不同来源的无形资产的入账价值应如何确定？

3. 什么是投资性房地产？具体包括哪些项目？

4. 投资性房地产的后续计量模式有哪几种？

三、实务题

1. 某企业 2020 年 1 月 1 日购入一项无形资产，实际成本为 2 400 000 元，该无形资产采用直线法摊销，摊销年限为 10 年。2021 年 12 月 31 日，该无形资产发生减值，预计可收回金额为 1 200 000 元。2022 年 6 月 30 日，将该无形资产出售，收取价款 1 100 000 元(不含税)。适用增值税税率为 6%。

要求：编制相关的会计分录。

2. 甲企业为一般纳税人，2020 年 12 月 31 日购入一栋房产，作为管理用房使用，以银

行存款支付价款 30 000 000 元。该房产采用年限平均法计提折旧，其预计使用年限为 50 年，预计净残值为 0。2022 年 6 月 30 日，企业将房产改用于出租，并以公允价值模式进行后续计量，当日公允价值为 32 000 000 元。2022 年下半年，企业每月收取房产租金 200 000 元，2022 年 12 月 31 日该房产的公允价值为 34 000 000 元。2023 年 1 月 10 日，企业将该房产出售，实际收取价款为 32 400 000 元，将其存入银行。适用增值税税率为 10%。

要求：根据以上资料，编制有关会计分录。

第八章

资 产 减 值

【学习要点及目标】

● 了解资产减值的概念及范围。

● 掌握可收回金额的计量。

● 掌握资产减值损失的确认与计量。

● 掌握资产组的认定及减值处理。

【核心概念】

资产减值 可收回金额 资产减值损失的确认 资产减值损失的计量 资产组的认定

【引导案例】雷沃集团 2022 年年初购入一套车身一体生产线,原始价值为 200 000 元,预计使用年限为 6 年,预计净残值为 8 000 元,采用年限平均法计提折旧。两年后由于新技术的出现,至 2023 年 12 月 31 日,预计可收回金额为 110 000 元,显然发生了资产减值。同时为生产而储备的铝型材的市价大幅下跌,原价 80 000 元的铝型材现在市场价为 72 000 元,账面价值 30 000 元的在产品(半成品)市场价为 24 000 元。

请思考: 1. 雷沃公司 2023 年年底关于该设备的会计处理应当怎样进行?

2. 雷沃公司 2023 年年底关于该铝型材的会计处理应当怎样进行?

第一节　资产减值概述

一、资产减值的含义及范围

资产是企业过去的交易或者事项形成的、由企业拥有或者控制的、预期会给企业带来经济利益的资源。其主要特征之一是它必须能够为企业带来经济利益的流入,如果资产不能够为企业带来经济利益或者带来的经济利益低于其账面价值,那么该资产就不能再予以确认,或者不能再以原账面价值予以确认,否则不符合资产的定义,也无法反映资产的实际价值。因此,当企业资产的可收回金额低于其账面价值时,即表明资产发生了减值,企业应当确认资产减值损失,并把资产的账面价值减记至可收回金额。

一般来说,企业资产在发生减值时,原则上应当对所发生的减值损失及时加以确认和计量,因此资产减值包括所有资产的减值。但是由于有关资产的特性不同,其减值的会计处理也有所差别,因而所适用的具体准则也不尽相同。本章所涉及的内容为《企业会计准则第 8 号——资产减值》所规定的内容,该准则主要规范了企业非流动资产的减值会计问题,具体包括以下资产的减值:①对子公司、联营企业和合营企业的长期股权投资;②采用成本模式进行后续计量的投资性房地产;③固定资产;④生产性生物资产;⑤无形资产;⑥商誉;⑦探明石油天然气矿区权益和井及相关设施等,如图 8-1 所示。

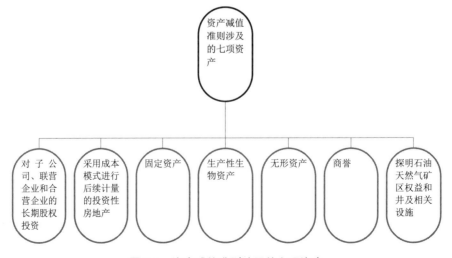

图 8-1　资产减值准则涉及的七项资产

而流动资产的减值如存货、消耗性生物资产的减值分别适用《企业会计准则第 1 号——存货》和《企业会计准则第 5 号——生物资产》；建造合同形成的资产、递延所得税资产、融资租赁中出租人未担保余值等资产的减值，分别适用《企业会计准则第 15 号——建造合同》《企业会计准则第 18 号——所得税》《企业会计准则第 21 号——租赁》；采用公允价值后续计量的投资性房地产和金融资产的减值，分别适用《企业会计准则第 3 号——投资性房地产》和《企业会计准则第 22 号——金融工具确认和计量》，这些资产的减值由相关准则处理，本章不涉及这些内容。

二、资产减值会计的经济实质

根据会计信息的相关性和可靠性的要求，当资产发生减值时，财务会计应该正确反映该资产的减值。资产减值会计试图部分地使用价值计量来弥补成本计量的不足，将资产账面金额大于实际价值部分确认为减值损失或费用。其目的是通过反映客观存在的资产价值的减少，全面、公允地反映企业资产的现时价值状况，披露潜在的风险，为会计信息使用者作出正确决策提供相关信息，其核算对象是资产负债表上的特定资产，其实质是对减值后的现行价值进行重新计量。当企业的账面成本高于该资产预期的未来经济利益时，记录一笔资产减值损失。

三、资产减值的迹象与测试

(一)资产减值确认

企业在资产负债表日应当判断资产是否存在可能发生减值的迹象，主要可从外部信息来源和内部信息来源两方面加以判断。

1. 从外部信息来源方面看

如果出现了资产的市价在当期大幅度下跌，其跌幅明显高于因时间的推移或者正常使用而预计的下跌；企业经营所处的经济、技术或者法律环境以及资产所处的市场在当期或者将在近期发生重大变化，从而对企业产生不利影响；市场利率或者其他市场投资报酬率在当期已经提高，从而影响企业计算资产预计未来现金流量的折现率，导致资产可收回金额大幅度降低；当企业所有者权益的账面价值远高于市值等，均属于资产可能发生减值的迹象，企业需要据此估计资产的可收回金额，决定是否确认为减值损失。

2. 从内部信息来源方面看

如果有证据表明资产已经陈旧过时或者其实体已经损坏；资产已经或者将被闲置、终止使用或者计划提前处置；企业内部报告的证据表明资产的经济效益已经远低于或者将低于预期，如资产所创造的净现金流量或者实现的营业利润远远低于原来的预算或者预计金额等，均属于资产可能发生减值的迹象。

特别指出，上述列举的资产减值迹象并不能穷尽所有的减值情形，企业应当根据实际情况来认定资产可能发生的减值。

(二)资产减值测试

如果有确凿证据表明资产存在减值迹象的,应当进行减值测试,估计资产的可收回金额。但本章涉及的因企业合并形成的商誉和使用寿命不确定的无形资产不论是否存在减值迹象,都应当至少于每年年度终了时进行减值测试。其原因是企业合并所形成的商誉和使用寿命不确定的无形资产在后续计量中不再进行摊销,这些资产的价值和产生的未来经济利益有较大的不确定性,为了避免资产价值高估,如实反映企业财务状况和经营成果,对于这些资产,企业至少应当于每年年度终了时进行减值测试。另外,对于尚未达到可使用状态的无形资产,由于其价值具有较大的不确定性,也应当每年进行减值测试。

需要指出的是,企业在判断资产减值迹象以决定是否需要估计资产可收回金额时,还应当遵循重要性原则。根据重要性原则,企业资产存在下列情况的,可以不估计其可收回金额。

(1) 以前报告期间的计算结果表明,资产可收回金额远高于其账面价值之后又没有发生消除这一差异的交易或者事项的,企业在资产负债表日不需重新估计该资产的可收回金额。

(2) 以前报告期间的计算与分析表明,资产可收回金额对于资产减值准则中所列示的一种或者多种减值迹象反应不敏感,在本报告期间又发生了这些减值迹象的,在资产负债表日企业可以不需因为上述减值迹象的出现而重新估计该资产的可收回金额。

第二节　资产可收回金额的计量

一、估计资产可收回金额的基本方法

企业资产存在减值迹象的,应当估计其可收回金额,然后将所估计的资产可收回金额与其账面价值相比较,以确定资产是否发生了减值并作相应的会计处理。在估计资产可收回金额时,原则上应当以单项资产为基础,实务中如果企业难以对单项资产的可收回金额进行估计的,应当以该资产所属的资产组为基础确定资产组的可收回额。本章中的资产除特别指明外,既包括单项资产,也包括资产组。有关资产组的认定将在本章第四节阐述。

资产可收回金额的估计,应当根据其公允价值减去处置费用后的净额与资产预计未来现金流量的现值两者之中的较高者确定。因此,要估计资产的可收回金额,通常需要同时估计该资产的公允价值减去处置费用后的净额和资产预计未来现金流量的现值。

但是在下列情况下,可以有例外或作特殊考虑。

(1) 资产的公允价值减去处置费用后的净额与资产预计未来现金流量的现值只要有一项超过了资产的账面价值,就表明资产没有发生减值,不需再估计另一项金额。

(2) 没有确凿证据或理由表明,资产预计未来现金流量现值显著高于其公允价值减去处置费用后的净额的,可以将资产的公允价值减去处置费用后的净额视为资产的可收回金额。

对于企业持有待售的资产往往属于这种情况,即该资产在持有期间(处置之前)所产生的现金流量可能很少,其最终取得的未来现金流量往往就是资产的处置净收入,因此在这种

情况下，以资产公允价值减去处置费用后的净额作为其可收回金额是适宜的，因为资产的未来现金流量现值不会显著高于其公允价值减去处置费用后的净额。

(3) 资产的公允价值减去处置费用后的净额如果无法可靠估计，应当以该资产预计未来现金流量的现值作为其可收回金额。

二、资产的公允价值减去处置费用后的净额的估计

资产的公允价值减去处置费用后的净额，通常反映的是资产如果被出售或处置时可以收回的净现金收入。其中，资产的公允价值是指在公平交易中，熟悉情况的交易双方自愿进行资产交换的金额；处置费用是指可以直接归属于资产处置的增量成本，包括与资产处置有关的法律费用、相关税费、搬运费以及为使资产达到可销售状态所发生的直接费用等，但是财务费用和所得税费用等不包括在内。

企业在估计资产的公允价值减去处置费用后的净额时，应按如图 8-2 所示的顺序进行。

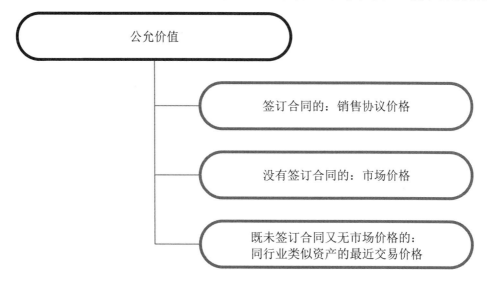

图 8-2　公允价值判断顺序图

(1) 企业应当根据公平交易中资产的销售协议价格减去可直接归属于该资产处置费用的金额，确定资产的公允价值减去处置费用后的净额。这是确定估计资产的公允价值减去处置费用后的净额的最佳方法，企业应当优先采用这一方法。但是在实务中，企业的资产往往都是内部持续使用的，取得资产的销售协议价格并不容易，因此，需要采用其他方法估计资产的公允价值减去处置费用后的净额。

【例 8-1】甲公司的某项资产在公平交易中的销售价格为 900 万元，可直接归属于该资产的处置费用为 30 万元。则公司应该确认的资产的公允价值减去处置费用后的净额为 870 万元(900 万元-30 万元)。

(2) 在资产不存在销售协议但存在活跃市场的情况下，应当根据该资产的市场价格减去处置费用后的金额确定。资产的市场价格通常应当按照资产的买方出价确定。但是如果难以获得资产在估计日的买方出价的，企业可以以资产最近的交易价格作为其公允价值减去处置费用后的净额的估计基础，其前提是资产的交易日和估计日之间有关经济、市场环

境等没有发生重大变化。

【例 8-2】 乙公司的某项资产不存在销售协议但存在活跃市场，市场价格为 1 600 万元，估计的处置费用为 100 万元。乙公司应确定该项资产的公允价值减去处置费用后的净额为 1 500 万元(1 600 万元-100 万元)。

(3) 在既不存在资产销售协议又不存在资产活跃市场的情况下，企业应当以可获取的最佳信息为基础，如果在资产负债表日处置资产，根据熟悉情况的交易双方自愿进行公平交易愿意提供的交易价格减去资产处置费用后的金额，估计资产的公允价值减去处置费用后的净额。在实务中，该金额可以参考同行业类似资产的最近交易价格或结果进行估计。

【例 8-3】 丙公司的某项资产不存在销售协议，也不存在活跃市场。该公司参考同行业类似资产的最近交易价格估计该资产的公允价值为 330 万元，可直接归属于该资产的处置费用为 10 万元。该公司应该确定的资产的公允价值减去处置费用后的净额为 320 万元(330 万元-10 万元)。

如果企业按照上述要求仍然无法可靠地估计资产的公允价值减去处置费用后的净额的，应当以该资产预计未来现金流量的现值作为其可收回金额。

三、资产预计未来现金流量的现值的估计

资产预计未来现金流量的现值，应当按照资产在持续使用过程中和最终处置时所产生的预计未来现金流量，选择恰当的折现率对其进行折现后的金额加以确定。因此，预计资产未来现金流量的现值，主要应当综合考虑以下因素：①资产的预计未来现金流量；②资产的使用寿命；③折现率。其中，资产使用寿命的预计方法与《企业会计准则第 4 号——固定资产》和《企业会计准则第 6 号——无形资产》等规定的使用寿命的预计方法相同。以下重点阐述资产未来现金流量和折现率的预计方法。

(一)资产未来现金流量的预计

1. 预计资产未来现金流量的基础

估计资产未来现金流量的现值需要首先预计资产的未来现金流量，因此企业管理层应当在合理和有依据的基础上对资产剩余使用寿命内整个经济状况进行最佳估计，并将资产未来现金流量的预计建立在经企业管理层批准的最近财务预算或者预测数据之上。出于数据可靠性和便于操作等方面的考虑，建立在该预算或预测基础上的预计现金流量最多涵盖 5 年，企业管理层如能证明更长的期间是合理的，则可以涵盖更长的期间。

如根据过去的经验和实践，企业有能力而且能够对超过 5 年的期间作出较为准确的预测，且企业管理层能证明递增的增长率是合理的，可以以递增的增长率为基础进行估计。但所使用的增长率除了企业能够证明更高的增长率是合理的之外，不应当超过企业经营的产品、市场、所处的行业或者所在国家或地区的长期平均增长率，或者该资产所处市场的长期平均增长率。在恰当、合理的情况下，该增长率可以是零或负数。

2. 资产预计未来现金流量应当包括的内容

资产预计未来现金流量应当包括的内容如下。

(1) 资产持续使用过程中预计产生的现金流入。

(2) 为实现资产持续使用过程中产生的现金流入所必需的预计现金流出(包括为使资产达到预定可使用状态所发生的现金流出)。该现金流出应当是可直接归属于或者可通过合理和一致的基础分配到资产中的现金流出，后者通常是指那些与资产直接相关的间接费用。

对于在建工程、开发过程中的无形资产等，企业在预计其未来现金流量时，就应当包括预期为使该类资产达到预定可使用(或者可销售)状态而发生的全部现金流出数。

(3) 资产使用寿命结束时，处置资产所收到或者支付的净现金流量。该现金流量应当是在公平交易中，熟悉情况的交易双方自愿进行交易时，企业预期可从资产的处置中获取或者支付的减去预计处置费用后的金额。

3．预计资产未来现金流量应当考虑的因素

企业预计资产未来现金流量时，应当综合考虑下列因素。

(1) 以资产的当前状况为基础预计资产的未来现金流量。企业资产在使用过程中有时会因为修理、改良、重组等原因而发生变化，应当以资产的当前状况为基础，不应当包括将来可能会发生的、尚未作出承诺的重组事项或者与资产改良有关的预计未来现金流量。

(2) 预计资产未来现金流量不应当包括筹资活动和所得税收付产生的现金流量。其原因如下：一是所筹集资金的货币时间价值已经通过折现因素予以考虑；二是折现率要求是以税前基础计算确定的，因此现金流量的预计也必须建立在税前基础之上。

(3) 对通货膨胀因素的考虑应当和折现率相一致。企业在预计资产未来现金流量和折现率时，考虑因一般通货膨胀而导致物价上涨的因素，应当采用一致的基础。

(4) 内部转移价格应当予以调整。在一些企业集团里，出于集团整体战略发展的考虑，某些资产生产的产品或其他产出可能是供其集团内部其他企业使用或者对外销售的，所确定的交易价格或者结算价格基于内部转移价格，而内部转移价格很可能与市场交易价格不同，这时就应当采用在公平交易中企业管理层能够达成的最佳的未来价格估计数进行预计。

4．预计资产未来现金流量的方法

预计资产未来现金流量，通常应当根据资产未来每期最有可能产生的现金流量进行预测，这种方法通常叫作传统法。它使用单一的未来每期预计现金流量和单一的折现率计算资产未来现金流量的现值。

【阅读资料 8-1】

长期资产的减值是会计学中颇有争议的问题。正如文中的预计可收回金额是资产未来现金流量的现值与公允价值减去处置费用后的净额相比二者之中的高者。这二者的计算不可避免地具有主观的成分，由于长期资产通常不具有同质性，其新旧程度、技术参数包括色彩等细微的差别均会影响资产的公允价值，同时处置费用也是估计的，所以净额的主观性显而易见。未来现金流量的现值的计算必须知道未来的现金流量、时间以及折现率，这些参数需要借助于管理层的准确估计，其主观性也很强。就原理来讲，资产减值会计是缺乏原始凭证支持的会计行为，过分强调了相关性，近年来已经出现对其质疑的讨论。

【例8-4】 假定某企业拥有的固定资产的剩余使用年限为3年。企业预计未来3年内，该资产每年可为企业产生的净现金流量分别为：第1年280万元；第2年250万元；第3年200万元。该现金流量通常即为最有可能产生的现金流量。企业应以该现金流量的预计数为基础计算该资产未来现金流量的现值。

但在实务中，有时影响资产未来现金流量的因素较多，情况较复杂，带有较多的不确定性，因此使用单一的现金流量可能不能如实地反映资产创造现金流量的实际情况。这样，企业应当采用期望现金法预计资产未来现金流量。

【例8-5】 某企业拥有A项固定资产，该固定资产的剩余使用年限为3年，假定该项固定资产生产的产品受市场行情波动影响大，企业预计未来3年每年的现金流量情况如表8-1所示。

表8-1 企业预计未来3年每年的现金流量情况

单位：万元

项 目	产品行情好(30%的概率)	产品行情一般(50%的概率)	产品行情差(20%的概率)
第1年	200	150	100
第2年	180	120	60
第3年	150	80	30

根据表8-1提供的情况，企业计算资产每年的预计未来现金流量如下。

第1年的预计现金流量(期望现金流量)= 200×30% +150×50%+100×20%=155(万元)

第2年的预计现金流量(期望现金流量)=180×30%+120×50%+60×20%=126(万元)

第3年的预计现金流量(期望现金流量)=150×30%+80×50%+30×20%=91(万元)

(二)折现率的预计

企业在确定折现率时，应当首先以该资产的市场利率为依据。如果该资产的利率无法从市场上获得，可以使用替代利率估计。在估计替代利率时，企业应当充分考虑资产剩余寿命期间的货币时间价值和其他相关因素，如果资产预计未来现金流量已经对这些因素作了有关调整，应当予以剔除。

企业在估计资产未来现金流量现值时，通常应当使用单一的折现率。但是如果有证据表明资产未来现金流量的现值对未来不同期间的风险差异或利率的期间结构反应敏感，企业应当在未来各不同期间采用不同的折现率。

(三)资产未来现金流量现值的预计

在预计资产未来现金流量和折现率的基础上，将该资产的预计未来现金流量按照预计的折现率在预计期限内加以折现，即可确定资产未来现金流量的现值。其计算公式如下。

$$资产未来现金流量的现值(PV) = \frac{\sum 第t年预计资产未来现金流量(NCF_t)}{(1+折现率(R))^t}$$

第三节　资产减值损失的确认与计量

一、资产减值损失确认与计量的一般原则

企业对资产进行减值测试并计算了资产可收回金额后，如果资产的可收回金额低于其账面价值，应当将资产的账面价值减记至可收回金额，减记的金额确认为资产减值损失，计入当期损益，同时计提相应的资产减值准备。

资产减值损失确认后，减值资产的折旧或者摊销费用应当在未来期间作相应调整，以使该资产在剩余使用寿命内，系统地分摊调整后的资产账面价值(扣除预计净残值)。

资产减值准则规定，资产减值损失一经确认，在以后的会计期间不得转回。以前期间计提的资产减值准备，在资产处置、出售、对外投资、以非货币性资产交换方式换出、在债务重组中抵偿债务等，才可予以转出。

二、资产减值损失的会计处理

为了正确核算企业确认的资产减值损失和计提的资产减值准备，企业应当设置"资产减值损失"科目，并按照资产类别进行明细核算，反映各类资产在当期确认的资产减值损失金额；同时，应当根据不同的资产类别，分别设置"固定资产减值准备""在建工程减值准备""投资性房地产减值准备""无形资产减值准备""商誉减值准备""长期股权投资减值准备""生产性生物资产减值准备"等科目。

当企业确定资产发生了减值时，应当根据所确认的资产减值金额，借记"资产减值损失"科目，贷记"固定资产减值准备""在建工程减值准备""投资性房地产减值准备""无形资产减值准备""商誉减值准备""长期股权投资减值准备""生产性生物资产减值准备"等相关科目。在期末，企业应当将"资产减值损失"科目的余额转入"本年利润"科目，结转后该科目没有余额。各资产减值准备科目累积每期计提的资产减值准备直至相关资产被处置时才予以转出。

需要说明的是，资产组、总部资产和商誉的减值确认、计量和账务处理有一定的特殊性，有关特殊处理将在本章第四节进行具体说明。

【例8-6】 2022 年 12 月 31 日，临港挖掘机公司对购入的 10 台挖掘机进行检查发现其可能发生减值。该型号的挖掘机账面价值为 2 600 000 元，销售净价为 2 400 000 元；尚可使用 4 年，预计其在未来 4 年内产生的现金流量如表 8-2 所示。

该挖掘机资产减值损失的确定方法如下。

第一步，计算确定挖掘机可收回金额。

从表 8-2 可见，企业预期从该挖掘机的持续使用和使用寿命结束时的处置中形成的现金流量为 2 430 000 元，大于其销售净价 2 400 000 元，所以其可收回金额为 2 430 000 元。

第二步，比较固定资产账面价值与可收回金额。

临港公司挖掘机的账面价值为 2 600 000 元，可收回金额为 2 430 000 元，其账面价值

与其可收回金额的差额为 2 600 000-2 430 000 =170 000 (元)，即挖掘机的减值损失。

表8-2　预计未来 4 年内产生的现金流量

年度	预计未来现金流量/元	折现率/%	现值系数(P/A,5%,n)	现　值
2023	900 000	5	0.952	856 800
2024	800 000	5	0.907	725 600
2025	600 000	5	0.864	518 400
2026	400 000	5	0.823	329 200
合计				2 430 000

第三步，进行账务处理。

该类挖掘机资产减值损失的会计处理如下。

借：资产减值损失——计提的固定资产减值准备　　　　　　　　17 000

　　贷：固定资产减值准备　　　　　　　　　　　　　　　　　　17 000

第四节　资产组的认定及减值处理

一、资产组的认定

根据《企业会计准则第 8 号——资产减值》第 18 条的规定，如果有迹象表明一项资产可能发生减值的，企业应当以单项资产为基础估计其可收回金额。企业难以对单项资产可收回金额进行估计的，应当以该资产所属的资产组为基础确定资产的可收回金额。因此，资产组的认定非常有必要。

(一)资产组的定义

资产组是企业可以认定的最小资产组合，其产生的现金流入应当基本上独立于其他资产或资产组。资产组应当由创造现金流入相关的资产组成。

(二)认定资产组应当考虑的因素

准则规定，认定资产组应考虑以下两个方面的因素。

(1) 资产组的认定应当以资产组产生的主要现金流入是否独立于其他资产或资产组的现金流入为依据。因此，资产组能否独立产生现金流入是认定资产组的最关键因素。例如，企业的某一生产线、营业网点、业务部门等，如果能够独立于其他部门或单位等创造收入、产生现金流，或者其创造的收入和现金流入绝大部分独立于其他部门或单位，并且属于可认定的最小的资产组合的，通常应将该生产线、营业网点、业务部门等认定为一个资产组。

【例8-7】 某矿业公司拥有一个煤矿，与煤矿的生产和运输相配套建有一条专用铁路。该铁路除非报废出售，否则其在持续使用中，难以脱离煤矿相关的其他资产而产生单独的现金流入，因此企业对专用铁路价值的估计必须和煤矿其他资产结合在一起，成为一个资产组来估计该资产组的可收回金额。

(2) 资产组的认定应当考虑企业管理层对生产经营活动的管理或监控方式(如是按照生产线、业务种类还是按照地区或区域等)和对资产的持续使用或处置的决策方式等。例如，企业各生产线都是独立生产、管理和监控的，那么各生产线很可能应当认定为单独的资产组；如果某些机器设备是相互关联、互相依存的，其使用和处置是一体化决策的，那么这些机器设备应当认定为一个资产组。

(3) 资产组一经确定，各个会计期间应当保持一致，不得随意变更。如果由于企业重组、变更资产用途等原因，导致资产组构成确需变更的，企业可以进行变更，但企业管理层应当证明该变更是合理的，并在附注中作相应说明。

二、资产组减值测试

资产组减值测试的原理和单项资产减值测试的原理是一致的，即企业需要预计资产组的可收回金额和计算资产组的账面价值，并将两者进行比较，如果资产组的可收回金额低于其账面价值，则表明资产组发生了减值损失，应当予以确认。

(一)资产组账面价值和可收回金额的确定基础

《企业会计准则第 8 号——资产减值》第 19 条对资产组账面价值和可收回金额作了以下相关规定。

(1) 资产组账面价值的确定基础应当与其可收回金额的确定方式相一致。

(2) 资产组的账面价值包括可直接归属于资产组与可以合理和一致地分摊至资产组的资产账面价值，通常不应当包括已确认负债的账面价值，但如不考虑该负债金额就无法确定资产组可收回金额的除外。

(3) 资产组的可收回金额应当按照该资产组的公允价值减去处置费用后的净额与其预计未来现金流量的现值两者之中的较高者确定。

(4) 资产组在处置时如要求购买者承担一项负债(如环境恢复负债等)，该负债金额已经确认并计入相关资产账面价值，而且企业只能取得包括上述资产和负债在内的单一公允价值减去处置费用后的净额的，为了比较资产组的账面价值和可收回金额，在确定资产组的账面价值及其预计未来现金流量的现值时，应当将已确认的负债金额从中扣除。

【例 8-8】 甲公司在某山区经营一座有色金属矿山，根据规定，公司在矿山完成开采后应当将该地区恢复原貌。恢复费用主要为山体表层复原费用(如恢复植被等)，因为山体表层必须在矿山开发前被挖走。因此，企业在山体表层被挖走后确认了一项预计负债，并计入矿山成本，假定其金额为 300 万元。

2022 年 12 月 31 日，随着开采工作的进行，公司发现矿山中的有色金属储量远低于预期，因此公司对该矿山进行减值测试。考虑到矿山的现金流量状况，整座矿山被认定为一个资产组。该资产组在 2022 年年末的账面价值为 1 000 万元(包括确认的恢复山体原貌的预计负债)。

矿山(资产组)如于 2022 年 12 月 31 日对外出售，买方愿意出价 850 万元(包括恢复山体原貌成本，即已经扣减这一成本因素)，预计处置费用为 40 万元，因此该矿山的公允价值减去处置费用后的净额为 810 万元。

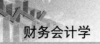

矿山的预计未来现金流量的现值为 1 100 万元，不包括恢复费用。

在本例中，资产组的公允价值减去处置费用后的净额为 810 万元，该金额已经考虑了恢复费用。该资产组预计未来现金流量的现值在考虑了恢复费用后为 800 万元(1 100 万元-300 万元)。按规定取其高者，因此，该资产组的可收回金额为 810 万元。资产组的账面价值在扣除了已确认的恢复原貌预计负债后的金额为 700 万元(1 000 万元-300 万元)。这样，资产组的可收回金额大于其账面价值，所以资产组没有发生减值，不必确认为减值损失。

如果该矿山只卖出了 650 万元，其公允价值减去处置费用后的净额为 610 万元，且矿山的未来现金流量的现值为 900 万元，则资产组的可收回金额为 610 万元，小于其账面价值 700 万元，资产组发生了减值，应确认减值损失。

(二)资产组减值的会计处理

根据减值测试的结果，资产组(包括资产组组合，在后述有关总部资产或者商誉的减值测试时涉及)的可收回金额如低于其账面价值，应当确认相应的减值损失。减值损失金额应当按照以下顺序进行分摊：首先，抵减分摊至资产组中商誉的账面价值；其次，根据资产组中除商誉之外的其他各项资产的账面价值所占比重，按比例抵减其他各项资产的账面价值。以上资产账面价值的抵减，应当作为各单项资产(包括商誉)的减值损失处理，计入当期损益。抵减后的各资产的账面价值不得低于以下三者之中最高者：该资产的公允价值减去处置费用后的净额(如可确定的)、该资产预计未来现金流量的现值(如可确定的)和零。

若有因此而导致的未能分摊的减值损失金额，应当按照相关资产组中其他各项资产的账面价值所占比重进行分摊。

【例 8-9】 东方公司有一条光学器材生产线，该生产线由 A、B、C 三部机器构成，成本分别为 800 000 元、1 200 000 元、2 000 000 元。它们的使用年限均为 10 年，净残值均为零，以年限平均法计提折旧。各机器均无法单独产生现金流量，但整条生产线构成了完整的产销单位，属于一个资产组。2022 年，该生产线所生产的光学产品有替代产品上市，到当年年底，导致甲公司光学产品的销路锐减 45%，因此对其生产线进行减值测试。

2022 年 12 月 31 日，A、B、C 三部机器的账面价值分别为 400 000 元、600 000 元、1 000 000 元。估计 A 机器的公允价值减去处置费用后的净额为 300 000 元，B 机器、C 机器都无法合理地估计其公允价值减去处置费用后的净额，以该生产线预计未来现金流量的现值为其可收回金额。

整条生产线预计尚可使用 5 年。经估计其未来 5 年的现金流量及其恰当的折现率后，得到该生产线预计未来现金流量的现值为 1 200 000 元。由于公司无法合理估计生产线的公允价值减去处置费用后的净额，公司以该生产线预计未来现金流量的现值作为其可收回金额。

鉴于在 2022 年 12 月 31 日该生产线的账面价值为 2 000 000 元，而其可收回金额为 1 200 000 元，生产线的账面价值高于其可收回金额，该生产线已经发生了减值，因此公司应当确认减值损失 800 000 元，并将该减值损失分摊到构成生产线的三部机器中。由于 A 机器的公允价值减去处置费用后的净额为 300 000 元，因此 A 机器分摊减值损失后的账面价值不应低于 300 000 元。具体分摊过程如表 8-3 所示。

表 8-3　资产组减值损失分摊表

项　目	机器 A	机器 B	机器 C	整个生产线(资产组)
账面价值/元	400 000	600 000	1 000 000	2 000 000
可收回金额/元				1 200 000
减值损失/元				800 000
减值损失分摊比例/%	20	30	50	
分摊减值损失/元	100 000	240 000	400 000	740 000
分摊后账面价值/元	300 000	360 000	600 000	
尚未分摊的减值损失/元				60 000
二次分摊比例/%		37.50	62.50	
二次分摊减值损失/元		22 500	37 500	60 000
二次分摊后确认减值损失总额/元		262 500	437 500	
二次分摊后账面价值/元	300 000	337 500	562 500	1 200 000

按照分摊比例，机器 A 应当分摊减值损失 160 000 元(800 000 元×20%)，但由于机器 A 的公允价值减去处置费用后的净额为 300 000 元，因此机器 A 最多只能确认减值损失 100 000 元(400 000 元–300 000 元)，未能分摊的减值损失 60 000 元(160 000 元–100 000 元)应当在机器 B 和机器 C 之间进行再分摊。

根据上述计算和分摊结果，构成该生产线的机器 A、机器 B 和机器 C 应当分别确认减值损失为 100 000 元、262 500 元和 437 500 元，其会计处理如下。

借：资产减值损失——机器 A　　　　　　　　　　　　　　　　100 000

　　　　　　　　——机器 B　　　　　　　　　　　　　　　　262 500

　　　　　　　　——机器 C　　　　　　　　　　　　　　　　437 500

　　贷：固定资产减值准备——机器 A　　　　　　　　　　　　100 000

　　　　　　　　　　　　——机器 B　　　　　　　　　　　　262 500

　　　　　　　　　　　　——机器 C　　　　　　　　　　　　437 500

三、总部资产的减值测试

根据《企业会计准则第 8 号——资产减值》第 20 条、第 21 条的规定，企业总部资产包括企业集团或其他事业部的办公楼、电子数据处理设备等资产。总部资产的显著特征是难以脱离其他资产或者资产组产生独立的现金流入，而且其账面价值难以完全归属于某一资产组。总部资产通常难以单独进行减值测试，需要结合其他相关资产组或资产组组合进行。

在资产负债表日，如果有迹象表明某项总部资产可能发生减值的，企业应当计算确定该总部资产所归属的资产组或者资产组组合的可收回金额，然后将其与相应的账面价值进行比较，据以判断是否需要确认减值损失。

因此，企业对某一资产进行减值测试，应当先认定所有与该资产组相关的总部资产，再根据相关总部资产能否按照合理和一致的基础分摊至该资产组，并分别按下列情况处理。

(1) 对于相关总部资产能够按照合理和一致的基础分摊至该资产组的部分，应当将该部分总部资产的账面价值分摊至该资产组，再据以比较该资产组的账面价值(包括已分摊的总部资产的账面价值部分)和可收回金额，并按照前述有关资产组减值测试的顺序和方法处理。

(2) 对于相关总部资产中有部分资产难以按照合理和一致的基础分摊至该资产组的，应当按照下列步骤处理。首先，在不考虑相关总部资产的情况下，估计和比较资产组的账面价值和可收回金额，并按照前述有关资产组减值测试的顺序和方法处理。其次，认定由若干个资产组组成的最小的资产组组合，该资产组组合应当包括所测试的资产组与可以按照合理和一致的基础将该部分总部资产的账面价值分摊其上的部分。最后，比较所认定的资产组组合的账面价值(包括已分摊的总部资产的账面价值部分)和可收回金额，并按照前述有关资产组减值测试的顺序和方法进行处理。

【例 8-10】 胜利钢铁集团公司实行事业部制管理，有 A、B、C 三个事业部，分别生产不同的产品，每一事业部为一个资产组。胜利公司有关总部资产以及 A、B、C 三个事业部的资料如下。

(1) 胜利公司的总部资产至 2022 年年末，账面价值为 1 200 万元，预计剩余使用年限为 15 年。总部资产用于 A、B、C 三个事业部的行政管理，由于技术已经落后，其存在减值迹象。

(2) A 资产组为一生产线，该生产线由 X、Y、Z 三部机器组成。至 2022 年年末，X、Y、Z 机器的账面价值分别为 300 万元、300 万元、400 万元，预计剩余使用年限均为 5 年。其因产品技术落后出现减值迹象。

经对 A 资产组(包括分配的总部资产，下同)未来 5 年的现金流量进行预测并按适当的折现率折现后，胜利公司预计 A 资产组未来现金流量现值为 840 万元。无法合理预计 A 资产组公允价值减去处置费用后的净额，因 X、Y、Z 机器均无法单独产生现金流量，因此也无法预计 X、Y、Z 机器各自的未来现金流量现值。胜利公司估计 X 机器公允价值减去处置费用后的净额为 260 万元，但无法估计 Y、Z 机器公允价值减去处置费用后的净额。

(3) B 资产组为一条生产线，至 2022 年年末，该生产线的账面价值为 1 500 万元，预计剩余使用年限为 10 年。B 资产组未出现减值迹象。

经对 B 资产组(包括分配的总部资产，下同)未来 10 年的现金流量进行预测并按适当的折现率折现后，胜利公司预计 B 资产组未来现金流量现值为 2 400 万元。胜利公司无法合理地预计 B 资产组公允价值减去处置费用后的净额。

(4) C 资产组为一条生产线，至 2022 年年末，该生产线的账面价值为 2 000 万元，预计剩余使用年限为 8 年。C 资产组出现减值迹象。

经对 C 资产组(包括分配的总部资产，下同)未来 8 年的现金流量进行预测并按适当的折现率折现后，胜利公司预计 C 资产组未来现金流量现值为 2 200 万元。胜利公司无法合理预计 C 资产组公允价值减去处置费用后的净额。

根据上述相关资料，胜利公司的相关会计处理如下。

2022 年年末资产减值的计算过程如下。

(1) 分摊总部资产的账面价值。

由于各个资产组的使用寿命不相同，所以需要考虑时间的权重，各资产组的使用寿命分别为 5 年、10 年、8 年。

A 资产组分摊的总部资产账面价值=1 200×[1 000×5÷ (1 000×5 + 1 500×10 + 2 000×8)]

≈166.67(万元)

B 资产组分摊的总部资产账面价值=1 200×[1 500×10÷(1 000×5+ 1 500×10+2 000×8)]= 500(万元)

C 资产组分摊的总部资产账面价值=1 200×[2 000×8 ÷(1 000×5 +1 500×10 + 2 000×8)] ≈533.33(万元)

(2) 计算 A 资产组的减值准备。

A 资产组(包括分配的总部资产)应计提的减值准备=1 000+166.67-840=326.67(万元)

A 资产组(不包括总部资产)应计提的减值准备=326.67×[1 000÷(1 000 +166.67)] ≈ 280(万元)

总部资产应计提的减值准备=326.67×[166.67÷(1 000 + 166.67)]=46.67(万元)

(3) 分摊 A 资产组各资产的减值准备。

A 资产组应计提的减值准备为 280 万元。

如 X 机器按 280×[300÷(300 + 300 + 400)]计提减值准备，则减值准备为 84 万元，在此情况下 X 机器新的账面价值为 216 万元，小于其公允价值减去处置费用后的净额 260 万元。因此，X 机器应计提的减值准备=300-260 = 40 (万元)。

Y 机器应计提的减值准备=(280-40)×[300÷(300+400)] ≈ 102.86(万元)

Z 机器应计提的减值准备=(280-40)×[400÷ (300+400)] ≈ 137.14(万元)

借：资产减值损失 2 800 000

　　贷：固定资产减值准备——X 机器 400 000

　　　　　　　　　　　　——Y 机器 1 028 600

　　　　　　　　　　　　——Z 机器 1 371 400

(4) 计算 B 资产组的减值准备。

B 资产组(包括分配的总部资产)的账面价值为 2 000 万元(1 500 万元+ 500 万元)，小于其可收回金额 2 400 万元，无须计提资产减值准备。

(5) 计算 C 资产组的减值准备。

C 资产组(包括分配的总部资产)应计提的减值准备=2 000+533.33-2 200 =333.33(万元)

C 资产组(不包括总部资产)应计提的减值准备=333.33×[2 000÷(2 000+533.33)] ≈ 263.16(万元)

总部资产应计提的减值准备=333.33×[533.33÷(2 000+533.33)] ≈ 70.17(万元)

借：资产减值损失 2 631 600

　　贷：固定资产减值准备 2 631 600

(6) 计算总部资产应计提的减值准备，并编制会计分录。

总部资产共应计提的减值准备=46.67+70.17 = 116.84 (万元)

借：资产减值损失 1 168 400

　　贷：固定资产减值准备 1 168 400

本 章 小 结

本章主要介绍了资产减值的概念及范围、资产减值的经济实质、资产减值的确认条件、资产减值可收回金额按公允价值还是按未来现金流量现值确认、资产减值损失的确认与计

量，以及资产组的认定及其减值的会计处理等内容。

自 测 题

一、简答题

1. 资产减值会发生在哪些业务或哪些会计要素中？其理论依据是什么？
2. 资产减值损失的金额如何确定？会计上又如何确认？
3. 资产减值损失会如何影响利润？

二、案例题

1. 2018 年 11 月 1 日，腾达公司以 360 万元的价格购入一项自用的无形资产，该无形资产与特定的产品生产有关。其预计使用寿命为 10 年，预计净残值为零。腾达公司按月进行无形资产摊销，2020 年年末该公司判断无形资产发生减值。经减值测试，该无形资产的可收回金额为 162 万元，预计尚可使用 5 年。2021 年 12 月 31 日，该公司将无形资产出售，取得价款 100 万元。假设不考虑税金的影响。

要求：

(1) 计算 2020 年末腾达公司为该无形资产计提的减值准备金额。
(2) 作出 2020 年年末无形资产摊销和计提无形资产减值准备的账务处理。
(3) 作出 2021 年每月进行无形资产摊销的账务处理。
(4) 作出出售无形资产时的账务处理。

2. 某企业于 2019 年 9 月 5 日对一生产线进行改扩建，改扩建前该固定资产的原价为 2000 万元，已提折旧 400 万元，已提减值准备 200 万元。在改扩建过程中领用工程物资 300 万元，领用生产用原材料 100 万元，原材料的进项税额为 13 万元。发生改扩建人员工资 150 万元，用银行存款支付其他费用 33 万元。该固定资产于 2019 年 12 月 20 日达到预定可使用状态。该企业对改扩建后的固定资产采用年限平均法计提折旧，预计尚可使用年限为 10 年，预计净残值为 100 万元。2020 年 12 月 31 日，该固定资产的公允价值减去处置后的净额为 1 602 万元，预计未来现金流量现值为 1 693 万元。2021 年 12 月 31 日，该固定资产的公允价值减去处置后的净额为 1 580 万元，预计未来现金流量现值为 1 600 万元。假设固定资产计提减值准备不影响固定资产的预计使用年限和预计净残值。

要求：

(1) 编制上述与固定资产改扩建有关的会计分录，计算改扩建后固定资产的入账价值。
(2) 计算改扩建后 2020 年固定资产计提的折旧额并编制折旧的会计分录。
(3) 计算该固定资产 2020 年 12 月 31 日应计提的减值准备并编制会计分录。
(4) 计算该固定资产 2021 年计提的折旧额并编制折旧的会计分录。
(5) 计算该固定资产 2021 年 12 月 31 日应计提的减值准备并编制会计分录。
(6) 计算该固定资产 2022 年计提的折旧额并编制折旧的会计分录。

三、案例讨论

2022 年 12 月 31 日，某公司在对有关资产的账面价值进行检查时发现下列情况：该公司的一条生产线发生永久性损害但尚未处置，生产线的账面原价为 4 000 万元，累计折旧为 2 800 万元，此前未曾计提减值准备；该生产线发生的永久性损害尚未经税务部门认定。对于该生产线发生的永久性损害，公司的会计 A 和会计 B 发生了如下分歧。

　　会计 A 认为：由于该生产线尚未处置，其发生的永久性损害应不计提折旧 1 200 万元。

　　会计 B 认为：由于该生产线发生的永久性损害尚未经税务部门认定，故不应作任何会计处理。

　　要求：请分析会计 A 和 B 的意见是否正确。对该条生产线发生的永久性损害应该如何处理？

第九章

流 动 负 债

【学习要点及目标】

● 掌握应付票据、应付职工薪酬、应缴增值税和应缴消费税的核算
   方法。

● 理解短期借款、应付账款、预收账款及其他应付款的核算方法。

● 了解流动负债的概念、特征及分类。

【核心概念】

短期借款　应付账款　应付票据　职工薪酬　增值税　消费税

【引导案例】 冀华公司注册资本为 1 000 万元，其总经理张先生接受的祖训是经营公司最好不要借钱，因为借钱风险高。而当前公司面临购买原材料的支出、员工工资的发放、税收的缴纳，固定资产也面临更新，这些都需要资金，这些合计需要现金大约 200 万元。

问题：如果你是财务经理，该如何解决？

第一节　流动负债概述

一、流动负债的概念及特征

负债是指企业过去的交易或者事项形成的、预期会导致经济利益流出企业的现时义务。负债的确认需要同时满足以下条件：①与该义务有关的经济利益很可能流出企业；②未来流出的经济利益的金额能够可靠地计量。企业的负债按照流动性的强弱可以分为流动负债和非流动负债两大类。

流动负债是指将在 1 年(含 1 年)或者超过 1 年的一个营业周期内偿还的债务，主要包括短期借款、应付票据、应付账款、预收账款、应付职工薪酬、应付股利、应付利息、应交税费、其他应付款等。

流动负债的特征：①偿还期限短，要求在 1 年内或超过 1 年的一个营业周期内进行偿还；②到期必须要用企业资产、提供劳务或举借新的负债来进行偿还；③企业举借流动负债的目的一般是为了满足生产经营过程中资金周转的需要；④与非流动负债相比，流动负债的数额相对较小。

二、流动负债的分类

流动负债可以按照不同的标准进行分类，以满足企业的不同需要。

(一)按照偿付手段分类

按照偿付手段的不同，流动负债可以分为以下两类。

(1) 货币性流动负债：是指需要以货币资金清偿的流动负债。它一般包括：短期借款、应付票据、应付账款、应交税费、应付股利、其他应付款以及非货币性职工薪酬以外的应付职工薪酬等。

(2) 非货币性流动负债：是指不需要以货币资金清偿的流动负债。它一般包括：预收账款、应付非货币性职工薪酬等。

(二)按照清偿金额是否确定分类

按照清偿的金额是否确定，流动负债可以分为以下三类。

(1) 应付金额确定的流动负债：是指根据合同、契约或法律规定，企业在到期日应予偿付确定金额给债权人的流动负债。它一般包括：短期借款、应付票据、已取得结算凭证的应付账款、预收账款、应付职工薪酬、应付利息、其他应付款等。

(2) 应付金额视经营情况而定的流动负债：是指偿付金额必须根据企业一定期间的经

营情况，到期末才能确定负债金额的流动负债。它一般包括：应付股利、应交税费等。

(3) 应付金额须予以估计的流动负债：是指债权人和偿付日期不确定，或者有确定的债权人和偿付日期，但偿付金额需要根据情况估计的流动负债。其主要包括没有取得结算凭证的应付账款等，如结算凭证尚未到达但已经入库的存货的暂估价入账而形成的应付账款。

(三)按照形成方式的不同分类

按照形成的方式不同，流动负债可以分为以下三类。

(1) 融资活动形成的流动负债：是指企业从银行或其他金融机构借入资金时形成的流动负债。它一般包括：短期借款、应付股利和应付利息等。

(2) 经营活动形成的流动负债：是指企业在日常生产经营活动中形成的流动负债。它一般包括：应付账款、应付票据、预收账款、应交税费、应付职工薪酬等。

三、流动负债的计价

从理论上讲，负债的计价应该以未来偿付债务的现金流出量的现值为基础，即按未来应付金额的现值计价。但是，由于流动负债的偿还期限较短，未来应付金额与贴现金额相差不大，按照重要性原则，该差额往往忽略不计，故而流动负债一般按照业务发生时的金额计价。

第二节 短 期 借 款

短期借款是指企业向银行或其他金融机构等借入的偿还期限在 1 年以内(含 1 年)或超过 1 年的一个营业周期以内的款项。短期借款的取得通常是企业为了满足当年生产经营活动中资金周转的需要，或由于临时性、季节性等原因而申请借入的款项。

一、短期借款的取得

企业借入短期借款时，应与银行或其他金融机构签订借款合同，合同应注明借款金额、借款利率、偿还时间等。通过"短期借款"科目核算短期借款的取得、偿还情况，贷方登记企业借入的各种短期借款，借方登记企业按期归还的各种短期借款，期末贷方余额反映企业尚未到期的各种短期借款金额。"短期借款"科目应按照债权人以及借款种类设置明细账。

企业取得短期借款时，借记"银行存款"科目，贷记"短期借款"科目。

【例 9-1】 光明制造厂 2023 年 1 月 1 日与中国银行签订一份借款合同，合同金额为 2 000 000 元，期限为 6 个月，年利率为 6%，每季度结息一次，到期归还本金。其会计处理如下。

借：银行存款 2 000 000
　　贷：短期借款 2 000 000

二、短期借款的利息费用

企业取得短期借款而发生的利息费用属于筹资费用，一般于发生时直接计入当期财务费用，其方法应分不同情况处理。

(1) 如果企业是按月支付利息，或者利息是在借款到期归还本金时一并支付但金额不大的，可以在实际支付利息或收到银行的计息通知时，借记"财务费用"科目，贷记"银行存款"科目。

(2) 如果企业是按期(如按季、半年)支付利息，或者利息是在借款到期归还本金时一并支付但金额较大的，根据权责发生制原则，可以采用月末预提方式进行核算，按月预提计入当月财务费用。按月预提时，借记"财务费用"科目，贷记"应付利息"科目；实际支付时，借记"应付利息"科目，贷记"银行存款"科目。

【例9-2】承例9-1，2023年1月31日，计提利息。其会计处理如下。

借：财务费用   10 000
    贷：应付利息   10 000

3月末计提利息时。

借：财务费用   10 000
    贷：应付利息   10 000

三、短期借款的偿还

短期借款到期企业归还借款本金，应借记"短期借款"科目，贷记"银行存款"科目。

【例9-3】2023年7月1日，光明制造厂支付第二季度利息30 000元和本金2 000 000元。其会计处理如下。

借：短期借款   2 000 000
    应付利息   30 000
    贷：银行存款   2 030 000

第三节　应付及预收款项

一、应付票据

(一)应付票据概述

应付票据是指企业采用商业汇票结算方式延期付款购入货物应付的票据款。我国在实际工作中，商业汇票的付款期限最长是6个月，所以应付票据通常是短期应付票据。

商业汇票是一种商业凭证，是付款人承诺在一定时期内支付一定金额给收款人或持票人的书面证据。按照承兑人的不同，商业汇票可以分为商业承兑汇票和银行承兑汇票；按照是否带息，商业汇票可以分为带息的商业汇票和不带息的商业汇票两种。实际工作中使用的商业汇票,一般为不带息的商业汇票。

企业应通过"应付票据"科目,核算商业汇票的签发、承兑和支付情况,该科目的贷方登记企业签发、承兑的商业汇票的面值;借方登记企业到期支付票据的金额;余额在贷方,表示企业尚未到期的商业汇票的面值。

企业应当设置应付票据备查簿,详细登记每一商业汇票所形成的应付票据的种类、号数、签发日期、到期日、票面金额、交易合同号、收款人姓名或单位名称,以及付款日期和金额等详细资料。应付票据到期结清时,应在备查簿内逐笔注销。

由于应付票据的偿付时间较短,在实际工作中,一般按照签发、承兑的应付票据的面值作为应付票据的初始入账价值。对于带息的商业汇票,按期计提的应付未付的利息,一般计入"应付利息"科目。

(二)应付票据的账务处理

1. 商业汇票的签付

企业因购买材料、商品和接受劳务供应等而签发、承兑的商业汇票,应按照票面金额作为应付票据的入账价值,借记"原材料""材料采购""库存商品""应交税费——应交增值税(进项税额)"等科目,贷记"应付票据"科目。如果企业签发、承兑的是银行承兑汇票,支付的手续费,应当计入财务费用,借记"财务费用"科目,贷记"银行存款""库存现金"等科目。

【例9-4】 大华制造厂为增值税一般纳税人,原材料按计划成本核算。2023年2月6日该厂按合同约定购入原材料钢材一批,价款60 000元,增值税税额为7 800元,已验收入库。企业开出并经开户银行承兑的商业汇票一张,面值为67 800元,期限5个月,支付承兑手续费34.8元。该厂编制的会计分录如下。

(1) 开出并承兑商业汇票购入材料。

借:材料采购　　　　　　　　　　　　　　　　　　　　60 000
　　应交税费——应交增值税(进项税额)　　　　　　　　7 800
　　　贷:应付票据　　　　　　　　　　　　　　　　　　　67 800

(2) 支付承兑手续费。

借:财务费用　　　　　　　　　　　　　　　　　　　　34.8
　　　贷:银行存款　　　　　　　　　　　　　　　　　　　34.8

2. 商业汇票的到期

企业签发的商业汇票到期时,应无条件支付票据款。支付票据款时,按照商业汇票票面金额借记"应付票据"科目,贷记"银行存款"科目;若为带息票据,还应一并支付利息费用,已经计提利息的借记"应付利息"科目,尚未计提利息的借记"财务费用"科目,按实际支付的金额贷记"银行存款"科目。企业在收到开户银行的付款通知时,核销应付票据。

【例9-5】 承例9-4,7月6日,商业汇票到期,大华制造厂通知其开户银行支付票据款。该厂编制的会计分录如下。

借:应付票据　　　　　　　　　　　　　　　　　　　　67 800
　　　贷:银行存款　　　　　　　　　　　　　　　　　　　67 800

若 7 月 6 日商业汇票到期，大华制造厂无力支付票据款。该厂编制的会计分录如下。

借：应付票据   67 800

  贷：短期借款   67 800

二、应付账款

(一)应付账款概述

应付账款是指企业在生产过程中由于购买材料、商品或接受劳务等业务活动而应支付给供应单位的款项。应付账款是一项由于买卖双方在购销活动中取得物资与实际支付货款的时间不一致而产生的负债。

为了核算和监督企业应付账款的发生及偿还情况，应设置"应付账款"科目，该科目贷方登记企业在购货环节实际发生的应付款项以及应付票据到期无力支付而转入应付账款的金额；借方登记企业偿还、抵付的应付账款以及转销的无法支付的应付账款；余额一般在贷方，表示企业尚未支付的应付账款。该账户应该按照债权人设置明细科目，进行明细核算。

思考：应付账款明细账户余额出现在借方，表示什么意思？

(二)应付账款的账务处理

企业在购买材料、商品或接受劳务时产生的应付账款，不需单独计算利息，业务发生时的金额即为未来应付的金额，所以应付账款的入账价值一般按照业务发生时的金额确定。按照有关凭证记载的实际价款或暂估价值，借记"材料采购""在途物资""库存商品"等科目；按可抵扣的增值税进项税额，借记"应交税费——应交增值税(进项税额)"科目；按应付的款项，贷记"应付账款"科目。

企业偿还应付账款或开出商业汇票抵付应付账款时，借记"应付账款"科目，贷记"银行存款""应付票据"等科目。如果企业在折扣期内支付了货款，取得了现金折扣，应将其视为提前收回货款而取得的利息收入，冲减财务费用。

【例 9-6】 大华公司于 2022 年 4 月 2 日购入一批商品，已验收入库，增值税专用发票上注明的价款为 2 000 000 元，增值税为 260 000 元。按购货合同规定，如果大华公司在 15 天内付清货款，将获得 1% 的现金折扣。大华公司于 4 月 10 日付清了货款。该公司编制的会计分录如下。

(1) 4 月 2 日，确认应付账款。

借：库存商品   2 000 000

  应交税费——应交增值税(进项税额)   260 000

  贷：应付账款   2 260 000

(2) 4 月 10 日付清货款。

借：应付账款   2 260 000

  贷：银行存款   2 258 000

    财务费用   2 000

【例 9-7】腾飞公司 2022 年 9 月 5 日从 A 公司购入原材料一批并已验收入库，取得的增值税专用发票上注明的价款为 50 000 元, 增值税为 6 500 元, A 公司垫付运杂费 1 000 元, 货款尚未支付。该公司编制的会计分录如下。

借: 原材料　　　　　　　　　　　　　　　　　　　　　　　　　51 000
　　应交税费——应交增值税(进项税额)　　　　　　　　　　　　6 500
　　贷: 应付账款——A 公司　　　　　　　　　　　　　　　　　　57 500

三、预收账款

预收账款是指企业按照合同规定预先向购货单位收取的款项。与应付账款不同的是, 预收账款形成的负债需要企业在一年以内以产品或劳务进行偿付。

为核算和监督企业预收账款的形成和结算情况, 企业应设置"预收账款"科目, 该科目贷方登记企业预收的货款及购货单位补付的货款, 借方登记企业实际发出产品的价税款及退回的余额。期末贷方余额, 表示企业预收的款项; 期末借方余额, 表示应由购货单位补付的款项, 即应收款项。该科目按照购货单位设置明细科目进行明细核算。

在企业预收账款业务不多的情况下, 为了简化核算工作, 可以不设"预收账款"科目, 而将预收的货款记入"应收账款"科目的贷方。在这种情况下, "应收账款"科目所属的明细科目期末可能会出现贷方余额, 表示预收的款项, 是企业的一项负债。在资产负债表上, "应收账款"科目所属明细科目的贷方余额, 应列入"预收账款"项目下。同样的道理, 如果企业没有设置"应收账款"科目, 那么企业应收的款项可以记入"预收账款"科目的借方, "预收账款"科目所属明细科目期末可能会出现借方余额, 表示应收的款项, 是企业的一项资产。在资产负债表上, "预收账款"科目所属明细科目的借方余额, 应列入"应收账款"项目下。

【例 9-8】 某企业 2022 年 6 月 28 日与甲公司签订购销合同, 向甲公司出售一批商品, 预收甲公司货款 100 000 元。7 月 19 日, 该企业将货物运抵甲公司并开具增值税专用发票, 发票上注明的价款为 200 000 元, 增值税 26 000 元。甲公司于 8 月 1 日付清剩余货款。该企业编制的会计分录如下。

(1) 6 月 28 日收到甲公司预付的货款。

借: 银行存款　　　　　　　　　　　　　　　　　　　　　　　100 000
　　贷: 预收账款——甲公司　　　　　　　　　　　　　　　　　100 000

(2) 7 月 19 日向甲公司发出货物。

借: 预收账款——甲公司　　　　　　　　　　　　　　　　　　226 000
　　贷: 主营业务收入　　　　　　　　　　　　　　　　　　　　200 000
　　　　应交税费——应交增值税(销项税额)　　　　　　　　　　26 000

7 月 31 日, "预收账款——甲公司"明细科目借方余额 126 000 元, 列入资产负债表的"应收账款"科目。

(3) 8 月 1 日, 收到甲公司补付的货款。

借: 银行存款　　　　　　　　　　　　　　　　　　　　　　　126 000
　　贷: 预收账款——甲公司　　　　　　　　　　　　　　　　　126 000

第四节　应付职工薪酬

一、职工薪酬的概念及内容

职工薪酬，是指企业为获得职工提供的服务或解除劳动关系而给予的各种形式的报酬或补偿，包括短期薪酬、离职后福利、辞退福利和其他长期职工福利。企业提供给职工配偶、子女、受赡养人、已故员工遗属及其他受益人等的福利，也属于职工薪酬。

【阅读资料 9-1】

这里的职工，是指与企业订立劳动合同的所有人员，含全职、兼职和临时职工，也包括虽未与企业订立劳动合同但由企业正式任命的人员，如董事会成员、监事会成员等。未与企业订立劳动合同或未由其正式任命，但向企业所提供服务与职工所提供服务类似的人员，也属于职工的范畴，包括通过企业与劳务中介公司签订用工合同而向企业提供服务的人员。

具体来说，职工薪酬主要包括以下几项。

(1) 短期薪酬。短期薪酬是指企业在职工提供相关服务的年度报告期间结束后 12 个月内需要全部予以支付的职工薪酬，因解除与职工的劳动关系给予的补偿(属于辞退福利)除外。其具体包括：职工工资、奖金、津贴和补贴，职工福利费，医疗保险费、工伤保险费和生育保险费等社会保险费，住房公积金，工会经费和职工教育经费，短期带薪缺勤，短期利润分享计划，非货币性福利和其他短期薪酬。

(2) 离职后福利。离职后福利是指企业为获得职工提供的服务而在职工退休或与企业解除劳动关系后，提供的各种形式的报酬和福利，短期薪酬和辞退福利除外。

(3) 辞退福利。辞退福利是指企业在职工劳动合同到期之前解除与职工的劳动关系，或者为鼓励职工自愿接受裁减而给予职工的补偿。

(4) 其他长期职工福利。其他长期职工福利是指除短期薪酬、离职后福利、辞退福利之外所有的职工薪酬，包括长期带薪缺勤、长期残疾福利、长期利润分享计划和长期奖金计划等。

二、应付职工薪酬的科目设置

企业应当设置"应付职工薪酬"科目，核算职工薪酬的计提、结算和使用情况，按照"工资""职工福利费""社会保险费""住房公积金""工会经费和职工教育经费""非货币性福利""累积带薪缺勤""利润分享计划""非货币性福利""设定受益计划""辞退福利""其他长期职工福利"等职工薪酬项目设置明细科目进行核算。

"应付职工薪酬"科目的贷方登记已分配计入相关成本、费用的职工薪酬的金额；借方登记实际发放的职工薪酬的金额，包括结转的垫付的款项；期末贷方余额表示企业应付未付的职工薪酬。

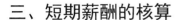

三、短期薪酬的核算

(一)职工工资、奖金、津贴和补贴

职工工资、奖金、津贴和补贴,是指企业按照构成工资总额的计时工资、计件工资、支付给职工的超额劳动报酬等的劳动报酬、为了补偿职工特殊或额外的劳动消耗和因其他特殊原因支付给职工的津贴,以及为保证职工工资水平不受物价影响支付给职工的物价补贴等。

1. 工资结算

工资结算包括工资的计算和发放。通常企业都会在月度的上旬或中旬发放工资,由于无法统计出职工当月的出勤时间或产量,所以往往按上月的出勤记录或产量标准计算当月的工资。有时企业还为某些部门代扣一些款项,如代扣的社会保险费和个人所得税等。为了反映企业工资总额的构成,便于进行工资结算的核算,企业应当编制工资结算汇总表。

庆丰公司 2022 年 6 月份的"工资结算汇总表"如表 9-1 所示。

表 9-1 工资结算汇总表

2022 年 6 月   单位:元

工资类别	应付工资							代扣款项	代扣个人所得税	应发工资
工资项目	计时工资	计件工资	奖金	津贴和补贴	加班加点工资	其他工资	合计			
生产工人	1 000 000	200 000	160 000	80 000	120 000	40 000	1 600 000	100 000	60 000	1 440 000
车间管理人员	60 000		20 000	10 000			90 000	10 000	2 000	78 000
企业管理人员	220 000		50 000	24 000			294 000	32 000	10 600	251 400
销售人员	40 000		20 000	6 000			66 000	4 000	1 400	60 600
在建工程人员	80 000		30 000	20 000			130 000	4 000	4 000	122 000
合计	1 400 000	200 000	280 000	140 000	120 000	40 000	2 180 000	150 000	78 000	1 952 000

企业在实际发放工资时,借记"应付职工薪酬——工资"科目,贷记"银行存款""库存现金"等科目;结转代扣款项时,借记"应付职工薪酬——工资"科目,贷记"其他应付款""应交税费"等科目。

【例 9-9】 庆丰公司 2022 年 7 月份根据表 9-1 提供的上月有关工资结算业务,编制 7 月份工资发放的会计分录。

(1) 通过银行转账,实际发放工资 1 952 000 元。

借: 应付职工薪酬——工资   1 952 000

　　贷: 银行存款   1 952 000

(2) 结转代扣款项 150 000 元。

借: 应付职工薪酬——工资 150 000

贷: 其他应付款 150 000

(3) 结转代扣个人所得税 78 000 元。

借: 应付职工薪酬——工资 78 000

贷: 应交税费——应交个人所得税 78 000

2. 工资分配

工资分配是指将企业发放的工资, 于月末按照一定的用途进行分配, 计入有关成本费用类科目的过程。根据权责发生制原则, 企业当月分配的工资额, 应为按照职工当月的出勤记录或产量记录计算的工资额。但是采用这种方法, 月末计算工资的工作量很大, 影响财务报表的及时报送。因此, 在企业各月工资总额相差不多的情况下, 也可以按照当月实际支付的工资额进行分配, 也就是说, 当月分配的工资额, 为按照职工上月出勤或产量记录计算的工资额。采用这种方法, "应付职工薪酬——工资"科目月末没有余额。

企业发生的职工工资、津贴和补贴等短期薪酬再进行分配时, 应当按照职工提供劳务的受益对象计入当期损益或相关资产成本, 借记"生产成本""制造费用""管理费用"等科目, 贷记"应付职工薪酬——工资"科目。

通常情况下, 企业为了便于核算, 会编制工资分配汇总表。

【例 9-10】 承例 9-9, 庆丰公司 2022 年 6 月份的工资分配汇总表如表 9-2 所示(工资额按上月出勤和产量记录计算)。

表 9-2 工资分配汇总表

2022 年 6 月 30 日 单位: 元

应借科目	生产工人	车间管理人员	企业管理人员	销售人员	在建工程人员	合　计
生产成本	1 600 000					1 600 000
制造费用		90 000				90 000
管理费用			294 000			294 000
销售费用				66 000		66 000
在建工程					130 000	130 000
合计	1 600 000	90 000	294 000	66 000	130 000	2 180 000

根据工资分配汇总表, 编制会计分录如下。

借: 生产成本 1 600 000

制造费用 90 000

管理费用 294 000

销售费用 66 000

在建工程 130 000

贷: 应付职工薪酬——工资 2 180 000

(二)职工福利费

职工福利费,是指企业向职工提供的生活困难补助、丧葬补助费、抚恤费、职工异地安家费、防暑降温费等职工福利支出。

为了反映职工福利的支付与分配情况,应在"应付职工薪酬"科目下设置"职工福利费"明细科目。

企业实际发生福利费支出时,借记"应付职工薪酬——职工福利费"科目,贷记有关科目。月末,企业按照用途对发生的职工福利费进行分配。各月实际发生的职工福利费相差不多的情况下,可以根据实际发生的金额进行分配;如果各月发生的职工福利费相差较大,可以根据估计的金额进行分配。分配时,借记"生产成本""制造费用""管理费用"等科目,贷记"应付职工薪酬——职工福利费"科目。

【例9-11】 甲企业2022年9月,在岗职工共计200人,其中管理部门30人,生产车间170人,本月给予每个职工食堂补贴150元,已用现金支付。甲企业编制的会计分录如下。

```
借:应付职工薪酬——职工福利费                          30 000
    贷:库存现金                                        30 000
月末分配福利费。
借:生产成本                                          25 500
    管理费用                                          4 500
    贷:应付职工薪酬——职工福利费                        30 000
```

(三)医疗、工伤和生育等社会保险费以及住房公积金

为了反映企业负担的医疗、工伤和生育等社会保险费以及住房公积金的提取和缴纳情况,应在"应付职工薪酬"科目下设置"社会保险费"和"住房公积金"明细科目。

由企业负担的社会保险费和住房公积金,应在职工提供劳务的会计期间,按照用途进行分配,借记"生产成本""制造费用""管理费用""销售费用""在建工程"等科目,贷记"应付职工薪酬——社会保险费(或住房公积金)"科目;由职工个人负担的社会保险费和住房公积金,一般由企业代扣代缴,作为应付职工工资的扣除,借记"应付职工薪酬——工资"科目,贷记"其他应付款"科目。

企业实际缴纳企业负担的社会保险费和住房公积金时,借记"应付职工薪酬——社会保险费(或住房公积金)"科目,贷记"银行存款"科目;缴纳应由个人负担的社会保险费和住房公积金时,借记"其他应付款"科目,贷记"银行存款"科目。

【阅读资料9-2】

什么是"五险一金"?

"五险"指的是养老保险、医疗保险、失业保险、工伤保险和生育保险这五种保险;"一金"指的是住房公积金。"五险"中,养老保险、医疗保险和失业保险是由用人单位和个人共同缴纳保费的,工伤保险和生育保险完全是由用人单位缴纳的,个人不需要缴纳;而"一金"也是由用人单位和个人共同缴纳的。这里需要注意的是,"五险"是法定的,

而"一金"不是法定的。

实务中，我们经常会听到"三险一金""四险一金""六险二金"等各种不同的说法。"三险一金"，一般会少生育保险和工伤保险；"四险一金"一般会少生育保险；六险二金，一般会多一个"大额补充医疗保险"和"企业年金"。无论是社会保险费还是住房公积金，在计算缴纳的金额时通用公式都是：缴费基数×缴费比例=应缴费用。在全国各地社保费和公积金的缴费基数和比例也有所不同，并且，每个用人单位在具体执行时，使用的标准和比例也可能会有所不同。

(四)工会经费和职工教育经费

为了反映工会经费和职工教育经费的提取和使用情况，应在"应付职工薪酬"科目下设置"工会经费(或职工教育经费)"明细科目。

企业通常会按职工工资总额的一定比例计提工会经费和职工教育经费，并比照工资的方法按用途进行分配，借记"生产成本""制造费用""管理费用""销售费用""在建工程"等科目，贷记"应付职工薪酬——工会经费(或职工教育经费)"科目。

企业的工会作为独立的法人，可以在银行独立开户，实行独立核算。企业划拨工会经费时，借记"应付职工薪酬——工会经费"科目，贷记"银行存款"科目；如果企业的工会经费是由企业代管，发生工会经费支出时，借记"应付职工薪酬——工会经费"科目，贷记"银行存款""其他应付款"等科目。

企业计提的职工教育经费，通常由企业代管，实际发生职工教育经费支出时，借记"应付职工薪酬——职工教育经费"科目，贷记"银行存款""其他应付款"等科目。

【例9-12】2022年7月，A公司当月应发职工工资1 560万元，其中：生产车间生产工人工资1 000万元；生产车间管理人员工资200万元；管理部门管理人员工资360万元。根据A公司所在地政府规定,A公司应当按照职工工资总额的10%和8%计提并缴存医疗保险费和住房公积金。A公司分别按照职工工资总额的2%和1.5%计提工会经费和职工教育经费。

根据上述资料，甲公司计算其2022年7月份的职工薪酬金额如下。

应当计入生产成本的职工薪酬金额=1 000+1 000×(10%+8%+2%+1.5%)=1 215(万元)

应当计入制造费用的职工薪酬金额=200+200×(10%+8%+2%+1.5%)=243(万元)

应当计入管理费用的职工薪酬金额=360+360×(10%+8%+2%+1.5%)=437.40(万元)

A公司编制的会计分录如下。

借: 生产成本		12 150 000
制造费用		2 430 000
管理费用		4 374 000
贷: 应付职工薪酬——工资		15 600 000
——社会保险费		1 560 000
——住房公积金		1 248 000
——工会经费		312 000
——职工教育经费		234 000

(五)短期带薪缺勤

短期带薪缺勤是指职工虽然缺勤但企业仍向其支付报酬的安排，包括年休假、病假、婚假、产假、丧假、探亲假等。带薪缺勤分为累积带薪缺勤和非累积带薪缺勤两种。

1. 累积带薪缺勤及其账务处理

累积带薪缺勤，是指带薪权利可以结转下期的带薪缺勤。本期尚未用完的带薪缺勤权利可以在未来期间使用，可结转到下期使用的主要是年休假。例如，某企业规定职工每年有 10 天的年假，由于某种原因职工并未休假，可以递延 1 年使用，则当年未使用的年假属于累积带薪缺勤。

为了反映累积带薪缺勤的提取和使用情况，应在"应付职工薪酬"科目下设置"累积带薪缺勤"明细科目。

职工当期没有享受带薪缺勤而在未来可以享受带薪缺勤的情况下，当期为企业提供的劳务增加。按照权责发生制原则，累积带薪年休假应按月确认，这样将使每月生产经营成本承担的金额更加合理。因此，企业应当在职工提供了服务从而增加了其未来享有的带薪缺勤权利的当期，确认与累积带薪缺勤相关的职工薪酬，并以累积未行使权利而增加的预期支付金额计量，借记"生产成本""制造费用""管理费用""销售费用""在建工程"等科目，贷记"应付职工薪酬——累积带薪缺勤"科目。未来期间实际享受前期的带薪缺勤时，由于该期间职工并未提供劳务，所以应当冲减该期间的成本费用，借记"应付职工薪酬——累积带薪缺勤"科目，贷记"生产成本""制造费用""管理费用""销售费用""在建工程"等科目。

有些累积带薪缺勤在职工离开企业时，对于未行使的权利，职工有权获得现金支付。职工在离开企业时能够获得现金支付的，企业应当确认企业必须支付的、职工全部累积未使用权利的金额。企业应当以资产负债表日因累积未使用权利而导致的预期支付的追加金额，作为累积带薪缺勤费用进行预计。

【例 9-13】东夏公司从 2022 年 1 月 1 日起实行累积带薪缺勤制度，规定每个职工每年可享受 5 个工作日的带薪年休假，未使用的年休假只能向后递延一个年度，超过 1 年未使用的年休假作废。职工休年休假时，首先使用当年可享受的带薪年休假，不足部分再从上年结转的带薪年休假中扣除；职工离开公司时，对未使用的累积带薪年休假无权获得现金补偿。

公司共有 1 000 名职工，2022 年 12 月 31 日，每个职工当年平均未使用带薪年休假为 2 天。乙公司预计 2023 年有 950 名职工将享受不超过 5 天的带薪年休假，剩余 50 名职工每人将平均享受 7 天年休假，假定这 50 名职工全部为总部管理人员，每个工作日工资为 500 元。

分析：根据上述资料，对于 2022 年已经休带薪年休假的职工，由于在休假期间照发工资，因此相应的薪酬已经计入公司每月确认的薪酬金额中。公司需要预计职工将在 2023 年享用的累积带薪缺勤，并计入当期资产成本或费用。东夏公司在 2022 年 12 月 31 日预计由于职工累积未使用的带薪年休假权利而导致预期将支付的工资负债为 100 天(50×2 天)的年休假工资金额 50 000 元(100×500)，应编制会计分录如下。

借: 管理费用   50 000

  贷: 应付职工薪酬——累积带薪缺勤   50 000

如果 2023 年, 这 50 名管理人员全部享受 7 天的带薪年休假时间, 则东夏公司 2023 应编制会计分录如下。

借: 应付职工薪酬——累积带薪缺勤   50 000

  贷: 管理费用   50 000

2. 非累积带薪缺勤及其账务处理

非累积带薪缺勤, 是指带薪缺勤权利不能结转下期的带薪缺勤, 本期尚未用完的带薪缺勤权利将予以取消, 并且职工离开企业时也无权获得现金支付。婚丧假、产假、探亲假、病假等带薪休假权利不存在递延性, 不能结转到下期, 属于非累积带薪缺勤。如果用人单位规定年休假不得累积, 则年休假也为非累积带薪缺勤。例如, 某企业规定职工每年有 10 天的带薪探亲假, 由于某种原因职工并未休假, 并且不可以递延使用, 则当年未使用的探亲假属于非累积带薪缺勤。

在非累积带薪缺勤情况下, 职工如果没有享受带薪缺勤而在当期提供了劳务, 由于职工提供服务本身不能增加其能够享受的福利金额, 所以企业在职工未缺勤时不应当计提相关费用和负债。企业确认职工享有的与非累积带薪缺勤权利相关的薪酬, 视同职工出勤确认的当期损益或相关资产成本。通常情况下, 与非累积带薪缺勤相关的职工薪酬已经包括在企业每期向职工发放的工资等薪酬中, 因此, 不必额外作相应的账务处理。

(六)短期利润分享计划

短期利润分享计划是指因职工提供服务而与职工达成的基于利润或其他经营成果提供薪酬的协议。如当职工完成规定业绩指标, 或者在企业工作了特定期限后, 能够享有按照企业净利润的一定比例计算的薪酬。企业根据经营业绩或职工贡献等情况提取的奖金, 属于奖金计划, 应当比照短期利润分享计划进行处理。

为了反映利润分享计划的提取和发放情况, 应在 "应付职工薪酬" 科目下设置 "利润分享计划" 明细科目。企业确认职工利润分享计划的薪酬时, 借记 "生产成本" "制造费用" "管理费用" "销售费用" "在建工程" 等科目, 贷记 "银行存款" 等科目。

如果企业预期在职工为其提供相关服务的年度报告期间结束后 12 个月内, 不需要全部支付利润分享计划产生的应付职工薪酬, 该利润分享计划应当适用本准则其他长期职工福利的有关规定。

(七)非货币性福利

非货币性福利是指企业以非货币性资产支付给职工的薪酬, 主要包括企业以自产产品发放给职工作为福利、将企业拥有的资产无偿提供给职工使用、为职工无偿提供医疗保健服务等。为了反映非货币性福利的支付与分配情况, 应在 "应付职工薪酬" 科目下设置 "非货币性福利" 明细科目。

1. 非货币性福利的支付

企业以自产产品作为职工薪酬发放给职工时, 应视同销售, 按照该产品的公允价值确认销售商品收入和应交的增值税额，借记"应付职工薪酬——非货币性福利"科目，贷记"主营业务收入""应交税费——应交增值税(销项税额)"科目；并结转销售成本，借记"主营业务成本"科目，贷记"库存商品"科目。

企业将拥有的房屋等资产无偿提供给职工使用的，按照该住房每期应计提的折旧金额，借记"应付职工薪酬——非货币性福利"科目，贷记"累积折旧"科目。

企业租赁住房等资产供职工无偿使用的，按照每期应付的租金，借记"应付职工薪酬——非货币性福利"科目，贷记"银行存款"科目。

2．非货币性福利的分配

企业应按照职工提供劳务的受益对象对实际发生的非货币性福利进行分配，计入相关资产成本或当期损益，同时确认应付职工薪酬，借记"生产成本""制造费用""管理费用""销售费用""在建工程"等科目，贷记"应付职工薪酬——非货币性福利"科目。

【例9-14】　A公司2022年1月将自产的电暖器作为春节福利发放给100名生产车间的生产工人，该电暖器成本价为500元一台，市场售价为800元，A公司适用的增值税税率为13%。A公司编制的会计分录如下。

(1) 非货币性福利的发放。

借：应付职工薪酬——非货币性福利　　　　　　　　　　　　　　　　90 400

　　贷：主营业务收入　　　　　　　　　　　　　　　　　　　　　80 000

　　　　应交税费——应交增值税(销项税额)　　　　　　　　　　　10 400

借：主营业务成本　　　　　　　　　　　　　　　　　　　　　　　50 000

　　贷：库存商品　　　　　　　　　　　　　　　　　　　　　　　50 000

(2) 非货币性福利的分配。

借：生产成本　　　　　　　　　　　　　　　　　　　　　　　　　90 400

　　贷：应付职工薪酬——非货币性福利　　　　　　　　　　　　　90 400

【例9-15】　B公司向部门经理级别以上的管理人员共20人提供汽车免费使用，同时为副总裁级别以上的高级管理人员共5人每人租赁一套住房。假定每辆汽车每月计提折旧500元，共计折旧10 000元。每套住房每月租金3 000元，共计15 000元，按月以银行存款支付。

(1) 非货币性福利的发放。

借：应付职工薪酬——非货币性福利　　　　　　　　　　　　　　　25 000

　　贷：累积折旧　　　　　　　　　　　　　　　　　　　　　　　10 000

　　　　银行存款　　　　　　　　　　　　　　　　　　　　　　　15 000

(2) 非货币性福利的分配。

借：管理费用　　　　　　　　　　　　　　　　　　　　　　　　　25 000

　　贷：应付职工薪酬——非货币性福利　　　　　　　　　　　　　25 000

四、其他长期职工福利的核算

其他长期职工福利是指除了上述各项职工薪酬以外的长期职工福利。为了反映其他长期职工福利的提取与支付情况，应在"应付职工薪酬"科目下设置"其他长期职工福利"

明细科目。

　　企业向职工提供的其他长期职工福利，符合设定提存计划条件的，企业应当按照设定提存计划的有关规定进行会计处理。企业向职工提供的其他长期职工福利，符合设定受益计划条件的，企业应当按照设定受益计划的有关规定，确认和计量其他长期职工福利净负债或净资产。

　　一般来说，企业确认的应付其他长期职工福利，偿付期在一年以上的，应按照一定的折现利率，借记有关成本费用科目，贷记"应付职工薪酬——其他长期福利"科目；并于年末确认相关的利息费用，借记"财务费用"科目，贷记"应付职工薪酬——其他长期福利"科目。企业实际支付时，借记"应付职工薪酬——其他长期福利"科目，贷记"银行存款"科目。

【阅读资料9-3】

　　《企业会计准则第9号——职工薪酬》《企业会计准则解释第7号》《国际会计准则第19号——雇员福利》

第五节　应　交　税　费

　　应交税费是指企业在生产经营过程中按照国家税法规定应该缴纳的各项税费，主要包括增值税、消费税、所得税、资源税、土地增值税、房产税、车船使用税、土地使用税、城市维护建设税、教育费附加等。自2016年5月1日起，营改增改革全面推行后，依照税收法定原则废止了营业税，营业税自此退出了历史舞台。本节主要讲述应交增值税、消费税、城市维护建设税和教育费附加的核算。

　　企业必须按照国家税法的规定履行纳税义务，并按照权责发生制原则对其经营所得过程中应该缴纳的各项税费进行确认和计量。这些税费在尚未缴纳之前暂时留在企业，形成一项负债，通过"应交税费"科目核算，并按照应交税费项目设置明细科目进行明细核算。

一、应交增值税

(一)增值税纳税义务人

　　增值税是以商品在流转过程中产生的增值额作为计税依据而征收的一种流转税。在我国境内销售货物、提供加工修理修配劳务(简称应税劳务)、销售交通运输、邮政、电信、金融等应税服务、无形资产和不动产(简称应税行为)以及进口货物的单位和个人为增值税的纳税义务人。按照企业经营规模的大小和会计核算水平的健全程度，增值税纳税义务人又分为一般纳税人和小规模纳税人两类。

(二)增值税税率

　　对一般纳税人而言，增值税税率可以按不同的业务内容分为以下几档。

　　(1) 13%。一般纳税人销售货物，提供加工、修理、修配劳务，进口货物或租赁有形动

产，适用 13%的基本汇率。

(2) 10%。一般纳税人销售或者进口下列货物，税率为 10%：①农产品(含粮食)、食用植物油、食用盐；②自来水、暖气、冷气、热水、煤气、石油液化气、天然气、沼气、居民用煤炭制品；③图书、报纸、杂志；④饲料、化肥、农药、农机、农膜；⑤提供交通运输、邮政、基础电信、建筑、不动产租赁服务；⑥销售不动产以及转让土地使用权等。

(3) 6%。提供上述(1)、(2)项以外的服务，适用的税率为 6%。这主要包括一般纳税人提供现代服务(包括研发和技术服务、信息技术服务、文化创意服务、物流辅助服务、租赁服务、鉴证咨询服务、广播影视服务、商务附注服务和其他现代服务等)、金融服务(包括贷款服务、保险服务和金融产品转让)以及出售、租赁无形资产(土地使用权除外)等服务。

(4) 3%。采用简易计税方法的项目征收，适用的税率为 3%。

(5) 零税率。一般纳税人出口货物或提供其他跨境应税服务等，适用的税率为零。

(三)会计科目的设置

增值税一般纳税人应当在"应交税费"科目下设置"应交增值税""未交增值税""预交增值税""待抵扣进项税额""待认证进项税额""待转销项税额""增值税留抵税额""简易计税""转让金融商品应交增值税""代扣代交增值税"等二级明细科目。

(1) "应交增值税"明细科目。"应交增值税"明细科目下，进一步设置"进项税额""销项税额抵减""已交税金""转出未交增值税""减免税款""出口抵减内销产品应纳税额""销项税额""出口退税""进项税额转出""转出多交增值税"等专栏。

(2) "未交增值税"明细科目。该科目核算一般纳税人月度终了从"应交增值税"或"预交增值税"二级明细科目转入的当月应交未交、多交或预缴的增值税额，以及当月补交的以前期间的未交增值税额。

(3) "预交增值税"明细科目。该科目核算一般纳税人转让不动产、提供不动产经营租赁服务、提供建筑服务、采用预收款方式销售自行开发的房地产项目等，以及其他按现行增值税制度规定应预缴的增值税额。

(4) "待抵扣进项税额"明细科目。该科目核算一般纳税人已取得增值税扣税凭证并经税务机关认证，按照现行增值税制度规定准予以后期间从销项税额中抵扣的进项税额。它包括：一般纳税人自 2016 年 5 月 1 日后取得并按固定资产核算的不动产或不动产在建工程，按现行增值税制度规定准予以后期间从销项税额中抵扣的进项税额(不动产是指不能移动或者移动后会引起性质、形状改变的财产，包括建筑物、构筑物和其他土地附着物。纳税人新建、改建、扩建、修缮、装饰不动产，均属于不动产在建工程)。

(5) "待认证进项税额"明细科目。该科目核算一般纳税人由于未经税务机关认证而不得从当期销项税额中抵扣的进项税额。例如：一般纳税人已取得增值税扣税凭证、按照现行增值税制度规定准予从销项税额中抵扣，但尚未经税务机关认证的进项税额；一般纳税人已申请稽核但尚未取得稽核相符结果的海关缴款书进项税额。

(6) "待转销项税额"明细科目。该科目核算一般纳税人销售货物、加工修理修配劳务、服务、无形资产或不动产，已确认相关收入(或利得)但尚未发生增值税纳税义务而需在以后期间确认为销项税额的增值税额。

(7) "增值税留抵税额"明细科目。该科目核算兼有销售服务、无形资产或者不动产的原增值税一般纳税人，截止到纳入营改增试点之日前的增值税期末留抵税额按照现行增值税制度规定不得从销售服务、无形资产或不动产的销项税额中抵扣的增值税留抵税额。

(8) "简易计税"明细科目。该科目核算一般纳税人采用简易计税方法发生的增值税计提、扣减、预缴、缴纳等业务。

(9) "转让金融商品应交增值税"明细科目。该科目核算增值税纳税人转让金融商品发生的增值税额。

(10) "代扣代交增值税"明细科目。该科目核算纳税人购进在境内未设经营机构的境外单位或个人在境内的应税行为代扣代缴的增值税。

(四)增值税一般纳税人的账务处理

1. 取得资产、接受应税劳务或应税行为

1) 取得资产、接受应税劳务

一般情况下，企业购进货物、接受应税劳务或应税行为时，按照增值税扣税凭证上注明的价款，借记"在途物资""原材料""库存商品""生产成本""无形资产""固定资产""管理费用"等科目；按扣税凭证上注明的可抵扣增值税额，借记"应交税费——应交增值税(进项税额)"科目；按应付或实际支付的金额，贷记"应付账款""应付票据""银行存款"等科目。

可抵扣的进项税额通常包括以下两种情况。

(1) 取得了增值税扣税凭证，如增值税专用发票、海关完税凭证等。在增值税扣税凭证上注明的增值税额可以不计入购入货物或应税劳务的成本，可以从销项税额中抵扣。

(2) 未取得增值税扣税凭证的，如企业购入免税农产品时，销售方不收增值税，因而没有相关扣税凭证，应税劳务可以按照免税农产品买价的 10%进行税额抵扣。

需要说明的是，企业购入不动产及不动产在建工程，其进项税额按现行增值税制度规定自取得之日起分两年从销项税额中进行抵扣，第一年抵扣率为60%，第二年抵扣率为40%，购置当期未抵扣的进项税额暂记于"应交税费——待抵扣进项税额"科目，待到第13个月，将待抵扣进项税额转为进项税额，可以抵扣：借记"应交税费——应交增值税(进项税额)"科目，贷记"应交税费——待抵扣进项税额"科目。

企业从小规模纳税人处购入的农产品，应根据增值税发票上注明的买价和 10%的扣税率计算确定可予抵扣的进项税额。

纳税人自用的应征消费税的摩托车、汽车、游艇，其进项税额不得从销项税额中抵扣。

【例9-16】长江公司为增值税一般纳税人，使用的增值税税率为13%，原材料按实际成本法核算，2022 年 6 月份发生的交易事项以及编制的相关会计分录如下。

(1) 按合同约定购入原材料一批，买价为 120 000 元，增值税为 15 600 元，支付运费5 000 元。材料已验收入库，款项已用银行存款支付。

借：在途物资	125 000
应交税费——应交增值税(进项税额)	15 600
贷：银行存款	140 600

(2) 购入不需要安装的生产设备一台，买价为 180 000 元，增值税税额为 23 400 元，款项尚未支付。

借：固定资产　　　　　　　　　　　　　　　　　　　　　　　　　180 000
　　　　应交税费——应交增值税(进项税额)　　　　　　　　　　　　23 400
　　　　　贷：应付账款　　　　　　　　　　　　　　　　　　　　　　　203 400

(3) 购入免税农产品一批，作为原材料核算，收购价为 200 000 元，规定的抵扣率为10%，价款已用银行存款支付。

　　借：原材料　　　　　　　　　　　　　　　　　　　　　　　　　　180 000
　　　　应交税费——应交增值税(进项税额)　　　　　　　　　　　　20 000
　　　　　贷：银行存款　　　　　　　　　　　　　　　　　　　　　　200 000

(4) 生产车间委托外单位修理机器设备，支付修理费用为 20 000 元，增值税为 2 600元，款项已用银行存款支付。

　　借：管理费用　　　　　　　　　　　　　　　　　　　　　　　　　20 000
　　　　应交税费——应交增值税(进项税额)　　　　　　　　　　　　2 600
　　　　　贷：银行存款　　　　　　　　　　　　　　　　　　　　　　22 600

2) 进项税额转出

企业已单独确认进项税额的购进货物、加工修理修配劳务或服务、无形资产或不动产的，以后用途发生改变，用于免增值税项目、集体福利或个人消费，或发生非正常损失(因管理不善造成被盗、丢失、霉烂变质的损失)，应将进项税额转出，抵减当期进项税额。转出时，借记"待处理财产损溢""管理费用"等科目，贷记"应交税费——应交增值税(进项税额转出)"科目。

【例 9-17】 承例 9-16，长江公司 6 月份一批库存材料因管理不善发生火灾而被毁损，材料实际成本为 20 000，增值税税额为 2 600 元。管理部门领用一批外购的商品用于集体福利消费，该批商品的成本为 60 000 元，增值税税额为 7 800 元。编制会计分录如下。

(1) 借：待处理财产损溢——待处理流动资产损溢　　　　　　　　　22 600
　　　　贷：原材料　　　　　　　　　　　　　　　　　　　　　　　　20 000
　　　　　　应交税费——应交增值税(进项税额转出)　　　　　　　　2 600
(2) 借：应付职工薪酬——职工福利费　　　　　　　　　　　　　　　67 800
　　　　贷：库存商品　　　　　　　　　　　　　　　　　　　　　　　60 000
　　　　　　应交税费——应交增值税(进项税额转出)　　　　　　　　7 800

2．销售货物、提供应税劳务、发生应税行为或视同销售行为

1) 销售货物、提供应税劳务

企业销售货物、加工修理修配劳务、服务、无形资产或不动产，应当按应收或已收的金额，借记"应收账款""应收票据""银行存款"等科目；按取得的收入金额，贷记"主营业务收入""其他业务收入""固定资产清理"等科目；按销项税额，贷记"应交税费——应交增值税(销项税额)"科目。

如果按照企业会计准则确认收入或利得的时点早于按照增值税制度确认增值税纳税义务发生时点的，应将相关销项税额记入"应交税费——待转销项税额"科目，待实际发生纳税义务时再转入"应交税费——应交增值税(销项税额)"科目。

2) 视同销售行为

视同销售行为是指企业在会计核算时未作销售处理，但按照税法规定需要视为销售计

算应交增值税的行为。它主要包括：①企业将自产或委托加工的货物用于免征增值税项目、集体福利或个人消费；②企业将自产、委托加工或购买的货物以及无形资产、不动产用于投资、分配给股东或投资者、无偿赠送给他人等。一般情况下，视同销售行为要确认销售收入，同时计算增值税销项税额。

在计算销项税额时，销售额应当按下列顺序确定：①当月同类产品的平均销售价格；②最近时期同类产品的平均销售价格；③组成计税价格。如果视同销售的产品属于应征消费税的货物，组成计税价格中还应当包括消费税税额。

【例9-18】 承例9-17，长江公司6月份发生以下与销售有关的交易，要求编制其会计分录。

(1) 销售产品一批，不含税价款500 000元，增值税税额为65 000元，提货单和增值税专用发票已交给买方，货款尚未收到。该批产品的成本为400 000元。

借：应收账款	565 000
贷：主营业务收入	500 000
应交税费——应交增值税(销项税额)	65 000
借：主营业务成本	400 000
贷：库存商品	400 000

(2) 为大同公司代加工机器设备50个，每个收取加工费800元，开具的增值税专用发票上注明的价款为40 000元，增值税税额为5 200元。款已收到存入银行。

借：银行存款	452 000
贷：主营业务收入	400 000
应交税费——应交增值税(销项税额)	52 000

(3) 管理部门领用自产产品一批用于内部使用，该批产品的成本为180 000元，市场销售价格为250 000元。

借：管理费用	212 500
贷：库存商品	180 000
应交税费——应交增值税(销项税额)	32 500

(4) 用原材料一批对外投资，该批原材料的账面价值为600 000元，投资双方协商的不含税价值为750 000元。

借：长期股权投资	847 500
贷：其他业务收入	750 000
应交税费——应交增值税(销项税额)	97 500
借：其他业务成本	600 000
贷：原材料	600 000

3. 出口退税

税法规定，出口货物实行增值税"零税率"，即出口环节不计征增值税，并且该货物在以前环节已负担的增值税进项税额要在出口后予以退税。按现行制度规定，企业购进出口货物支付的进项税额大多数不能全额退还，即退税率小于征收率。

一般情况下，企业设置"应收出口退税款"科目来反映纳税人出口货物应收取的出口退税款。该科目借方反映销售出口货物按规定向税务机关申报应退回的增值税、消费税等，贷方反映实际收到的出口货物应退回的增值税、消费税等。期末借方余额，反映尚未收到的应退税额。

因为出口退税有严格和烦琐的程序，企业收到的退税款往往滞后。企业按照退税率计算出应予以退还的进项税额时，借记"应收出口退税款"科目，贷记"应交税费——应交增值税(出口退税)"科目；实际收到出口退税款时，借记"银行存款"科目，贷记"应收出口退税款"科目。退税额低于购进货物时取得的增值税专用发票上的增值税额的差额，借记"主营业务成本"科目，贷记"应交税费——应交增值税(进项税额转出)"科目。

如果企业的货物既有出口又有内销，为了减少手续并有利于企业资金周转，国家对应退的出口退税款不再直接退还，而是允许企业将这部分出口退税款抵减内销产品的销项税额，只有出口货物应退的进项税额大于内销货物要缴纳的应纳税额时，才予以退税，这种处理方法简称为增值税的"免、抵、退"。在这种方法下，按规定计算的当期出口货物的应退进项税抵减内销产品的应纳税额，借记"应交税费——应交增值税(出口抵减内销产品应纳税额)"科目，贷记"应交税费——应交增值税(出口退税)"科目；按规定计算的退税额低于购进时取得的增值税专用发票上的增值税额的差额，应将原记入增值税进项税额的部分转出，借记"主营业务成本"科目，贷记"应交税费——应交增值税(进项税额转出)"科目；在规定期限内，内销产品的应纳税额不足以抵减出口货物的应退进项税额，不足部分按税法的有关规定给予退税的，应在实际收到退税款时，借记"银行存款"科目，贷记"应交税费——应交增值税(出口退税)"科目。

【例9-19】 承例9-18，长江公司6月份有关出口退税业务如下，采用免、抵、退计税办法。请编制相关会计分录。

(1) 出口产品一批，价款20 000元，货款尚未收到。

借：应收账款 20 000

　　贷：主营业务收入 20 000

(2) 出口该批产品所耗原材料的进项税额为13 000元，申报退税后，应退回税款10 000元，允许抵减内销产品销项税额。

借：应交税费——应交增值税(出口抵减内销产品应纳税额) 10 000

　　贷：应交税费——应交增值税(出口退税) 10 000

(3) 出口该批产品未退回的进项税额为3 000元，转作销售成本。

借：主营业务成本 3 000

　　贷：应交税费——应交增值税(进项税额转出) 3 000

4. 交纳增值税

企业应当根据"应交税费——应交增值税"科目的借、贷方发生额，计算当月应交的增值税额，计算公式如下：

应交增值税=销项税额-可予以抵扣的进项税额-出口抵减内销产品应纳税额-销项税额抵减-减免税款=销项税额-(进项税额-进项税额转出-出口退税)-出口抵减内销产品应纳税额-销项税额抵减

(1) 企业缴纳当月应交增值税时，按实际缴纳的金额，借记"应交税费——应交增值税(已交税金)"科目，贷记"银行存款"科目。

本期应缴增值税额大于已交税金的差额，表示本期的未交增值税；本期应交增值税额小于已交税金的差额，表示本期的多交增值税额。

(2) 本期缴纳以前期间未交增值税时，按实际缴纳的金额，借记"应交税费——未交增值税"科目，贷记"银行存款"科目。

(3) 一般纳税人转让不动产、提供不动产经营租赁服务、提供建筑服务、采用预收款方式销售自行开发的房地产项目等，应按现行增值税制度的规定预缴增值税。企业预缴增值税时，借记"应交税费——预交增值税"科目，贷记"银行存款"科目。

(4) 对于当期直接减免的增值税，借记"应交税金——应交增值税(减免税款)"科目，贷记损益类相关科目。例如，企业初次购买增值税税控系统专用设备支付的费用以及缴纳的技术维护费允许在增值税应纳税额中全额抵减的，按规定抵减的增值税应纳税额，借记"应交税费——应交增值税(减免税款)"科目，贷记"管理费用"等科目。

【例 9-20】 承例 9-16 至例 9-19，长江公司 6 月份应交增值税计算如下。

进项税额=15 600+23 4 00+20 000+2 600=61 600(元)

进项税额转出=2 600+7 800+3 000=13 400(元)

销项税额=65 000+52 000+32 500+97 500=247 000(元)

出口退税=10 000(元)

出口抵减内销产品应纳税额=10 000(元)

应交增值税=247 000-(61 600-13 400-10 000)-10 000=198 800(元)

假设长江公司 6 月份用银行存款交纳当月增值税 190 000 元，补交 5 月份未交增值税 42 000 元。该公司编制的会计分录如下。

借：应交税费——应交增值税(已交税金)   190 000

         ——未交增值税   42 000

    贷：银行存款   234 000

(五)增值税小规模纳税人的账务处理

小规模纳税人是指年销售额在规定标准以下，并且会计核算不健全，不能按规定报送有关税务资料的增值税纳税人。这里所称会计核算不健全是指不能正确核算增值税的销项税额、进项税额和应纳税额。

增值税对小规模纳税人采用简易征收办法，购进货物或接受应税劳务时支付的增值税进项税额，一律不予抵扣，直接计入所购进货物或接受应税劳务的成本；销售货物或提供应税劳务时，按应征增值税销售额的3%的征收税率计算确定应交增值税，但不得开具增值税专用发票。

应交增值税额=不含税销售额×征收率=含税销售额÷(1+征收率)×征收率

小规模纳税人进行账务处理时，只需在"应交税费"科目下设置"应交增值税"明细科目，该明细科目下不再设置专栏。该科目贷方登记当期应交纳的增值税额，借方登记已缴纳的增值税额，期末贷方余额表示尚未缴纳的增值税额，借方余额表示多缴纳的增值税额。

【例 9-21】 东海公司为增值税小规模纳税人，适用增值税税率为 3%。该企业 2022 年 8 月发生的经济业务如下：采购原材料一批并验收入库，取得的增值税专用发票上注明的价款为 30 000 元，增值税税额为 3 900 元，已用银行存款支付。销售产品一批，开具的普通发票上注明的含税价款为 51 500 元，款项尚未收到。用银行存款交纳增值税 1 500 元。该公司编制的会计分录如下。

(1) 购入原材料。

借：原材料	33 900
贷：银行存款	33 900

(2) 销售产品。

应交增值税额=51 500÷(1+3%)×3%=1 500(元)

借：应收账款	51 500
贷：主营业务收入	50 000
应交税费——应交增值税	1 500

(3) 交纳增值税。

借：应交税费——应交增值税	1 500
贷：银行存款	1 500

【阅读资料9-4】

《中华人民共和国增值税暂行条例》《财政部 税务总局关于全面推开营业税改征增值税试点的通知》(财税〔2016〕36 号)、《营业税改增值税试点实施办法》(财政部、国家税务总局 2016 年 3 月 23 日发布，自 2016 年 5 月 1 日起执行)、《财政部关于印发增值税会计处理规定的通知》(财会〔2016〕22 号)。

二、应交消费税

(一)消费税纳税业务人

消费税是国家对某些需要限制和调节的消费品或消费行为征收的一种流转税。凡是在我国境内生产、委托加工和进口应征消费税的单位和个人，为消费税的纳税义务人。消费税的征收范围主要包括以下消费品：烟、酒及酒精、化妆品、贵重首饰及珠宝玉石、成品油、汽车轮胎、摩托车、小汽车、鞭炮烟火、高尔夫球及球具、高档手表、游艇、木制一次性筷子及实木地板等。

(二)消费税计征方法

在我国，消费税实行从价定率、从量定额或复合计税的征收方法。大部分消费品采用从价定率计征方法计算应纳消费税额，黄酒、啤酒和成品油采用从量定额计征方法，甲类卷烟、乙类卷烟和白酒则实行复合计税计征方法。其具体的计算方法见下述公式

从价定率方法下计算的应纳税额=不含增值税销售额×消费税税率

从量定额方法下计算的应纳税额=销售数量×单位消费税税额

复合计税方法下计算的应纳税额=销售额×税率+销售数量×单位税额

(三)应交消费税的账务处理

企业应在"应交税费"科目下设置"应交消费税"二级明细科目核算企业应交的消费税。该科目贷方登记应交纳的消费税,借方登记实际交纳的消费税,期末贷方余额表示本期未交消费税,期末借方余额表示本期多交消费税。

1. 销售产品应交消费税

消费税是价内税,即企业销售应税消费品的所得收入中包含消费税;而增值税是价外税,销售产品所得收入中不含增值税,所以消费税的核算方法与增值税的核算方法不同,应由销售产品收入来进行补偿。企业销售应税消费品时,按应交消费税额借记"税金及附加"科目,贷记"应交税费——应交消费税"科目;实际缴纳消费税时,借记"应交税费——应交消费税"科目,贷记"银行存款"科目。"税金及附加"科目属于损益类科目,该科目核算企业经营活动发生的消费税、城市维护建设税、资源税、教育费附加及房产税、土地使用税、车船使用税、印花税等相关税费。

【例9-22】 南方汽车制造厂为增值税一般纳税人,适用税率为13%,2022年7月销售汽车20辆,每辆不含税售价100 000元,贷款尚未收到,消费税税率为8%。该企业编制的会计分录如下。

借:应收账款 2 260 000
　　贷:主营业务收入 2 000 000
　　　　应交税费——应交增值税(销项税额) 260 000
借:税金及附加 160 000
　　贷:应交税费——应交消费税 160 000

2. 视同销售应交消费税

企业将自产的应税消费品用于本企业生产非应税消费品、集体福利或个人消费、在建工程等非生产机构,或用于投资、分配给股东或投资者、无偿赠送给他人等,均应视同销售,计算应交纳的消费税。

【例9-23】 南海公司为增值税一般纳税人,适用税率为13%。某年9月发生以下经济业务,请编制其会计分录。

(1) 管理部门领用自产的应税消费品甲产品一件,实际成本为8 000元,同类产品的销售价格为10 000元,消费税税率为20%。

借:管理费用 11 300
　　贷:库存商品 8 000
　　　　应交税费——应交增值税(销项税额) 1 300
　　　　　　　　——应交消费税 2 000

(2) 在建工程(生产用动产)领用自产的应税消费品乙产品一批,实际成本为50 000元,同类产品的销售价格为60 000元,消费税税率为10%。

借:在建工程 56 000
　　贷:库存商品 50 000

应交税费——应交消费税	6 000

(3) 将自产的应税消费品乙产品一批对外捐赠，实际成本为 200 000 元，同类产品的销售价格为 240 000 元，消费税税率为 10%。

借：营业外支出	271 200
贷：主营业务收入	240 000
应交税费——应交增值税(销项税额)	31 200
借：主营业务成本	200 000
贷：库存商品	200 000
借：税金及附加	24 000
贷：应交税费——应交消费税	24 000

3．委托加工业务应交消费税

企业委托外单位加工应税消费品的，一般由受托方代扣代缴消费税。在计征消费税时，其销售额按照受托方同类消费品的销售价格计算。

1) 委托加工物资收回后用于连续生产应税消费品

税法规定，为避免重复纳税，企业收回的委托加工物资用于连续生产应税消费品的，由受托方代扣代缴的消费税可以在以后环节抵扣，借记"应交税费——应交消费税"科目，贷记"银行存款"等科目；在企业最终销售应税消费品时，根据销售额计算的应交消费税金额，借记"税金及附加"科目，贷记"应交税费——应交消费税"科目；"应交税费——应交消费税"科目贷方发生额减去借方发生额即为本期应补交的消费税，实际交纳时，借记"应交税费——应交消费税"科目，贷记"银行存款"等科目。

2) 委托加工物资收回后直接出售

企业收回的委托加工物资如果直接出售，则由受托方代扣代缴的消费税计入收回的应税消费品的成本，借记"委托加工物资"科目，贷记"银行存款"等科目；应税消费品在出售时，不必再计算交纳消费税。

【例9-24】 A 公司委托 B 公司代为加工一批应交消费税的材料(非金银首饰)，A 公司发出材料的成本为 1 000 000 元，支付加工费为 200 000 元，增值税为 26 000 元，由 B 公司代扣代缴的消费税为 300 000，材料已经加工完成，并由 A 公司验收入库，加工费已经支付。A 公司编制的会计分录如下。

(1) 如果委托加工物资收回后继续用于生产应税消费品。

借：委托加工物资	1 000 000
贷：原材料	1 000 000
借：委托加工物资	200 000
应交税费——应交增值税(进项税额)	26 000
——应交消费税	300 000
贷：银行存款	526 000
借：原材料	1 200 000
贷：委托加工物资	1 200 000

(2) 如果委托加工物资收回后直接用于出售。

借: 委托加工物资　　　　　　　　　　　　　　　　　1 000 000
　　贷: 原材料　　　　　　　　　　　　　　　　　　　　　　1 000 000
借: 委托加工物资　　　　　　　　　　　　　　　　　　500 000
　　应交税费——应交增值税(进项税额)　　　　　　　　26 000
　　贷: 银行存款　　　　　　　　　　　　　　　　　　　　　526 000
借: 原材料　　　　　　　　　　　　　　　　　　　　1 500 000
　　贷: 委托加工物资　　　　　　　　　　　　　　　　　　　1 500 000

三、其他应交税费

其他应交税费是指除了上述应交税费以外的其他各种应上交国家的税费，包括应交资源税、应交土地增值税、应交所得税、应交房产税、应交教育费附加、应交城市维护建设税等。企业应在"应交税费"科目下设置相应的二级明细科目进行明细核算，贷方登记应交纳的有关税费，借方登记已交纳的有关税费，期末贷方余额表示尚未交纳的有关税费。本小节主要介绍由企业增值税和消费税这两项流转税而形成的附加税费——应交城市维护建设税和应交教育费附加的核算。

(一)应交城市维护建设税

城市维护建设税(简称城建税)是为了加强城市的维护建设，扩大和稳定城市维护建设资金的来源，而对有经营收入的单位和个人征收的一种税。一般来说，城镇规模越大，所需要的建设与维护资金越多，因此，城市维护建设税的税率依据城镇规模的大小而有所不同，纳税人所在地为城市市区的，税率为7%；纳税人所在地为县城、建制镇的，税率为5%；纳税人所在地不在城市市区、县城或建制镇的，税率为1%。

城建税是一种附加税，没有独立的征税对象或税基，而是以增值税、消费税"二税"实际缴纳的税额之和为计税依据，并与两项税金同时缴纳。任何单位或个人，只要缴纳"二税"中的一种，就必须同时缴纳城市维护建设税。其计算公式为

城建税应纳税额=(应交增值税+应交消费税)×适用税率

企业按规定计算出应交的城市维护建设税，借记"税金及附加"等科目，贷记"应交税费——应交城市维护建设税"科目；实际缴纳时，借记"应交税费——应交城市维护建设税"科目，贷记"银行存款"科目。

(二)应交教育费附加

教育费附加是为了发展教育事业而向企业征收的附加费用，与城建税类似，是一种附加税费，按企业应交增值税和应交消费税之和的一定比例计算交纳。企业按规定计算出应交的教育费附加，借记"税金及附加"等科目，贷记"应交税费——应交教育费附加"科目；实际交纳时，借记"应交税费——应交教育费附加"科目，贷记"银行存款"科目。

第六节 应付股利与其他应付款

一、应付股利

应付股利是指企业根据董事会、股东大会或类似机构审议批准的利润分配方案确定的应支付给投资者的现金股利或利润。这些股利或利润在实际支付之前暂时留在企业内，构成了企业的一项负债，通过"应付股利"科目进行核算。本科目应按照投资者设置明细科目进行明细核算。企业分配的股票股利，不在"应付股利"科目中核算。

企业应根据利润分配方案，按应支付的现金股利或利润，借记"利润分配——应付现金股利或利润"科目，贷记"应付股利"科目；实际支付现金股利或利润时，借记"应付股利"科目，贷记"银行存款""库存现金"等科目。

【例 9-25】 大华公司 2021 年实现净利润 8 000 000 元，经过股东大会批准，决定 2022年分配股利 4 000 000 元，股利已用银行存款支付。该公司编制的会计分录如下。

借：利润分配——应付现金股利或利润 4 000 000
　　贷：应付股利 4 000 000
借：应付股利 4 000 000
　　贷：银行存款 4 000 000

二、其他应付款

其他应付款是指企业除应付票据、应付账款、应付职工薪酬、应交税费、应付股利等以外的各种应付、暂收其他单位或个人的款项，主要包括应付经营性租入固定资产和包装物租金、职工未按期领取的工资、存入保证金(如收入包装物押金等)等内容。企业应设置"其他应付款"科目核算企业应付、暂收其他单位或个人的款项，该科目贷方登记企业发生的各种应付、暂收款项，借方登记企业偿还或转销的各种应付、暂收款项。期末贷方余额表示企业尚未支付的其他应付款。

【例 9-26】 甲公司于 2023 年 1 月 1 日起，以经营租赁方式租入管理用办公设备一批，每月租金 8 000 元，按季支付。3 月 31 日，甲公司以银行存款支付了该季度租金 24 000 元。该公司编制的会计分录如下。

(1) 1 月 31 日计提 1 月份应付经营租赁费。

借：管理费用 8 000
　　贷：其他应付款 8 000

(2) 2 月末计提应付经营租赁费。其会计分录同 1 月份。

(3) 3 月 31 日支付租金。

借：其他应付款 16 000
　　管理费用 8 000
　　贷：银行存款 24 000

本 章 小 结

本章主要讲述了流动负债的主要内容及其相关会计核算。

流动负债主要包括短期借款、应付票据、应付账款、预收账款、应付职工薪酬、应付股利、应付利息、应交税费、其他应付款等。

应付职工薪酬包括短期薪酬、离职后福利、辞退福利和其他长期职工福利。

应交税费是指企业在生产经营过程中应向国家缴纳的各种税费，包括增值税、消费税、城建税及教育费附加等。

自 测 题

一、单项选择题

1. 资产负债表日，按计算确定的短期借款利息费用，贷记的会计账户是(　　)。

　　A. "短期借款"　　　　B. "财务费用"　　C. "应计利息"　　　　D. "应付利息"

2. 企业在购买材料时签发并承兑的商业承兑汇票，如果到期无法支付，则应当将应付票据的账面价值结转至的会计账户是(　　)。

　　A. "短期借款"　　　　B. "应付账款"　　C. "坏账准备"　　　　D. "应收账款"

3. 我国《票据法》所规定的应付票据，一般是指(　　)。

　　A. "支票"　　　　　　B. "银行汇票"　　C. "商业汇票"　　　　D. "银行支票"

4. 企业缴纳上月应交未交的增值税时，所作的会计分录是借记"应交税费"账户，"应交税费"账户所属的明细账户是(　　)。

　　A. "应交增值税(转出未交增值税)"　　　B. "未交增值税"

　　C. "应交增值税(转出多交增值税)"　　　D. "应交增值税(已交税金)"

5. 对于预收货款不多的企业，其所发生的预收货款可以通过(　　)账户进行核算。

　　A. "应收账款"　　　　B. "应付账款"　　C. "预付账款"　　　　D. "其他应付款"

6. 企业购进货物，未取得增值税专用发票，该货物负担的增值税额均应计入(　　)。

　　A. 应交税费——应交增值税　　　　　　B. 货物的采购成本

　　C. 营业外支出　　　　　　　　　　　　D. 管理费用

7. 委托加工应纳消费税产品收回后，用于继续加工生产应纳消费税产品的，由受托方代扣代缴的消费税，应计入的账户是(　　)。

　　A. "生产成本"　　　　　　　　　　　　B. "应交税费"

　　C. "委托加工物资"　　　　　　　　　　D. "主营业务成本"

8. 企业因提前解除与车间职工劳动关系而给予的补偿，应借记的账户是(　　)。

　　A. "管理费用"　　　　B. "生产成本"　　C. "应付职工薪酬"　　D. "制造费用"

9. 企业当月缴纳当月增值税，应借记的科目是(　　)。

　　A. "应交税费——应交增值税(转出未交增值税)"

　　B. "应交税费——未交增值税"

C. "应交税费——应交增值税(转出多交增值税)"

D. "应交税费——应交增值税(已交税金)"

10. 企业从应付职工薪酬中代扣代缴的个人所得税,应当贷记的会计账户是(　　)。

A. "其他应收款"　　　　　　　　　B. "其他应付款"

C. "应交税费"　　　　　　　　　　D. "应付职工薪酬"

二、简答题

1. 职工薪酬主要包括哪些内容?

2. 预付账款核算哪些内容?如何在资产负债表中列示?

3. 对于一般纳税人而言,哪些增值税进项税额不能抵扣?

4. 对于一般纳税人而言,增值税视同销售行为都有哪些?

三、实务题

1. A公司为增值税一般纳税人,适用的增值税税率为13%,材料按实际成本法核算。该公司发生以下业务。要求编制相关的会计分录。

(1) 从B公司购入甲材料一批,收到的增值税专用发票上注明的材料价款为100 000元,增值税税额为13 000元,款已付,材料尚未入库。

(2) 从C公司采购乙材料一批,取得的增值税专用发票上注明的价款为200 000元,增值税为26 000元,另外发生运费4 000元,可抵扣的进项税额为400元。A公司开出不带息的商业汇票进行结算。

(3) 购入设备一台,取得的增值税专用发票上注明的价款为90 000元,增值税税额为11 700元,发生安装调试费3 000元(未取得增值税专用发票),已用银行存款支付,设备已经交付使用。

(4) 销售产品一批,售价为250 000元,增值税税额为32 500元,货款尚未收到。

(5) 收购一批免税农产品,实际支付价款为160 000元,作为原材料已验收入库。

(6) 从仓库领用原材料乙一批,用于在建工程(动产),原材料账面价值为80 000元。

(7) 将一批不用的甲材料对D公司投资,其账面价值为100 000元,双方协商价值为120 000元,材料已交付丙公司。

(8) 将商标权出租给E公司使用,收取租金30 000元,适用增值税税率为6%。

(9) 出售一栋办公用房,原价18 000 000元,已提折旧14 000 000元,销售所得价款为10 000 000元,开出的增值税专用发票上注明的增值税税额为1 000 000元,发生清理费用50 000元(未取得增值税专用发票),房屋清理完毕。款项收支均通过银行存款进行。

2. A公司为增值税一般纳税人,适用的增值税税率为13%,消费税税率为10%。原材料按照实际成本法核算。A公司委托B公司加工一批消费品(非金银首饰),发生如下业务。要求编制相关的会计分录。

(1) A公司发出原材料,成本为300 000元。

(2) 支付给B公司加工费为60 000元,增值税为7 800元。B公司代扣代缴消费税为40 000元。收回的材料用于销售。

(3) 收回的委托加工材料验收入库。

(4) 将该批材料对外销售,取得价款为25 0000元,增值税税额为3 2500元。

第十章

非流动负债

【学习要点及目标】

● 掌握应付债券、可转换债券的会计处理方法。

● 理解长期借款、预计负债的会计处理方法。

● 了解非流动负债的概念与分类，长期应付款的主要内容以及或有事项的概念、特征。

【核心概念】

长期借款　应付债券　可转换债券　或有事项　预计负债　实际利率法

财务会计学

【引导案例】 东阳股份有限公司是目前国内的专业住宅开发企业。早在 2010 年年销售额就达到 1 081.6 亿元，成为全国第一个年销售额超千亿元的房地产公司。这一经营业绩无不让中外的房地产公司感到震惊。然而在良好的经营业绩的背后，企业却面临着巨大的偿债危机。房地产行业的一个重要的资金筹集渠道就是银行贷款，东阳也不例外，其长期借款主要来源于银行借款和其他借款，包括以存货为抵押的抵押借款和以东阳持有的子公司的股权及收益权为抵押的质押借款。2012—2013 年，东阳到期的长期借款金额高达 198.5 亿元，占长期借款总额的 80%，并且 59 亿元的公司债券也将于 2013 年到期，巨额偿债压力将迫使东阳不得不寻求新的融资途径。

思考：企业的长期借款种类都有哪些？长期借款筹资的优缺点是什么？

第一节　非流动负债概述

一、非流动负债的性质及特点

非流动负债又称长期负债，是指偿还期在 1 年或者超过 1 年的一个营业周期以上的债务。非流动负债主要是由于企业筹集长期投资项目资金而发生的，比如企业为建造不动产而向银行借入的中长期贷款等。与流动负债相比，非流动负债具有债务金额较大、偿还期限较长、可以分期偿还等特点。

由于非流动负债通常有着较长的偿还期限并且金额较大，这就导致未来的现金流出量(包括未来支付的本金和利息)与其现值之间的差额较大，因此，非流动负债适宜按其现值入账，而不适宜按未来应付金额入账。

在资产负债表日，企业应根据实质重于形式原则，对流动负债与非流动负债各具体项目进行再确认，将符合流动负债条件的非流动负债进行重新分类，记入报表中的流动负债项目中，如将于 1 年内到期的长期借款。

二、非流动负债的分类

非流动负债可以按以下方法进行分类。

(一)按筹借方式分类

按筹借方法，非流动负债可以分为长期借款、应付债券、长期应付款、专项应付款等。

(1) 长期借款，是指企业从银行或其他金融机构借入的偿还期限在 1 年以上的各种借款。

(2) 应付债券，是指企业为筹集长期资金而对外发行的偿还期在 1 年以上的具有借款性质的书面证明，它是约定在一定期限内还本付息的一种书面承诺。

(3) 长期应付款，是指除长期借款和应付债券以外的其他各种长期应付款项，如应付融资租赁设备款、具有融资性质的延期付款购买资产形成的长期应付款等。

(4) 专项应付款，是指接受国家专款拨入所形成的不需要以资产或增加其他负债偿还的负债，如新产品试制费拨款、中间试验费拨款和重要科学研究补助费拨款等。

(二)按偿还和付息方式分类

按偿还和付息方式，非流动负债可分为定期偿还的非流动负债和分期偿还的非流动负债。

(1) 定期偿还的非流动负债，是指到期日一次偿还本金的长期债务。大部分的长期借款和应付债券都采用这种方式。

(2) 分期偿还的非流动负债，是指到期前分期偿还本金的长期债务。企业的长期应付款大多采用这种方式。

三、非流动负债的借款费用

企业举借债务，就要发生相关借款费用。与非流动负债相关的借款费用主要包括利息费用、借款产生的辅助费用、因票面利率和实际利率不同形成的债券溢折价的摊销、因外币借款而发生的汇兑损益。

企业借入非流动负债，通常是为了扩大再生产规模，如购置大型机器设备、房地产、增建和扩建厂房等。发生的借款费用在会计处理上有两种做法：一是资本化处理，即借款费用资本化为相关资产成本；二是费用化处理，即借款费用作为期间费用计入当期损益。从理论上讲两种做法各有优缺点，目前国际通行的做法是：可直接归属于符合资本化条件的资产的构建或生产的借款费用应予以资本化处理，其他借款费用应在发生当期确认为一项费用，计入当期损益。

第二节 长 期 借 款

长期借款是指企业向银行或其他金融机构等借入的偿还期限在1年以上(不含1年)的款项。企业借入长期借款的目的是为了维持长期经营能力的需要，如用于购置、改扩建固定资产，对外投资等项目。

一、长期借款的取得

企业应通过"长期借款"科目核算长期借款的取得、偿还情况，该科目应按照债权人以及借款种类设置明细账，并分别设置"本金"和"利息调整"明细科目进行明细核算。

企业借入长期借款时，实际取得的借款金额和借款合同中约定的借款本金可能会不一致，在进行会计核算时，将二者的差额借记"长期借款——利息调整"科目。具体的会计分录为：按照实际收到的现金净额，借记"银行存款"科目；按合同本金金额贷记"长期借款——本金"科目；按借贷方的差额，借记"长期借款——利息调整"科目。

二、长期借款的利息费用

从理论上讲，长期借款利息的核算可以分为分期付息和到期一次付息等不同的形式。在分期付息的形式下，企业需按期计提并支付利息，应付未付的利息一般通过流动性负债科目"应付利息"核算；在到期一次付息的形式下，企业也需要按期计提利息，但到借款到期时才进行支付，支付的利息费用一般通过非流动性负债科目"长期借款——应计利息"进行核算。在我国，银行或其他金融机构向企业提供贷款一般是按月收取利息，所以企业计提的应付未付利息实际核算时是通过"应付利息"科目来进行的。每期计算确定的借款利息，按其用途，借记"财务费用""在建工程""研发支出"等科目，贷记"应付利息""银行存款"等科目。

根据《企业会计准则第 22 号——金融工具确认和计量》的规定，长期借款利息费用应当在资产负债表日按照实际利率法计算确定。实际利率与合同利率差异较小的，也可以采用合同利率计算确定利息费用。

实际利率，是指将金融资产或金融负债在预期存续期间或适用的更短期间内的未来现金流量，折现为该金融资产或金融负债当前账面价值所使用的利率。合同利率是指借款合同上标注的借款利率。

实际利率法，是指按照金融资产或金融负债的实际利率计算其摊余成本及各期利息收入或利息费用的方法。

注：本节为简化核算，所讲的长期借款的利息是按年支付，并且不考虑实际取得的借款金额和借款本金之间的差额，即利息调整的摊销问题。

三、长期借款的偿还

长期借款的归还是指借款到期，归还长期借款的本金及未付利息。其会计处理为：按应予归还的本金，借记"长期借款——本金"科目；按应付未付的利息，借记"应付利息"科目，贷记"银行存款"科目。

【例 10-1】某企业 2023 年 1 月 1 日从农业银行借入本金为 1 000 000 元、期限为 3 年、年利率为 9%的长期借款，用于扩建厂房，该厂房年末完工并交付使用。实际取得款项 1 000 000 元存入银行，合同规定每年年末归还借款利息，到期一次性偿还本金。该企业编制的会计分录如下。

(1) 取得借款时。

借：银行存款   1 000 000

  贷：长期借款——本金   1 000 000

(2) 每年应付利息=本金×利率=1 000 000×9%=90 000(元)

2023 年 12 月 31 日。

借：在建工程   90 000

  贷：银行存款   90 000

2024 年 12 月 31 日。

借：财务费用   90 000

  贷：银行存款   90 000

(3) 2025 年 12 月 31 日，借款到期偿还本金和最后一年利息。

借：长期借款——本金   1 000 000

  财务费用   90 000

  贷：银行存款   1 090 000

第三节 应付债券

一、应付债券概述

(一)应付债券的概念及基本要素

企业可以通过发行债券来筹集资金。所谓债券，是指按照法定程序发行的、约定在未来的一定期限内偿还本金和利息的一种有价证券。由于我国企业发行的债券偿还期限通常在一年以上，所以由于发行债券筹集资金所形成的应付债券款实质上构成了企业的一项非流动负债。

企业发行债券通常需要经过董事会及股东大会正式核准，如果向社会公众公开发行，还须经有关证券管理机构核准。企业发行的债券是一种书面契约或承诺，在债券的票面上通常需要标注以下内容：①企业名称；②债券的面值；③票面利率；④还本方式和还本期限；⑤付息方式；⑥发行日期等。

(二)应付债券的分类

企业发行的债券，可以按照不同的方式进行分类。

1．按偿还本金的方式分类

(1) 一次还本债券——是指在固定的到期日偿还本金的债券。

(2) 分期还本债券——是指按不同的到期日分期偿还本金的债券。

2．按付息的方式分类

(1) 到期一次付息债券——是指在到期日一次性偿还全部利息的债券。

(2) 分期付息债券——是指按期支付一次利息的债券，如每年付息一次或每半年付息一次。

3．按是否可以转换为发行企业股票分类

(1) 可转换债券——是指按一定条件可以转换为发行企业普通股股票的债券。

(2) 不可转换债券——是指不能转换为发行企业普通股股票的债券。

4．按有无担保分类

(1) 抵押债券——是指发行企业以特定资产作为抵押担保而发行的债券。

(2) 信用债券——是指没有特定资产作为抵押担保，仅凭发行企业信用而发行的债券。

本书重点介绍一次还本债券和不可转换债券的会计处理。

【阅读资料 10-1】

股票与债券的区别

股票是一种由股份有限公司签发的用以证明股东所持身份的凭证。债券是政府或企业为了筹集资金而公开发行的并且承诺在限定的时间内还本付息的证券。两者有如下主要区

别：①从投资性质来讲，认购股票是向股份公司的投资，构成公司的自有资金；而购买债券所投入的资金是投资人所需收回的资金，构成发行债券公司的负债。②从收益多少与风险程度来讲，持有股票的股东依法获取的收益是股息和红利(其分红多少与自身的经营息息相关)；而持有公司债券的债权人依法获取的收益是利息，其数额事先固定，并在企业的经营成本中支付，其支付顺序要优先于股票的红利。③股票在经济收益上要承担较大的风险；而债券则是一种风险很小的保守性投资。

二、应付债券的发行

企业发行债券前必须按照有关规定向债券管理部门提出申报书，在申报书中须载明债券的发行条件，包括：拟发行债券数量、发行价格、偿还期限、票面利率、利息支付方式、有无担保等。其中票面利率、偿还期限和发行价格尤为重要，它们直接决定着债券的收益性、流动性和安全性，直接影响着企业筹资成本的高低和投资者投资收益的多少。

(一)债券的发行价格、实际利率和市场利率

1．债券的发行价格

债券的发行价格是指发行方在发行债券时，向债券投资者收取的全部价款。债券的发行价格受很多因素的影响，不仅包括债券面值、期限、票面利率、利息支付方式、企业自身信用状况、资本结构等企业内部因素，还包括资本市场上的利率水平、供求关系等外部因素。债券印制完毕之后，发行企业应承担的未来应付金额义务就已确定：按面值偿还的本金和按面值与票面利率确定的债券利息。这种未来付款的义务在债券发行之后正式生效，即企业发行债券后，一方面按照发行价格向投资者收取发行应得的债券款，另一方面承担未来应支付一定金额的义务。

2．市场利率

企业债券的发行价格与资本市场的利率水平密切相关。就某种债券而言，债券发行时发行企业与债券投资者双方均能接受的利率，称为该债券的市场利率。如果债券发行时市场利率已知，则该债券的发行价格应等于到期应偿还的债券面值按市场利率计算的现值与债券票面利息按市场利率计算的现值之和。二者的关系可以用下式表示：

债券的发行价格=到期偿还面值按市场利率折算的现值+票面利息按市场利率折算的现值

3．实际利率

债券的实际利率是指将债券在预期存续期间内发生的未来现金流出量折算为当前账面价值所使用的折现利率。债券发行时的实际利率与市场利率之间的关系取决于债券发行时产生的直接相关的交易费用的会计处理方法。

由于债券发行企业一般是聘请信托人代为发行债券，所以发行债券时就会产生一些交易费用，如支付的手续费、交易佣金和印花税等。对于交易费用的处理方法，理论上讲有两种：一是交易费用在发生时直接计入当期损益或相关资产的构建成本，不计入债券的初始入账金额，债券的初始入账价值按发行价格确定。在这种情况下，债券发行时的实际利

率和市场利率相等。二是交易费用作为债券的初始入账金额，考虑企业发行债券必须会发生交易费用，交易费用势必会减少企业应得的发行债券款，所以债券的初始入账价值应按发行价格扣除交易费用确定。在这种情况下，债券发行时的实际利率会大于市场利率。

债券的入账价值、发行价格与实际利率之间的关系可以表示如下。

(1) 交易费用不计入债券入账价值，实际利率与市场利率相等。

债券入账价值＝债券发行价格

＝到期偿还面值按市场利率折算的现值＋票面利息按市场利率折算的现值

(2) 交易费用计入债券入账价值，实际利率大于市场利率。

债券入账价值＝债券发行价格－交易费用

＝到期偿还面值按实际利率折算的现值＋票面利息按实际利率折算的现值

我国现行企业会计准则规定，对应付债券(不属于以公允价值计量且其变动计入当期损益的债券)的交易费用采用第二种处理方法，即交易费用计入债券的初始入账价值。

(二)债券发行方式

企业发行债券时，事前约定好的票面利率是不变的，但在实际发行时的市场利率水平和票面利率可能会不一样，因此就会产生债券的溢价、折价和面值发行等不同的发行方式。

1. 面值发行

当债券的票面利率和发行时的市场利率相等时，债券的发行价格和债券面值是相等的，即债券是按面值发行的。

2. 溢价发行

如果债券发行时的市场利率小于票面利率的话，意味着债券发行方在日后会按一个较高的票面利率付息，因此发行方会按较高的价格发行债券，即溢价发行。债券发行价格高于债券面值的差额即为债券溢价。对发行方而言，溢价发行债券而获得的溢价收入，实质上是债券发行方为日后多付利息而事前得到的一种补偿；对投资者而言，购买债券而付出的高于面值的溢价部分，实质上是为了日后多收取利息而事前需要付出的一种代价。

3. 折价发行

如果债券发行时的市场利率大于票面利率，意味着债券发行方在日后会按一个较低的票面利率付息，为了鼓励投资者购买，发行方通常会按较低的价格发行债券，即折价发行。债券发行价格低于债券面值的差额即为债券折价。对发行方而言，折价发行债券而少收取的价款，实质上是债券发行方预先支付给债券购买者的利息，是为了日后少付利息而付出的一种代价；对投资者而言，购买债券因折价而少付出的款项，实质上是对日后少收取利息而事前得到的一种补偿。

对于债券发行时产生的溢价、折价部分，通常需要设置专门的"溢价""折价"明细科目来进行反映。但是，考虑到溢价、折价金额从实质上看都属于债券筹资成本的一部分，是发行债券方对日后实际支付利息的一种调整，因此，为简化核算，我国现行会计准则规定，对溢折价部分一律通过"应付债券——利息调整"明细科目进行核算，不再单独设置"溢价""折价"明细科目。

另外，由于目前企业发行债券通常聘请信托人代为发行债券，因此会产生一定的直接交易费用。我国现行企业会计准则规定，交易费用计入债券的初始入账价值，交易费用也通过"应付债券——利息调整"明细科目进行核算。

(三)债券发行的账务处理

我国现行企业准则规定，企业发行债券所产生的溢折价和交易费用都计入应付债券的初始入账金额，因此，为了方便分析和管理，在"应付债券"科目下面设置"面值"和"利息调整"明细科目进行明细核算。"面值"科目反映企业发行债券的面值；"利息调整"科目反映发行债券实际收到的价款与面值的差额，以及在债券存续期间内的每个资产负债表日，按照实际利率法对利息调整进行摊销的金额。

企业发行债券时，按照实际收到的债券款，借记"银行存款"等科目；按照发行债券的面值，贷记"应付债券——面值"科目；按实际收到的全部价款扣除面值的差额，借记或贷记"应付债券——利息调整"科目。

【例10-2】甲公司于2023年1月1日以781 302元的价格发行面值为800 000元、票面利率为5%、5年期的债券，收到价款存入银行，用于公司经营周转，债券利息每年年末支付。发行债券产生的直接相关交易费用为15 000元，直接从发行债券所得款项中扣除。

应付债券的入账金额=781 302-15 000=766 302(元)

利息调整借差=800 000-766 302=33 698(元)

借：银行存款 766 302

  应付债券——利息调整 33 698

  贷：应付债券——面值 800 000

【例10-3】乙公司于2023年1月1日以850 617元的价格发行面值为800 000元、票面利率为5%、5年期的债券，收到价款存入银行，用于公司经营周转，债券利息每年年末支付。发行债券产生的直接相关交易费用为15 000元，直接从发行债券所得款项中扣除。

应付债券的入账金额=850 617-15 000=835 617(元)

利息调整贷差=835 617-800 000=35 617(元)

借：银行存款 835 617

  贷：应付债券——面值 800 000

    ——利息调整 35 617

三、应付债券的票面利息、摊余成本与利息费用的确定

企业发行债券以后，应在债券存续期内的每个资产负债表日确认债券利息费用并进行后续计量。

(1) 在资产负债表日，应按债券面值和票面利率确定每期应付利息或应计利息：①对于到期一次付息债券，各期计算的应付未付利息会增加应付债券的账面价值，在"应付债券"科目下设置"应计利息"二级明细科目进行核算；②对于分期付息债券，各期确认的利息，在没有支付之前，应作为企业的一项流动性负债，通过"应付利息"科目进行核算。

(2) 在资产负债表日，按期初债券摊余成本和实际利率计算确定每一期的实际利息费用，并按发行债券筹资资金的用途不同，记入"财务费用""在建工程"等科目。实际利

息费用和上述第一条计算确定的应付利息或应计利息的差额作为利息调整的摊销。

(3) 摊余成本的确定。应付债券应按摊余成本进行后续计量。所谓摊余成本，是指某项金融资产(或金融负债)的初始确认金额经过下列调整后的结果：①扣除已收回或偿还的本金；②加上或减去利息调整借差或贷差的累计摊销额；③扣除已发生的减值损失(仅适用于金融资产)。我国现行会计准则规定，按照实际利率法进行利息调整借差或贷差的摊销，以确定债券的摊余成本。每个资产负债表日，按实际利率法摊销利息调整后，"应付债券"科目所属二级明细科目的余额之和，即为资产负债表日应付债券的摊余成本。

(4) 实际利率的确定。在对应付债券采用实际利率法进行后续计量时，需要在发行债券时就确定该发行债券的实际利率。实际利率是使所发行债券的未来现金流量现值等于该债券的入账金额的折现率。通常采用插值法计算债券的实际利率。

【例 10-4】承例 10-2，甲公司按实际利率法计算确定应付债券的摊余成本并摊销利息调整。由上述计算，发行债券时的实际利率为 6%。编制应付债券利息调整摊销表(见表 10-1)和各期末摊销利息调整的相关会计分录如下。

表 10-1 利息调整借差摊销表(分期付息)

单位：元

期次/年	实付利息	利息费用	利息调整借差摊销	利息调整借差余额	应付债券账面价值
	(1)=面值×5%	(2)=期初(5)×6%	(3)=(2)-(1)	(4)=期初(4)-(3)	(5)=面值-(4)
0				33 698	766 302
1	40 000	45 978.12	5 978.12	27 719.88	772 280.12
2	40 000	46 336.81	6 336.81	21 383.07	778 616.93
3	40 000	46 717.02	6 717.02	14 666.05	785 333.95
4	40 000	47 120.04	7 120.04	7 546.01	792 453.99
5	40 000	47 546.01*	7 546.01	0	800 000

*含尾数调整。

2023 年 12 月 31 日，摊销利息调整借差，支付利息。

借：财务费用　　　　　　　　　　　　　　　　　　45 978.12
　　贷：银行存款　　　　　　　　　　　　　　　　　　40 000
　　　　应付债券——利息调整　　　　　　　　　　　　5 978.12

以后各年的会计分录同上。

【例 10-5】承例 10-3，乙公司按实际利率法计算确定应付债券的摊余成本并摊销利息调整。发行债券时的实际利率为 4%。编制应付债券利息调整摊销表(见表 10-2)和各期末摊销利息调整的相关会计分录如下。

表 10-2 利息调整贷差摊销表(分期付息)

单位：元

期次/年	实付利息	利息费用	利息调整贷差摊销	利息调整贷差余额	应付债券账面价值
	(1)=面值×5%	(2)=期初(5)×4%	(3)=(2)-(1)	(4)=期初(4)-(3)	(5)=面值+(4)
0				35 617	835 617
1	40 000	33 424.68	6 575.32	29 041.68	829 041.68

续表

期次/年	实付利息	利息费用	利息调整贷差摊销	利息调整贷差余额	应付债券账面价值
	(1)=面值×5%	(2)=期初(5)×4%	(3)=(2)-(1)	(4)=期初(4)-(3)	(5)=面值+(4)
2	40 000	33 161.67	6 838.33	22 203.35	822 203.35
3	40 000	32 888.13	7 111.87	15 091.48	815 091.48
4	40 000	32 603.66	7 396.34	7 695.14	807 695.14
5	40 000	32 304.86*	7 695.14	0	800 000

*含尾数调整。

2023 年 12 月 31 日，摊销利息调整贷差，支付利息：

借：财务费用 33 424.68
　　应付债券——利息调整 6 575.32
　　贷：银行存款 40 000

以后各年的会计分录同上。

四、应付债券的偿还

对于分期付息到期一次还本的债券，到期时利息调整金额已经摊销完毕，企业只需偿还最后一期的利息和面值，借记"应付债券——面值""财务费用"等科目，贷记"银行存款"等科目。对于到期一次还本付息债券，到期时企业需要偿还所有的利息和面值，借记"应付债券——面值""应付债券——应计利息"科目，贷记"银行存款"等科目。

第四节　可转换债券

一、可转换债券的概念及特征

可转换债券简称可转债，是指债券持有人在持有一定期限之后，可以按照事前规定的转换条件转换成发行公司的普通股股票的一种特殊债券。

可转换债券兼具债权和股权的特征，因此也可称为混合型证券。其特征主要表现在以下几个方面。

(1) 债权性。与普通债券一样，可转换债券也有规定的利率和期限，对可转换债券持有者来说，在没有将其转换成发行公司股票之前，可以定期获得利息收入，到期收回本金。

(2) 股权性。可转换债券持有者如果按规定条件将债券转换成公司股票，那么债券持有者将由债权人转为股东，可以参与企业的经营决策和红利分配。

(3) 可转换性。可转换债券赋予了债券持有者一定的转换权，它是债券持有者享有的、一般债券所没有的选择权。债券持有人可以按约定的转换条件将债券转换成股票，也可以不行使转换权，继续持有债券至到期。另外，可转换债券的利率较低(一般低于普通公司债券利率)，企业发行可转换债券可以降低筹资成本。

正是由于可转换债券的双重选择权的性质，导致其会计处理的复杂性。

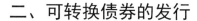

二、可转换债券的发行

可转换债券发行的会计处理有两种方法：一是确认转换权价值，将其作为其他权益工具处理；二是不确认转换权价值，将发行收入全部作为发行债券所得。我国现行会计准则要求采用第一种做法，即确认转换权价值。

企业发行的可转换债券，应当在初始确认时将其包含的负债成分和权益成分进行分拆，将负债成分确认为应付债券，将权益成分确认为其他权益工具。在进行分拆时，应当先对负债成分的未来现金流量进行折现确定负债成分的初始确认金额(按同等条件下不附转换权的普通债券的市场利率进行折现确定负债成分的公允价值)，再按发行价格总额扣除负债成分的金额确定权益成分的初始确认金额。发行可转换债券发生的交易费用，应当在负债成分和权益成分之间按照各自的相对公允价值进行分摊。

企业按实际收到的款项，借记"银行存款"等科目；按可转换债券的面值，贷记"应付债券——可转换公司债券(面值)"科目；按权益成分的公允价值，贷记"其他权益工具"科目；按借贷方之间的差额，贷记或借记"应付债券——可转换公司债券(利息调整)"科目。

可转换债券未转换为股票之前，在每个付息期，其包含的负债成分，会计处理与普通公司债券相同：按实际利率(按不含转换权的债券的实际利率)和摊余成本确认利息费用，按面值和票面利率确认应付利息，差额作为利息调整的摊销。

【例 10-6】 东风公司经批准于 2023 年 1 月 1 日发行面值为 1 000 000 元、票面利率为 10%、5 年期的可转换公司债券，每年末付息一次，所得款项用于公司经营周转。公司规定，发行两年后，债券持有者可以按照每 100 元债券面值转换为该公司每股面值为 1 元的普通股 10 股。该债券实际发行价格为 1 168 496 元，市场利率为 6%。已知不附转换权时该债券的发行价格为 1 079 851 元，市场利率为 8%。假定不考虑交易费用。该公司按实际利率法确定债券的摊余成本。编制相关会计分录如下。

负债成分价值=1 079 851(元)

转换权价值=1 168 496-1 079 851=88 645(元)

利息调整贷差=1 079 851-1 000 000=79 851(元)

(1) 2023 年 1 月 1 日，发行可转换债券。

借：银行存款　　　　　　　　　　　　　　　　　　　　　　　　1 168 496

　　贷：应付债券——可转换公司债券(面值)　　　　　　　　　　　1 000 000

　　　　　　　——可转换公司债券(利息调整)　　　　　　　　　　　79 851

　　　　其他权益工具　　　　　　　　　　　　　　　　　　　　　　88 645

(2) 2023 年 12 月 31 日确认利息费用，支付利息。

实付利息=1 000 000×10%=100 000(元)

利息费用=1 079 851×8%≈86 388(元)

借：财务费用　　　　　　　　　　　　　　　　　　　　　　　　　86 388

　　应付债券——可转换公司债券(利息调整)　　　　　　　　　　　　13 612

　　贷：银行存款　　　　　　　　　　　　　　　　　　　　　　　100 000

三、可转换债券的转换

可转换债券持有人将债券转换成发行公司股票时，我国现行会计准则规定采用账面价值法进行会计处理。采用这种方法，转换日，发行企业将被转换债券的账面价值全部转作换发股票的价值，不确认转换损益。其原因在于：企业发行债券时不会产生损益，即使存在损益也应计入资本公积或冲减留存收益；企业发行可转换债券的目的就是为了将债券换成股票，发行股票和债券转换是不可分割的交易，因而无损益可言。其会计处理略。

第五节　长期应付款

长期应付款是指企业除了长期借款和应付债券以外的其他各种长期应付款项，主要包括应付融资租赁租入固定资产的租赁费、具有融资性质的延期付款购买资产形成的长期应付款等。

为核算各种长期应付款项，企业应设置"长期应付款"科目，核算各种长期应付款的形成与偿付情况，并按长期应付款的种类和债权人设置明细科目进行明细核算。

一、应付融资租赁款

应付融资租赁款是企业采用融资租赁方式租入固定资产而形成应付未付的租赁费。由于融资租赁方式的租期较长，通常是一年以上，所以产生的应付融资租赁款属于企业的一项非流动负债。

在融资租赁方式下，企业对所租入的固定资产拥有实际控制权，享有资产在有效使用期限内带来的各种经济利益，因此视为自有固定资产进行核算。根据我国《企业会计准则第21号——租赁》的规定，融资租入的固定资产，按租赁开始日租赁资产公允价值与最低租赁付款额现值二者中的较低者作为入账价值，借记"固定资产""在建工程"等科目；按最低租赁付款额确认长期应付款，贷记"长期应付款——应付融资租赁款"科目；按其差额，借记"未确认融资费用"科目。

需要注意的是，"未确认融资费用"科目是"长期应付款"科目的备抵调整科目，在编制报表时，"长期应付款"项目应根据"长期应付款"总账科目的期末余额，减去"未确认融资费用"科目期末余额后的金额填列。

二、具有融资性质的延期付款

企业购买资产有可能延期支付有关价款。如果延期支付的购买价款超过正常信用条件(通常指超过3年)，实质上具有融资性质的，所购资产的成本应当以延期支付购买价款的现值为基础确定。实际支付的价款与购买价款的现值之间的差额，作为"未确认融资费用"核算，并在信用期间内采用实际利率法进行摊销，计入相关资产成本或当期损益。其具体的账务处理：企业购入资产超过正常信用条件延期付款实质上具有融资性质时，应按购买价款的现值，借记"固定资产""在建工程"等科目；按应支付的价款总额，贷记"长期应付款"科目；按其差额，借记"未确认融资费用"科目。按期支付价款时，借记"长期应付款"科目，贷记"银行存款"科目。摊销未确认融资费用时，借记"财务费用"科目，贷记"未确认融资费用"科目。

【阅读资料 10-2】

《企业会计准则 17 号——借款费用》

第六节 预 计 负 债

一、预计负债的概念及特征

预计负债是因或有事项而产生的负债。与或有事项相关的义务需同时满足三个条件才能确认为预计负债。

(1) 该义务是企业承担的现实义务。

(2) 履行该义务很可能导致经济利益流出企业。

(3) 履行该义务的金额能够可靠计量。

或有事项是指过去的交易或者事项形成的，其结果须由某些未来事件的发生或不发生才能决定的不确定事项。我们常见的或有事项有未决诉讼、未决仲裁、产品质量保证(含产品安全保证)、债务担保、票据贴现、亏损合同等。或有事项的结果具有不确定性，根据其产生的结果对企业的影响，我们可以把这种影响分为有利影响和不利影响，并区别不同情形进行会计处理。

如果或有事项给企业带来的是一项潜在的权利，则形成或有资产。除非该或有资产预期带来的经济利益很可能流入企业，应当披露其形成的原因、预计产生的财务影响外，一般不做披露。如果或有事项给企业带来的是一项义务，在满足上述三个条件的前提下，可以确认企业的一项预计负债，否则形成企业的或有负债，企业应当在报表附注中披露或有负债的种类、形成原因、经济利益流出企业的不确定性以及预计产生的财务影响(不包括极小可能导致经济利益流出企业的或有负债)。企业不应确认或有资产和或有负债。

预计负债是基于谨慎性原则确认的企业的一项负债，区别于确定性的负债，是一种企业对履行偿债义务的时间和金额的控制存在风险的负债。它具有以下特征：①是企业过去的交易或事项形成的现实义务；②其结果虽具有一定的风险性，但是可以合理估计。可以说，预计负债是介于确定性负债和或有负债之间的一种负债，一方面，预计负债的结果具有一定的风险性，这与或有负债相似，区别在于其风险是可控的；另一方面，预计负债的结果能够合理估计，这与确定性负债相似，但又有别于或有负债。

二、预计负债的确认

预计负债的确认包括以下三个条件。

(一)该义务是企业承担的现实义务

所谓现实义务，是指企业在当前条件下，没有其他现实的选择，只能履行的义务。根据负债的定义，确认为企业负债的一个条件就是形成企业的一项现实义务，因此，预计负债也是企业的一项负债。

(二)履行该义务很可能导致经济利益流出企业

确认为负债的第二个条件就是履行现实义务预期会导致经济利益的流出。根据负债的确认条件，通常我们认为或有事项带来的现实义务会导致相关经济利益流出企业的可能性超过50%，即很可能的情况下，就可以确认为预计负债。

履行或有事项相关义务导致经济利益流出企业的可能性，通常应当结合下列情况加以判断。

可能性对应的概率区间为：基本确定大于95%但小于100%；很可能大于50%但小于或等于95%；可能大于5%但小于或等于50%；极小可能大于0 但小于或等于5%。

(三)履行该义务的金额能够可靠计量

由于或有事项的结果具有不确定性，因此或有事项产生的现实义务的金额也具有不确定性。基于或有事项确认一项预计负债，必须要求产生的相关现实业务金额能够合理地估计。

与一般负债不同的是，预计负债虽然属于企业负债，但由于预计负债导致经济利益流出企业的可能性尚未达到基本确定的程度，并且金额往往需要估计，所以预计负债需在资产负债表上单独反映，并在会计报表附注中作相应披露。

三、预计负债的计量

(一)预计负债的初始计量

预计负债应按照履行相关现实义务所需支出的最佳估计值进行初始计量。

(1) 所需支出存在一个连续范围，且该范围各种结果发生的可能性相同，最佳估计数应当按照该范围的中间值确定。

例如，甲企业因合同违约涉及一项诉讼案，估计可能发生的赔偿金额为80万元到100万元之间，则确定的预计负债的最佳估计值为90万元。

(2) 在其他情况下，最佳估计数应当区别下列情况处理。

① 或有事项涉及单个项目的，按照最有可能发生的金额确定。

例如，在上例中，如果赔付80万元的可能性为60%，赔付100万元的可能性为40%，则确定的预计负债的最佳估计值为80万元。

② 或有事项涉及多个项目的，按照各种可能的结果及相关概率计算确定。

例如，乙企业的产品质量保证条款规定：产品售出后一年内，如发生正常质量问题，乙企业将免费负责修理。根据以往的经验，如果出现较小的质量问题，则发生的修理费为销售额的1%；而如果出现较大的质量问题，则发生的修理费为销售额的2%。据预测，乙企业本年度销售额为 1.2 亿元，有 80% 的可能性不会发生质量问题，有 15% 将发生较小的质量问题，有 5% 的可能性将发生较大质量问题。则年末乙企业应确认的预计负债金额(最佳估计数)为：1.2×15%×1%+1.2×5%×2%=0.003(亿元)。

(3) 特殊情况下的金额估计。

存在第三方补偿的，不影响预计负债金额的确认，预计的补偿金额只有在基本确定能够收到时才能作为资产单独确认，并且确认的补偿金额不能超过预计负债的账面价值。

待执行合同变成亏损合同时，如果合同存在标的资产，应当对该标的资产进行减值测试并确认资产减值损失，此时不确认预计负债；如果不存在标的资产，则在满足规定条件时，确认预计负债。

由于固定资产弃置义务而确认的预计负债，鉴于固定资产的预计弃置费用涉及的未来应付金额与其现值相差较大，考虑货币资金的时间价值，应将未来应付金额按一定利率进行折现来确定预计负债的最佳估计数。

(二)预计负债的后续计量

每个资产负债表日，企业应当对预计负债的账面价值进行复核。有确凿证据表明该账面价值不能真实反映当前最佳估计数的，应当按照当前最佳估计数对该账面价值进行调整。

四、预计负债的账务处理

为了正确地核算和披露因或有事项而确认的预计负债，并与其他负债项目进行区别，企业应设置"预计负债"账户，以核算各种或有事项产生的预计负债，包括提供债务担保、商业承兑汇票贴现、产品质量保证、未决诉讼等，并按不同性质的或有事项设置明细科目进行明细核算。确认预计负债时，借记"管理费用""营业外支出"等科目，贷记"预计负债"科目；实际偿付预计负债时，借记"预计负债"科目，贷记"银行存款"等科目。该账户期末贷方余额，表示预计的尚未支付的债务。以下举例说明。

【例 10-7】 2022 年 10 月 20 日，甲公司因产品质量问题被乙公司起诉，至 2022 年 12 月 31 日法院尚未作出判决，甲公司估计败诉的可能性为 70%，且一旦败诉的话可能的赔偿金额为 200 万元。甲公司基本确定能够从其供应商丙公司处获得赔偿 30 万元。甲公司的会计处理如下。

借：营业外支出   2 000 000
    贷：预计负债——未决诉讼   2 000 000
借：其他应收款   300 000
    贷：营业外支出   300 000

【例 10-8】 某煤电公司经批准建设 5 号矿井，2022 年 1 月 1 日建造完成并交付使用，建造成本为 20 000 万元，预计使用寿命为 15 年，预计期满可能发生的弃置费用为 1 000 万元。假定折现利率为 10%。

分析：固定资产的预计弃置费用的未来应付金额与现值相差较大，故应按照未来应付金额的现值确定预计负债的入账价值。

(1) 2022 年 1 月 1 日固定资产交付使用时。

预计弃置费用的现值 =10 000 000×DF$_{10\%,10}$=10 000 000×0.385 54=3 855 400(元)

借：固定资产	203 855 400
贷：在建工程	200 000 000
预计负债——固定资产弃置义务	3 855 400

(2) 2022 年 12 月 31 日。

2022 年应负担的利息=3 855 400×10%=385 540(元)

| 借：财务费用 | 385 540 |
| 贷：预计负债——固定资产弃置义务 | 385 540 |

(3) 2023 年 12 月 31 日。

2023 年应负担的利息=(3 855 400+ 385 540)×10%=424 094(元)

| 借：财务费用 | 424 094 |
| 贷：预计负债——固定资产弃置义务 | 424 094 |

以后会计年度的会计处理略。

(4) 假设该矿井的实际使用寿命与预计寿命相同，实际发生的弃置费用为 980 万元，不考虑其他因素，则报废年度的会计处理为

借：预计负债——固定资产弃置义务	10 000 000
贷：财务费用	200 000
银行存款	9 800 000

本 章 小 结

本章主要介绍了非流动负债的主要内容以及相关会计核算。

非流动负债主要包括长期借款、应付债券和长期应付款。

长期借款是指企业向银行或其他金融机构等借入的偿还期限在 1 年以上(不含 1 年)的款项，其会计核算主要包括长期借款的取得、偿还等相关会计处理。

应付债券可以分为可转换公司债券和不可转换公司债券，本章重点介绍了不可转换公司债券的会计核算。

预计负债是因或有事项而产生的负债。与或有事项相关的义务需同时满足一定的条件才能确认为预计负债。

自 测 题

一、单项选择题

1. 债券折价发行是由于( )。

    A. 债券票面利率低于市场利率　　　　B. 债券票面利率等于市场利率

    C. 债券票面利率高于市场利率　　　　D. 债券发行量较大而给予的优惠

2. 就发行债券的企业而言，所获债券溢价收入实质上是( )。

    A. 为以后少付利息而付出的代价　　　B. 本期的利息收入

    C. 为以后多付利息而得到的补偿　　　D. 以后期间的利息收入

3. 甲公司于 2023 年 1 月 1 日发行面值总额为 1 000 万元、期限为 5 年的债券，该债券票面年利率为 6%，每年年初付息，到期一次还本，发行价格总额为 1 043.27 万元，利息调整采用实际利率法摊销，实际利率为 5%。2023 年 12 月 31 日，该应付债券的账面余额为(   )万元。

    A. 1 000   B. 1 060   C. 1 035.43   D. 1 095.43

4. 甲公司 2022 年 1 月 1 日发行 3 年期面值为 7 500 万元的债券，票面年利率为 6%，公司按 7 916 万元的价格溢价出售，实际利率为 4%。如果公司每年计息一次并按实际利率法摊销，甲公司在 2023 年 12 月 31 日确认利息费用为(   )万元。

    A. 321.97   B. 311.31   C. 133.36   D. 234

5. 甲公司 2023 年 1 月 1 日按面值发行三年期可转换公司债券，每年 1 月 1 日付息，到期一次还本，面值总额为 10 000 万元，票面年利率为 4%，实际利率为 6%。债券包含的负债成分的公允价值为 9 465.40 万元。甲公司按实际利率法确认利息费用。甲公司发行此项债券时应确认的"其他权益工具"的金额为(   )万元。

    A. 0   B. 534.60   C. 267.3   D. 9 800

6. A 公司至 20×7 年 10 月 18 日欠银行本息 2 100 万元，逾期未归还，20×7 年 11 月 8 日银行对 A 公司提起诉讼，要求 A 公司偿还借款本息和逾期期间的罚息。经向律师咨询，A 公司很可能败诉，支付的罚息在 58 万元到 76 万元之间，至 20×7 年 12 月 31 日法院尚未最后判决。则 A 公司在 20×7 年末应确认的预计负债金额为(   )万元。

    A. 67   B. 68   C. 58   D. 76

7. 甲公司于 2022 年 1 月 1 日发行面值为 1 000 万元、利率为 8%、5 年期的可转换债券，用于企业经营周转。公司规定：每年 6 月 30 日与 12 月 31 日各付息一次。发行两年后，可按每 1 000 元面值转换为该企业每股面值为 1 元的普通股 600 股。可转换债券的实际发行价格为 980 万元，实际利率为 9%。已知不付转换权时，该债券的发行价格为 960 万元，实际利率为 10%。如果该公司确认转换权价值，则在发行日可转换债券的转换权价值和债券折价分别为(   )万元。

    A. 20，20   B. 20，40   C. 40，20   D. 40，40

8. 下列各项中，不属于或有事项的特征的是(   )。

    A. 由未来事项来决定   B. 可以确认为资产或负债

    C. 结果具有不确定性   D. 由过去的交易或事项形成

二、简答题

1. 应付债券的折价与溢价的形成原因是什么？会计上应如何摊销？

2. 怎样理解债券的发行价格、实际利率和票面利率之间的关系？

3. 或有事项产生的义务确认为预计负债的条件是什么？

三、实务题

1. 某股份有限公司于 2023 年 1 月 1 日以 227 万元的价格发行面值为 200 万元、票面利率为 10% 的 5 年期债券，每年年末付息一次。发行债券时发生的交易费用为 24 000 元，直接从发行债券所得款项中扣除。发行债券所筹集的资金用于公司厂房的扩建，该工程于 2023 年 7 月 1 日开工，预计 2024 年 12 月 31 日完工并交付使用。公司债券采用实际利率法摊销利息调整,适用的实际利率为7%。

要求:编制债券发行及摊销利息调整的会计分录。

2. 甲上市公司(以下简称甲公司)经批准于 2019 年 1 月 1 日以 50 400 万元的价格(不考虑相关税费)发行面值总额为 50 000 万元的可转换公司债券。该可转换公司债券期限为五年,票面年利率为 3%,实际利率为 4%。自 2020 年起,每年 1 月 1 日付息。自 2020 年 1 月 1 日起,该可转换公司债券持有人可以申请按照债券面值转换为甲公司的普通股(每股面值 1元),初始转换价格为每股 10 元,不足转换为 1 股的部分以现金结清。其他相关资料如下。

(1) 2019 年 1 月 1 日,甲公司收到发行价款 50 400 万元,所筹资金用于某机器设备的技术改造项目,该技术改造项目于 2019 年 12 月 31 日达到预定可使用状态并交付使用。

(2) 2020 年 1 月 1 日,该可转换公司债券的 50%转为甲公司的普通股,相关手续已于当日办妥;未转为甲公司普通股的可转换公司债券持有至到期,其本金及最后一期利息一次性结清。假定:

① 甲公司采用实际利率法确认利息费用。

② 每年年末计提债券利息和确认利息费用。

③ 2019 年该可转换公司债券借款费用的 100%计入技术改造项目的成本。

④ 不考虑其他相关税费因素。

⑤ 利率为 4%、期数为五年的普通年金现值系数为 4.4518,利率为 4%,期数为五年的复利现值系数为 0.8219。

⑥ 按照实际利率计算的可转换公司债券的现值即为负债成分的公允价值。

要求:

(1) 编制甲公司发行该可转换公司债券的会计分录。

(2) 计算甲公司 2019 年 12 月 31 日应计提的可转换公司债券利息和应确认的利息费用。

(3) 编制甲公司 2019 年 12 月 31 日应计提可转换公司债券利息和应确认的利息费用的会计分录。

(4) 编制甲公司 2020 年 1 月 1 日支付可转换公司债券利息的会计分录。

(5) 计算 2020 年 1 月 1 日可转换公司债券转为甲公司普通股的股数。

(6) 编制甲公司 2020 年 1 月 1 日与可转换公司债券转为普通股有关的会计分录。

(7) 计算甲公司 2020 年 12 月 31 日至 2023 年 12 月 31 日应计提的可转换公司债券利息、应确认的利息费用和"应付债券——可转换公司债券"科目余额。

(8) 编制甲公司 2024 年 1 月 1 日未转换为股份的可转换公司债券到期时支付本金和利息的会计分录。

第十一章

所有者权益

【学习要点及目标】

- 掌握实收资本(股本)、资本公积和其他综合收益的主要内容及会计处理。

- 掌握留存收益的内容及会计处理。

- 理解股份支付的会计处理。

- 了解所有者权益与负债的区别,以及其他权益工具包括的主要内容。

【核心概念】

实收资本　股本　资本公积　其他权益工具　其他综合收益　股份支付

【引导案例】 A、B、C 三家公司决定共同出资成立一家新公司 H 公司。在投资协议中约定，H 公司的注册资本为 200 万元，A 公司出资 100 万元，占 45%的股份；B 公司出资 50 万元加一项专利技术，占 35%的股份；C 公司出资 50 万元，占 20%的股份。

在公司成立时，相应的会计处理应该怎样进行？

第一节　所有者权益概述

一、所有者权益的定义与性质

所有者权益是指企业资产扣除负债后由所有者享有的剩余权益，包括实收资本(或股本)、其他权益工具、资本公积、其他综合收益留存收益。所有者权益在股份制企业又称为股东权益。所有者权益是企业投资人对企业净资产的所有权，它受总资产和总负债变动的影响而发生增减变动。所有者按其出资额所占比例分享企业利润，承担企业经营风险，同时，所有者还有法定的管理企业和委托他人管理企业的权利。

所有者权益与债权人权益相比较，一般具有以下四个基本特征。

(1) 负债是企业债权人对企业资产的要求权，所有者权益是企业所有者对企业剩余资产(净资产)的要求权，并且这种要求权在顺序上位于债权人的要求权之后。

(2) 所有者权益在企业经营期内可供企业长期、持续地使用，企业不必向投资人返还资本金。而负债则须按期返还给债权人，是企业的一项债务。

(3) 企业所有者凭其对企业投入的资本，享受税后分配利润的权利。所有者的出资比例是企业分配税后净利润的主要依据，而债权人除按规定取得利息外，无权分配企业的盈利。

(4) 企业所有者有权行使企业的经营管理权，或者授权管理人员行使经营管理权，可以参与制定企业的收益分配方案。但债权人并没有经营管理权和收益分配权。

(5) 企业所有者对企业的债务和亏损负有无限的责任或有限的责任，而债权人仅就自身债权的金额对企业的资产具有要求权，对企业的其他债务不承担责任，也不承担企业的亏损。

二、所有者权益的构成

企业的组织形式主要分为两类：公司制企业、非公司制企业。公司制企业主要包括有限责任公司和股份有限公司，非公司制企业主要包括独资企业和合伙企业。企业组织形式不同，所有者权益的分类和会计处理也有所差异。公司制企业是现下最主要的企业组织形式。本章主要对公司制企业所有者权益的会计处理进行说明。

所有者权益的构成内容，从来源上看主要包括投入资本、直接计入所有者权益的利得和损失、留存收益三大类；从内容上看主要有实收资本(股本)、其他权益工具、资本公积、其他综合收益、留存收益等。

(一)实收资本

所谓实收资本,是指所有者在企业注册资本的范围内实际投入的资本。所谓注册资本,是指企业在设立时向工商行政管理部门登记的资本总额,也就是全部出资者设定的出资额之和。所谓投入资本,是指投资者实际投入企业的资本金额。企业对资本的筹集,应该按照法律、法规、合同和章程的规定及时进行。如果是一次筹集的,投入资本应等于注册资本;如果是分期筹集的,在所有者最后一次缴入资本以后,投入资本应等于注册资本。注册资本是企业的法定资本,是企业承担民事责任的财力保证。在不同类型的企业中,投入资本的表现形式有所不同。在股份有限公司,投入资本表现为实际发行股票的面值,也称为股本;在其他企业,投入资本表现为所有者在注册资本范围内的实际出资额,也称为实收资本。一般情况下,投资者的投入资本,即构成企业的实收资本,也正好等于其在登记机关的注册资本。即,实收资本=注册资本=投入资本。但是,在一些特殊情况下,投资者也会因种种原因超额投入(如溢价发行股票等),从而使得其投入资本超过企业的注册资本。

实收资本按照所有者的性质不同,可以分为国家投入资本、法人投入资本、个人投入资本和外方投入资本。国家投入资本是指有权代表国家投资的政府部门或者机构以国有资产投入企业所形成的资本。法人投入资本是指我国具有法人资格的单位以其依法可以支配的资产投入企业所形成的资本。个人投入资本是指我国公民以其合法财产投入企业所形成的资本。外方投入资本是指外国投资者以及我国香港、澳门和台湾地区的投资者将资产投入企业所形成的资本。实收资本按照投入资产的形式不同,可以分为货币投资、实物投资、无形资产投资和股权投资等。

(二)其他权益工具

其他权益工具是指企业发行的除普通股以外的,按照金融负债和权益工具区分原则分类为权益工具的其他权益工具,主要包括分类为权益工具的优先股、永续债、认股权、可转换债券等金融工具。

(三)资本公积

资本公积是指所有者投入的资本超过其在企业注册资本(或股本)中所占份额的投资,以及其他原因形成的资本公积(主要指除净损益、其他综合收益和利润分配以外的所有者权益的其他变动)。资本公积的内容包括资本溢价(或股本溢价)和其他资本公积。

(四)其他综合收益

其他综合收益是指在企业经营活动中直接计入所有者权益的利得或损失,包括以后会计期间不能重分类计入损益的其他综合收益和以后会计期间满足规定条件时可以重分类计入损益的其他综合收益两类。其他综合收益一般是由特定资产的计价变动而形成的,当处置特定资产时,其他综合收益也应一并处置。因此,其他综合收益不得用于转增资本(或股本)。

(五)留存收益

留存收益是指归所有者所共有的、由收益转化而形成的所有者权益,主要包括法定盈余公积、任意盈余公积和未分配利润。

【阅读资料 11-1】

新《中华人民共和国公司法》的四大改变

2013 年 12 月 28 日，第十二届全国人民代表大会常务委员会第六次会议通过对《中华人民共和国公司法》所作的修改，自 2014 年 3 月 1 日起施行。本次修改将注册资本由实缴登记制改为认缴登记制，放宽了注册资本登记条件，降低了公司设立门槛，为我国推行注册资本登记制度改革提供了法律保障。相关改变如下。

改变一：取消对公司注册资本最低限额的限制。根据本次修改的规定，除法律、行政法规以及国务院决定对有限责任公司或者股份有限公司的注册资本最低限额另有规定外，取消有限责任公司最低注册资本 3 万元、一人有限责任公司最低注册资本 10 万元、股份有限公司最低注册资本 500 万元的限制。

改变二：取消对公司注册资本实缴的限制。根据本次修改的规定，除法律、行政法规以及国务院决定对有限责任公司或者股份有限公司的注册资本实缴另有规定外，取消有限责任公司股东或者发起设立股份有限公司的发起人的首次出资比例和最长缴足期限的限制。

改变三：取消对公司货币出资的比例限制。本次修改删去了公司法第 27 条第 3 款"全体股东的货币出资金额不得低于有限责任公司注册资本的百分之三十"。有限责任公司股东或者股份有限公司的发起人可以用货币、实物、知识产权、土地使用权等可以用货币估价并可以依法转让的非货币财产的一种或者几种出资。

改变四：取消公司登记提交验资证明的要求，公司营业执照不再记载"实收资本"事项。自 2014 年 3 月 1 日起，股东缴纳出资后，不再要求必须经依法设立的验资机构验资并出具证明，公司登记机关也不再要求提供验资证明，不再登记公司股东的实缴出资情况，公司营业执照不再记载"实收资本"事项。

第二节 实 收 资 本

一、实收资本概述

实收资本是指投资者按照企业章程，或合同、协议的约定，实际投入企业的资本。实收资本是投资者作为资本投入企业的各种财产，是企业注册登记的法定资本总额的来源，它表明了所有者对企业的基本产权关系。实收资本的构成比例是企业据以向投资者进行利润或股利分配的主要依据，也是企业清算时确定所有者对企业净资产的要求权的依据。中国企业法人登记管理条例规定，除国家另有规定外，企业的实收资本应当与注册资本一致。企业实收资本比原注册资本数额增减超过 20%时，应持资金使用证明或验资证明，向原登记主管机关申请变更登记。

二、实收资本增加的会计处理

企业实收资本的增加一般有三种：一是所有者投入资本；二是将资本公积转为实收资本或股本；三是将盈余公积转为实收资本。

(一)所有者投入资本

针对不同类型的企业，接受投资者投入的资本在进行会计处理时分别通过"实收资本"科目和"股本"科目核算。

1. 有限责任公司的实收资本

有限责任公司设置"实收资本"科目，核算企业收到的投资者投入的资本，并按股东名称设置明细账进行明细核算。投资者可以以货币资金、实物资产、无形资产以及股权等进行投资。有限责任公司的全部资本不分为等额股份，不发行股票而是由公司向股东签发出资证明，股东转让出资需经股东大会讨论通过。对于收到的初始投资者的投资，属于法定注册资本范围内的份额，记入"实收资本"科目；大于法定注册资本份额的部分，记入"资本公积——资本溢价"科目。对于新的投资者的加入，由于企业初创者承担了企业初创阶段的重大风险，所以后来的新投资者要想对企业进行投资时，要求其付出大于初创者的出资额才能取得与原有投资者相同的投资比例。

投资者投入资本时，企业应按照实际收到的款项或协议约定的相关资产的公允价值，借记"银行存款""存货""固定资产""无形资产""长期股权投资"等科目；根据应缴纳的增值税额，借记"应交税费——交增值税(进行税额)"科目，贷记"实收资本"科目。

【例 11-1】 A公司为有限责任公司，接受甲股东以银行存款投入的资本 3 000 000 元；接受乙股东投入的原材料一批，不含增值税的评估价值为 1 000 000 元，增值税为 130 000元；接受丙股东投入的不需安装的机器设备一台，不含增值税的评估价值为 2 000 000 元，增值税为 260 000 元，并以银行存款支付了运费 1 000 元，增值税 100 元。

根据上述资料，编制会计分录如下。

(1) 收到甲股东的投资。

借：银行存款	3 000 000
贷：实收资本——甲股东	3 000 000

(2) 收到乙公司的投资。

借：原材料	1 000 000
应交税费——应交增值税(进项税额)	130 000
贷：实收资本——乙股东	1 130 000

(3) 收到丙股东的投资。

借：固定资产	2 001 000
应交税费——应交增值税(进项税额)	260 100
贷：实收资本——乙股东	2 260 000
银行存款	1 100

2. 股份有限公司的股本

股份有限公司通过发行股票募集资本，应设置"股本"科目对股票面值进行核算。发行股票时，股票的发行价格可能等于面值，也可能高于面值溢价发行。我国企业发行股票时一般是溢价发行。溢价发行股票时，按照实际收取的金额，借记"银行存款"等科目；按照股票面值，贷记"股本"科目；实收金额超过股票面值部分，应贷记"资本公积——股本溢价"科目。股票发行之前和发行过程中发生的中介机构费等支出，应抵减溢价收入。

【例 11-2】 某公司委托证券公司代理发行普通股股票 2 000 000 股，每股面值 1 元，按照每股 1.2 元的价格发行。双方约定，按发行收入的 3% 收取手续费，从发行收入中扣除。假如收到的股款已经存入银行。根据以上资料，该公司应作以下会计处理。

借：银行存款　　　　　　　　　　　　　　　　　　　2 328 000
　　贷：股本　　　　　　　　　　　　　　　　　　　　　2 000 000
　　　　资本公积——股本溢价　　　　　　　　　　　　　　 328 000

【阅读资料 11-2】

企业组织形式

根据市场经济的要求，现代企业的组织形式按照财产的组织形式和所承担的法律责任划分。国际上通常将企业组织形式划分为独资企业、合伙企业和公司企业。

独资企业，西方也称"单人业主制"。它是由某个人出资创办的，有很大的自由度，企业经营全由业主自己决定。赚了钱，交了税，一切听从业主的分配；赔了本，欠了债，全由业主的资产来抵偿。我国的个体户和私营企业很多属于此类企业。

合伙企业是由几个人、几十人，甚至几百人联合起来共同出资创办的企业。它不同于所有权和管理权分离的公司企业。它通常是依合同或协议凑合组织起来的，结构较不稳定。合伙人对整个合伙企业所欠的债务负有无限责任。以上两类企业属自然人企业，出资者对企业承担无限责任。

公司企业是按所有权和管理权分离，出资者按出资额对公司承担有限责任创办的企业。公司企业主要包括有限责任公司和股份有限公司。

有限责任公司是指不通过发行股票，而由为数不多的股东集资组建的公司（一般由 2 人以上 50 人以下股东共同出资设立），其资本无须划分为等额股份，股东在出让股权时受到一定的限制。在有限责任公司中，董事和高层经理人员往往具有股东身份，使所有权和管理权的分离程度不如股份有限公司那样高。有限责任公司的财务状况不必向社会披露，公司的设立和解散程序比较简单，管理机构也比较简单，比较适合中小型企业。

股份有限公司是指全部注册资本由等额股份构成并通过发行股票（或股权证）募集资本，公司以其全部资产对公司债务承担有限责任的企业法人（应当有 2 人以上 200 人以下为发起人，注册资本的最低限额为人民币 500 万元）。其主要特征是：公司的资本总额平分为金额相等的股份；股东以其所认购股份对公司承担有限责任，公司以其全部资产对公司债务承担责任；每一股份有一表决权，股东以其持有的股份享受权利，承担义务。

(二)资本公积转为实收资本或股本

资本公积的主要用途就是转增资本或股本。这里用于转增资本的主要是资本公积中的资本溢价和股本溢价部分，因为这部分本身就属于投资者投入的资本。会计上借记"资本公积——资本溢价(或股本溢价)"科目，贷记"实收资本(或股本)"科目。

(三)盈余公积转为实收资本

盈余公积可以转增资本。注意，盈余公积转增资本后，法定盈余公积不得低于转增前注册资本的25%。会计上借记"盈余公积"科目，贷记"实收资本(或股本)"科目。

(四)其他方式下实收资本或股本的增加

(1) 股份有限公司通过发放股票股利的方式增资。股份公司股东大会或类似机构批准采用发放股票股利的方式增资时，公司在实施该方案并办理完增资手续后，根据实际发放的股票股利数，借记"利润分配——转作股本的股利"科目，贷记"股本"科目。发放股票股利时，按照股东原来持有的股数比例分配，如果分配的股利不足1股时，应将不足1股的股票股利改为现金股利，用现金支付，或由股东相互转让，凑为整股。

(2) 可转换公司债券持有人行使转换权利时，按可转换债券的账面价值，借记"应付债券——可转换公司债券"科目，借记"其他权益工具"科目；按股票面值和转换的股数计算的股票面值总额，贷记"股本"科目；差额贷记"资本公积——股本溢价"科目。

(3) 以权益结算的股份支付的行权。以权益结算的股份支付换取职工或其他方提供服务的，应在行权日，按根据实际行权情况确定的金额，借记"资本公积——其他资本公积"科目；按应计入实收资本或股本的金额，贷记"实收资本"科目或"股本"科目。

三、实收资本减少的会计处理

实收资本减少的原因一般有两种：一是资本过剩；二是企业发生重大亏损需要减少实收资本。有限责任公司通过返还投资额进行减资，股份有限公司通常通过回购外在流通的股票进行减资。

(一)有限责任公司减少实收资本

有限责任公司和一般企业返还投资者投资的会计处理比较简单，通常需要按法定程序报经批准减少投资，按实际减资的金额，借记"实收资本"科目，贷记"银行存款"科目。

(二)股份有限公司采用回购本公司股票方式减资

按《中华人民共和国公司法》的规定，股份有限公司可以在最低注册资本以上的范围内回购已经发行的股票，并且必须在10天以内注销股本。企业应设置"库存股"科目核算库存股的购回及处置情况。

因减资而回购库存股时，按照实际支付的款项，借记"库存股"科目，贷记"银行存款"等科目。

注销回购的股票时，应冲减股本；若库存股的实际成本大于股票面值，应按照注销的股票面值，借记"股本"科目，按照所注销库存股的实际成本，贷记"库存股"科目，差额应冲减发行股票时形成的资本公积——股本溢价部分，借记"资本公积——股本溢价"科目，资本公积不足冲减的，则冲减留存收益，借记"盈余公积""利润分配——为分配利润"

科目；若库存股的实际成本小于股票面值，其差额应计入"资本公积——股本溢价"科目的贷方。

【例 11-3】 某有限责任公司截至 2022 年 12 月 31 日共发行股票 30 000 000 股，股票面值为 1 元，资本公积(股本溢价)为 6 000 000 元，盈余公积为 4 000 000 元。经股东大会批准，公司以现金回购本公司股票 3 000 000 股并注销。假定公司按照每股 4 元回购股票，不考虑其他因素。公司相关账务处理如下。

库存股的成本=3 000 000×4=12 000 000(元)

(1) 股票回购时。

借：库存股   12 000 000

    贷：银行存款   12 000 000

(2) 注销股本。

借：股本   3 000 000

    资本公积——股本溢价   6 000 000

    盈余公积   3 000 000

    贷：库存股   12 000 000

第三节　其他权益工具

一、其他权益工具概述

其他权益工具是指企业发行的除普通股以外的归类为权益工具的各种金融工具。企业设置"其他权益工具"科目核算企业发行的除普通股以外的归类为权益工具的各种金融工具，并按发行金融工具的种类进行明细核算。

二、其他权益工具的会计处理

(1) 发行方发行其他权益工具时，应按实际收到的金额，借记"银行存款"等科目，贷记"其他权益工具——优先股、永续债等"科目。发行的金融工具为复合金融工具的，负债成分的价值和权益成分的价值要分开确认，发行时实际收到的价款扣除负债成分的公允价值作为"其他权益工具"入账，如可转换公司债券中的权益成分的价值。

(2) 在其他权益工具存续期间内，发行方分配股利或利息时，应作利润分配处理。发行方根据经批准的股利分配方案，按应分配给其他权益工具持有者的股利或利息金额，借记"利润分配——应付优先股股利、应付永续债利息等"科目，贷记"应付股利——优先股股利、永续债利息等"科目。

(3) 发行的金融工具原合同条款约定的条件或事项发生了改变，使得原来作为其他权益工具核算的金融工具重分类为金融负债的，应当在重分类日，按该金融工具的账面价值，借记"其他权益工具——优先股、永续债等"科目；按该金融工具的面值，贷记"应付债券——优先股、永续债等(面值)"科目；按该金融工具的公允价值与面值之间的差额，借记或贷记"应付债券——优先股、永续债等(利息调整)"科目;按该金融工具的公允价值与账面价值的差额,贷记或借记"资本公积——资本溢价(或股本溢价)"科目;如果资本公积不够冲减的,依次冲减盈余公积和未分配利润。发行方以重分类日计算的实际利率作为应付债券后续计量利息调整的基础。

(4) 发行方按合同约定条款将发行的普通股以外的其他权益工具转换为普通股的,按其他权益工具的账面价值进行转换,借记"其他权益工具"科目;按转换的普通股股票的面值,贷记"股本"科目;按差额,贷记"资本公积——股本溢价"科目。

(5) 发行方按合同约定条款赎回其他权益工具时,按赎回的价格,借记"库存股——其他权益工具"科目,贷记"银行存款"等科目;注销所回购的权益工具时,按该权益工具的账面价值,借记"其他权益工具"科目,按赎回价格,贷记"库存股——其他权益工具"科目,按其差额,借记或贷记"资本公积——资本溢价(或股本溢价)"科目,如若资本公积不够冲减的,依次冲减盈余公积和未分配利润。

【例 11-4】 某公司根据发生的可转换优先股业务,编制相关会计分录如下。

(1) 发行归类为权益工具的可转换优先股 100 000 股,扣除相关交易费用后实收价款 140 000 元。

借:银行存款   140 000
　　贷:其他权益工具——优先股   140 000

(2) 全部转换为普通股股票 20 000 股,每股面值 1 元。

借:其他权益工具——优先股   140 000
　　贷:股本   20 000
　　　　资本公积——股本溢价   120 000

第四节　资 本 公 积

资本公积是所有者投入资本的组成部分,主要包括:①资本溢价(或股本溢价);②以权益结算的股份支付;③以权益法核算的长期股权投资。

资本公积从来源上看,不是由企业实现的利润转换而来的,本质上属于投资资本的范畴。资本公积的主要用途是用来转增资本。

资本公积一般应当设置"资本(或股本)溢价""其他资本公积"明细科目进行明细核算。

一、资本溢价(股本溢价)

资本(股本)溢价是由企业投资者投入的资金超过了其在注册资本中所占有的份额所形成的,属于股东投入资本的组成部分。一般来说,有限责任公司初创时,股东按照其在企业注册资本中所占的份额出资,不会出现资本溢价。但在有限责任公司经营一段时间后有新的投资者加入时,新股东的出资额往往会大于其在企业注册资本中所占的份额。其原因主要有以下两个方面。

(1) 企业经过一段时间的经营后，资本利润率较企业初创时会有所提高，企业原有资本已产生增值。因此，新投资者要想与原投资者享有同等的权益，需要支付更多的出资额。

(2) 企业经营一段时间后，会形成一部分留存收益和资本公积。新投资者加入后，要与原投资者共享该部分留存收益和资本公积，也必须付出更多的代价。股份有限公司溢价发行股票筹集资金时，收到的溢价收入形成股本溢价。

企业收到新投资者的出资额时，应按照实际出资金额，借记"银行存款"等科目；按照新投资者在注册资本中占有的份额部分，贷记"实收资本"科目；按差额，贷记"资本公积——资本溢价"科目。

【例 11-5】盛世有限责任公司的所有者权益总额为 1 000 万元，其中，实收资本为 800 万元，盈余公积为 100 万元，未分配利润为 100 万元(即企业的留存收益为 200 万元)。现有甲投资者欲加入该公司，准备占该公司注册资本的 20%。那么，甲投资者至少应该投入多少资本，原投资者才能够接受呢？

解答：新投资者至少应该投入 250 万元，其中，200 万元为实收资本，使新投资者对公司的投资比例达到 20%；超额投入的 50 万元作为对原投资者的一种补偿，计入资本公积，由新老投资者共享。这样，在新投资者加入后，公司的资本公积和盈余公积合计 250(200+50)万元，原投资者享有其中的 80%，正好等于其在新投资者加入前应该享有的、滚存的留存收益 200(100+100)万元。而新投资者享有其中的 20%，正好等于其超额投入 50 万元的部分。

二、其他资本公积

其他资本公积是指除资本溢价(或股本溢价)项目以外所形成的资本公积，具体包括以下几个方面。

(一)以权益结算的股份支付

对于换取职工服务的以权益结算的股份支付，在行权等待期的每一个资产负债表日，都应按照可行权期权估计数和期权授予日的公允价值计算确定的金额，借记"管理费用"等科目，同时贷记"资本公积——其他资本公积"科目。行权日，企业根据实际收取的价款，借记"银行存款"科目；按照实际行权的权益工具的账面余额，借记"资本公积——其他资本公积"科目；按照计入股本的金额，贷记"股本"科目；按其差额，贷记"资本公积——股本溢价"科目。

(二)采用权益法核算的长期股权投资

当长期股权投资采用权益法进行核算时，被投资企业除其他综合收益、净损益以及利润分配之外的其他所有者权益变动，投资企业需要按照持股比例计算其应享有的份额，调整长期股权投资的账面价值，计入"长期股权投资——其他权益变动"科目，同时调整"资本公积——其他资本公积"科目。当处置该长期股权投资时，应该将原记入"资本公积——其他资本公积"科目的金额转入"投资收益"科目。

三、股份支付

(一)股份支付的概念

股份支付是指企业为获取职工提供的服务而授予其股票期权等，或承担以股票期权为基础确定的负债的交易。这里权益工具常见的有职工期权、认股权证等。股份支付包括以权益结算的股份支付及以现金结算的股份支付两类。

以权益结算的股份支付，是指公司为获取服务以股份或其他权益工具等作为对价进行结算的交易。

以现金结算的股份支付，是指公司为获取服务承担以股份或其他权益工具为基础计算确定的交付现金或者其他资产的义务的交易。

公司授予职工股票期权等用以换取职工提供的服务，实现对职工的激励或者补偿，这实质上属于职工薪酬的组成部分。

股份支付通常涉及四个环节：授予、可行权、行权、出售。

授予日，是指股份支付协议获得批准的日期。

可行权日，是指可行权条件得到满足，职工和其他方具有从公司取得现金或权益工具的日期。

行权日，是指职工和其他方行使权利、获取现金或者权益工具的日期。

出售日，是指股票的持有人将行使期权所取得的期权股票出售的日期。我国法规规定，用于期权激励的股份支付协议，应在行权日与出售日之间设立禁售期，其中国有控股上市公司的禁售期不得低于两年。

授予日至可行权日，为股份支付的约定期。

可行权日至行权日，为股份支付的等待期。

(二)以权益结算的股份支付

公司以权益结算的股份支付换取职工服务时，应以职工期权授予日的公允价值为基础进行计量，计入有关成本费用，同时确认资本公积。以权益结算的股份支付确定的资本公积，属于投资者投入资本的组成部分。

(1) 授予后可立即行权的以权益结算的股份支付，应将权益工具授予日的公允价值计入相关成本费用，即借记"管理费用"等科目，贷记"资本公积——股本溢价"科目。

(2) 职工完成约定期限内的服务或者达到规定业绩才可以行权的以权益结算的股份支付，在约定期限内的每个资产负债表日，应以可行权期权数量的最佳估计数为基础，按期权授予日的公允价值，借记"管理费用"等科目，贷记"资本公积——其他资本公积"科目。

在约定期的资产负债表日，有关信息表明可行权期权的估计数量与以前不同时，应进行相应调整，在可行权日应将其调整至实际可行权的期权数量。

公司在股份支付等待期内，不再对已确定的相关成本费用和资本公积进行调整。

在行权日，公司应根据行权实际收取的价款，借记"银行存款"等科目；根据实际行权的权益工具账面余额，借记"资本公积——其他资本公积"科目；根据实际行权的股票面值，贷记"股本"科目；根据差额，贷记"资本公积——股本溢价"科目。

【例 11-6】 甲公司于 2019 年 12 月批准了一项股份支付协议。该协议规定，2020 年 1 月 1 日，向 200 名公司管理人员每人授予 1 000 份股票期权，要求这些管理人员必须从 2020 年 1 月 1 日起在本公司连续服务 3 年，服务期满时可以以 5 元/股的价格购买 1 000 股本公司股票。公司预计该期权在授予日(2020 年 1 月 1 日)的公允价值为 18 元/股。

2020 年有 20 名管理人员离开了公司，公司预计未来 3 年中离开的管理人员比例为 20%；2021 年又有 10 名管理人员离开了公司，公司将估计的管理人员离开比例修改为 15%；2022 年又有 15 名管理人员离开。2023 年 1 月 1 日，未离开的管理人员全部行权。

根据上述资料，相关会计处理如下。

(1) 2020 年 1 月 1 日。

预计支付股份应负担的费用=18×1 000×200=3 600 000(元)

授予日不作账务处理。

(2) 2020 年 12 月 31 日。

预计支付股份应负担的费用=3 600 000×(1-20%)=2 880 000(元)

2020 年应负担的费用=2 880 000÷3=960 000(元)

借：管理费用   960 000
    贷：资本公积——其他资本公积   960 000

(3) 2021 年 12 月 31 日。

预计支付股份应负担的费用=3 600 000×(1-15%)=3 060 000(元)

2021 年年末累计应负担的费用=3 060 000×2/3=2 040 000(元)

2021 年应负担的费用=2 040 000-960 000=1 080 000(元)

借：管理费用   1 080 000
    贷：资本公积——其他资本公积   1 080 000

(4) 2022 年 12 月 31 日。

实际支付股份应负担的费用=18×1 000×(200-20-10-15)=2 790 000(元)

2022 年应负担的费用=2 790 000-2 040 000=750 000(元)

借：管理费用   750 000
    贷：资本公积——其他资本公积   750 000

(5) 2023 年 1 月 1 日。

向职工发放股票实际收取的价款=5×1 000×155=775 000(元)

发行股票的面值=1 000×155×1=155 000(元)

发行股票的溢价=775 000+2 790 000-155 000=3 410 000(元)

借：银行存款   775 000
    资本公积——其他资本公积   2 790 000
    贷：股本   155 000
        资本公积——股本溢价   3 410 000

(三)以现金结算的股份支付

以现金结算的股份支付，企业应当在等待期内的每个资产负债表日，以对可行权情况的最佳估计为基础，按照企业承担负债的公允价值，将当期取得的服务计入相关资产成本或当期费用，同时确认负债。

(1) 授予后可立即行权的以现金结算的股份支付，应将授予日公司承担的负债的公允价值计入相关成本费用，同时增加负债，即借记"管理费用"等科目，贷记"应付职工薪酬——股份支付"科目。职工行权时，应借记"应付职工薪酬——股份支付"科目，贷记"银行存款"等科目。

(2) 职工完成约定期限内的服务或者达到规定业绩之后才可以行权的以现金结算的股份支付，在约定期限内的每个资产负债表日，应以可行权股票增值权的最佳估计数为基础，按照资产负债表日股票增值权的公允价值计算确定的金额，借记"管理费用"等科目，贷记"应付职工薪酬——股份支付"科目。

在预定期的资产负债表日，有关信息表明公司当期承担的债务公允价值与之前估计不同时，应当进行相应的调整，在可行权日将其调整至实际可行权水平。

在等待期内的每个资产负债表日和结算日，公司应对负债的公允价值进行重新计量，将其变动计入当期损益，借记或贷记"公允价值变动损益"科目，贷记或借记"应付职工薪酬——股权支付"科目。

在行权日，公司应根据实际行权的金额，借记"应付职工薪酬——股权支付"科目，贷记"银行存款"等科目。

【例11-7】甲公司于2019年12月批准了一项股份支付协议。该协议规定，2020年1月1日，向100名公司管理人员每人授予1 000份现金股票增值权，要求这些管理人员必须从2020年1月1日起在公司连续服务3年，服务期满时才可以根据股价的增值幅度行权获取现金。公司估计该期权在授予日(2020年1月1日)的公允价值为9元/股。

2020年有5名管理人员离开公司，2020年年末该期权的公允价值为12元，该公司估计3年中离开的管理人员比例为15%；2021年又有3名管理人员离开公司，2021年年末该期权的公允价值为14元，公司将估计的管理人员离开比例修改为10%；2022年又有1名管理人员离开，2022年年末该期权的公允价值为19元。2023年1月1日，未离开的管理人员全部行权获取现金。

根据以上资料，相关的会计处理如下。

(1) 2020年1月1日，授予日不做账务处理。

(2) 2020年12月31日。

预计支付股份应负担的费用=12×1 000×1 00×(1-15%)=1 020 000(元)

2020年应负担的费用=1 020 000÷3=340 000(元)

借：管理费用   340 000

　　贷：应付职工薪酬——股份支付   340 000

(3) 2021年12月31日。

预计支付股份应负担的费用=14×1 000×100×(1-10%)=1 260 000(元)

2021年年末累计应负担的费用=1 260 000×2/3=840 000(元)

2021年应负担的费用=840 000-340 000=500 000(元)

借：管理费用   500 000

　　贷：应付职工薪酬——股份支付   500 000

(4) 2022年12月31日。

实际支付股份应负担的费用=19×1 000×(100-5-3-1)=1 729 000(元)

2022年应负担的费=1 729 000-840 000=889 000(元)

借：管理费用   889 000

  贷：应付职工薪酬——股份支付   889 000

(5) 2023年1月1日行权。

借：应付职工薪酬——股份支付   1 820 000

  贷：银行存款   1 820 000

第五节　其他综合收益

其他综合收益是指在企业经营活动中形成的未计入当期损益，而直接计入所有者权益的利得或损失，包括以后会计期间不能重分类计入损益的其他综合收益和以后会计期间满足规定条件时可以重分类计入损益的其他综合收益两类。

其他综合收益，一般是由特定资产的计价变动而形成的，当处置特定资产时，其他综合收益也应一并处置。因此，其他综合收益不得用于转增资本(或股本)。

一、以后会计期间不能重分类计入损益的其他综合收益

该类其他综合收益主要包括以下几项。

(1) 重新计量设定受益计划净负债或净资产导致的变动。

(2) 按权益法核算因被投资单位重新计量设定受益计划净负债或净资产变动导致的权益变动，投资企业按持股比例计算确认的该部分其他综合收益项目。

二、以后会计期间满足规定条件时可以重分类计入损益的其他综合收益

该类其他综合收益包括的内容如下。

(一)享有的被投资单位其他综合收益变动的份额

在长期股权投资采用权益法核算的情况下，被投资单位实现其他综合收益，投资方按持股比例计算应享有的份额，调整长期股权投资的账面价值，同时相应地调整其他综合收益，核算时借记"长期股权投资——其他综合收益"科目，贷记"其他综合收益"科目，或作相反的处理。该长期股权投资被处置时，应将原计入其他综合收益的金额转入当期损益。

(二)自用房地产或存货转换为投资性房地产时公允价值与账面价值的差额

企业将存货或自用房地产转换为以公允价值模式后续计量的投资性房地产，在转换日，应将其公允价值大于账面价值的差额计入"其他综合收益"科目的贷方。当处置该项投资性房地产时，将原计入其他综合收益的金额转入当期损益。

(三)长期债权投资转换为以公允价值计量且其变动计入其他综合收益的金融资产时公允价值与账面价值的差额

企业将长期债权投资转换为以公允价值计量且其变动计入其他综合收益的金融资产时，转换日长期债权投资的公允价值与其账面价值的差额，应计入"其他综合收益"科目；处置以公允价值计量且其变动计入其他综合收益的金融资产时，应注销与其相关的其他综合收益。

(四)以公允价值计量且其变动计入其他综合收益的金融资产的公允价值变动

资产负债表日，以公允价值计量且其变动计入其他综合收益的金融资产进行计量，该金融资产公允价值与其账面价值的差额，即公允价值的变动计入其他综合收益。借记"其他债权投资——公允价值变动""其他权益工具投资——公允价值变动"科目，贷记"其他综合收益——金融资产公允价值变动"科目，或进行相反处理。处置以公允价值计量且其变动计入其他综合收益的金融资产时，应注销与其相关的其他综合收益。

第六节　留　存　收　益

留存收益是指企业历年实现的净利润留存于企业的部分，包括盈余公积和未分配利润。

一、盈余公积

(一)盈余公积概述

盈余公积是企业按规定从净利润中提取的积累资金。盈余公积按照提取方式的不同分为法定盈余公积和任意盈余公积两类。

法定盈余公积是企业按法律规定的比例从净利润中提取的盈余公积。按照《公司法》的相关规定，法定盈余公积应按净利润的 10%提取，当法定盈余公积累计金额达到注册资本的 50%以上时可不再提取。应注意的是，法定盈余公积的提取基数不包含企业的年初未分配利润。

任意盈余公积是在提取法定盈余公积之后，经股东大会或类似机构决议，从净利润中提取的盈余公积。对于任意盈余公积，企业可自行决定盈余公积的提取比例。

企业提取的盈余公积，主要有以下三个用途。

(1) 弥补亏损。企业发生的亏损，应该由企业自己弥补。亏损弥补的途径主要有三个：一是用以后年度的税前利润弥补；二是用以后年度的税后利润弥补；三是用盈余公积弥补。企业用盈余公积弥补亏损时，应由董事会提议，并经公司股东大会批准。

(2) 转增资本。企业用盈余公积转增资本时，须经公司股东大会批准。企业以提取的盈余公积转增资本时，只是减少盈余公积的结存金额，同时增加企业的实收资本(股本)金额，并不会引起所有者权益总额的变动。

(3) 发放现金股利或利润。特殊情况下，当企业累计的盈余公积较多，而未分配利润较少时，为了维护企业的形象，给投资者以合理的回报，对于符合规定条件的企业可以用盈余公积分派现金股利或利润。

(二)盈余公积的会计处理

1. 盈余公积提取的会计处理

为核算盈余公积的提取和使用情况，企业应设置"盈余公积"科目，并应按提取方式的不同分别设置"法定盈余公积""任意盈余公积"两个明细科目。

企业按规定比例提取盈余公积时，应借记"利润分配——提取法定盈余公积""利润分配——提取任意盈余公积"科目，贷记"盈余公积——法定盈余公积""盈余公积——任意盈余公积"科目。

2. 盈余公积使用的会计处理

(1) 盈余公积弥补亏损。企业在经营过程中如果发生亏损，应由企业自行弥补，经股东大会或类似机构批准。用企业盈余公积弥补亏损时，应借记"盈余公积——法定盈余公积""盈余公积——任意盈余公积"科目，贷记"利润分配——盈余公积补亏"科目。

(2) 盈余公积转增资本(或股本)。企业将盈余公积转增资本(或股本)时，应按照股东原持股比例结转。如果用法定盈余公积转增资本，转增后留存的法定盈余公积应不得少于注册资本的25%。核算时，应借记"盈余公积——法定盈余公积""盈余公积——任意盈余公积"科目，贷记"实收资本(或股本)"科目。

(3) 盈余公积分配股利或利润。经公司股东大会决议批准，可以使用盈余公积分配股利或利润，按照应发放的股利或利润金额，借记"盈余公积——法定盈余公积""盈余公积——任意盈余公积"科目，贷记"应付股利"科目。

注意：企业用盈余公积补亏、转增资本或发放股利时，一般先使用任意盈余公积，再使用法定盈余公积。

二、未分配利润

未分配利润是指企业实现的净利润中留待以后年度进行分配的利润。相对于盈余公积，企业的未分配利润有较大的使用自主权。年度终了时，应当将企业当年实现的净利润或发生的净损失，由"本年利润"科目转入"利润分配——未分配利润"科目；另外，需将"利润分配"科目的其他二级明细科目余额转入"利润分配——未分配利润"科目。结转后，只有"未分配利润"明细科目有余额，其他二级明细科目均无余额。结转后，若"利润分配——未分配利润"科目余额在贷方，则为未分配利润；若在借方，则为累计未弥补的亏损。

【例11-8】 甲公司年初未分配利润为200万元，当年实现净利润600万元。经股东大会批准，其利润分配方案为：按10%的比例提取法定盈余公积，按5%的比例提取任意盈余公积。根据资料，甲公司相关的会计处理如下。

(1) 结转当年实现的净利润。

借：本年利润   6 000 000

  贷：利润分配——未分配利润   6 000 000

(2) 计提盈余公积。

借：利润分配——提取法定盈余公积 600 000

　　　　——提取任意盈余公积 300 000

　　贷：盈余公积——法定盈余公积 600 000

　　　　盈余公积——任意盈余公积 300 000

(3) 结转利润分配至二级明细科目余额。

借：利润分配——未分配利润 900 000

　　贷：利润分配——提取法定盈余公积 600 000

　　　　——取任意盈余公积 300 000

经以上会计处理之后，利润分配——未分配利润的账户余额为 710 万元(200+600-60-30)，为甲公司当年年末累计未分配的利润。

本 章 小 结

本章主要讲述了公司制企业所有者权益的主要内容以及相关会计核算。

所有者权益主要包括：实收资本(或股本)、其他权益工具、资本公积、其他综合收益和留存收益五部分内容。 实收资本是指所有者在企业注册资本的范围内实际投入的资本。其他权益工具是指企业发行的除普通股以外的归类为权益工具的各种金融工具。资本公积是指所有者投入的尚未确定为实收资本(或股本)的其他资本。其他综合收益是指在企业经营活动中形成的未计入当期损益，而直接计入所有者权益的利得或损失。留存收益是指归所有者共有的、由利润转化而形成的所有者权益，主要包括盈余公积和未分配利润。

股份支付是指企业为获取职工提供的服务而授予其股票期权等，或承担以股票期权为基础确定的负债的交易。

自 测 题

一、单项选择题

1. 股份有限公司发行股票的溢价收入应计入( )。

　　A. 资本公积　　　B. 实收资本　　　C. 营业外收入　　　D. 盈余公积

2. 按现行制度的规定，盈余公积金可以依法定程序转增资本，但转增资本后( )。

　　A. 企业法定盈余公积金不受限制

　　B. 企业法定盈余公积金不得高于注册资本的 25%

　　C. 企业法定盈余公积金不得低于注册资本的 25%

　　D. 企业任意盈余公积金必须为零

3. 下列会计事项中，会引起所有者权益总额发生变化的是( )。

　　A. 从净利润中提取盈余公积金　　　B. 用盈余公积金补亏

　　C. 用盈余公积转增资本　　　　　　D. 向投资者分配股利

4. 公司在增资时，新投资者交纳的出资额大于其在注册资本中所占的份额部分，应计入（　　）。

    A. 实收资本　　　B. 股本　　　　C. 资本公积　　　　D. 盈余公积

5. 股份有限公司因减资而收购的库存股，在减资时其收购价格高于面值部分，冲减所有者权益的顺序为（　　）。

    A. 盈余公积、未分配利润、资本公积

    B. 未分配利润、资本公积、盈余公积

    C. 资本公积、盈余公积、未分配利润

    D. 资本公积、未分配利润、盈余公积

6. 下列各项业务中，能影响所有者权益总额发生增减变动的是（　　）。

    A. 宣告分配股票股利　　　　　　B. 支付已宣告的现金股利

    C. 宣告派发现金股利　　　　　　D. 盈余公积补亏

7. 锦华公司委托宏源证券公司发行股票1 000万股，每股面值1元，每股发行价格为8元，按发行总收入的2%向证券公司支付佣金费用。该公司应记入"资本公积——股本溢价"账户的金额为（　　）。

    A. 6 840万元　　　B. 6 880万元　　　C. 7 800万元　　　　D. 7 900万元

二、简答题

1. 什么是所有者权益？所有者权益是如何分类的？各自的含义是什么？

2. 试说明资本公积和其他综合收益的内容，并了解资本公积和其他综合收益内容的变化。

3. 盈余公积的主要用途有哪些？

4. 企业的利润分配业务如何进行核算？

三、实务题

甲股份有限公司（以下简称甲公司）有关业务资料如下。

(1) 2014年1月1日，甲公司股东权益总额为46 500万元（其中，股本总额为10 000万股，每股面值为1元；资本公积为30 000万元；盈余公积为6 000万元；未分配利润为500万元）。2014年度实现净利润400万元，股本与资本公积未发生变化。

2015年3月1日，甲公司董事会提出如下预案。

① 按2014年度实现净利润的10%提取法定盈余公积。

② 以2014年12月31日的股本总额为基数，以资本公积（股本溢价）转增股本，每10股转增4股，计4 000万股。

2015年5月5日，甲公司召开股东大会，审议批准了董事会提出的预案，同时决定分派现金股利300万元。2015年6月10日，甲公司办妥了上述资本公积转增股本的有关手续。

(2) 2016年度，甲公司发生净亏损3 142万元。

(3) 2017年5月9日，甲公司股东大会决定以法定盈余公积弥补账面累计未弥补亏损200万元。

要求：

(1) 编制甲公司 2015 年 3 月提取法定盈余公积的会计分录。

(2) 编制甲公司 2015 年 5 月宣告分派现金股利的会计分录。

(3) 编制甲公司 2015 年 6 月资本公积转增股本的会计分录。

(4) 编制甲公司 2015 年度结转当年净亏损的会计分录。

(5) 编制甲公司 2017 年 5 月以法定盈余公积弥补亏损的会计分录。("利润分配""盈余公积"科目要求写出明细科目)

第十二章

收入、费用和利润

【学习要点及目标】

- 掌握销售商品收入的核算方法。
- 掌握提供劳务收入的核算方法。
- 掌握让渡资产使用权等的会计核算。
- 掌握费用的组成及会计核算。
- 了解费用与成本的关系。
- 了解利润的构成与会计核算。

【核心概念】

收入　会计核算　资产使用权　费用　成本　利润

【引导案例】 ①胜利钢铁集团公司于 2023 年 1 月 6 日销售给某机床厂 H 型号的钢材 200 吨，增值税专用发票上注明的价款为 800 000 元，增值税税额为 136 000 元，转账支票已经收到。②2023 年 1 月 10 日该集团公司与佳怡物流公司签订合约，将一闲置的厂房出租给佳怡公司，期限为 3 年，每年租金为 12 000 元，第一年的租金于合同签订日收到。③公司 2023 年 3 月 12 日支付购买的原材料铁矿石 2 000 吨，价款为 500 000 元，增值税税额为 85 000 元，以转账支票支付。该公司为增值税一般纳税人，税务机关核定的增值税纳税期限为一个月。

问题：

1. 该公司 2023 年 3 月份的收入有哪些？如何区分？
2. 该公司 2023 年 3 月份的利润为多少？
3. 若铁矿石在运输过程中损失 100 千克，价值 25 元，该如何处理？

第一节　收　　入

一、收入的含义及特征

企业从事生产经营活动的主要目的是为了获取收入，并通过取得的收入补偿相关的成本费用来确定企业的经营成果。收入有广义和狭义之分，广义的收入是指在会计期间内所获得的收益，表现为资产的增加或负债的减少，导致所有者权益增加、但与所有者投入资本无关的经济利益的总流入。

狭义的收入是指企业在销售商品、提供劳务及让渡资产使用权等日常经营活动中形成的经济利益的总流入，包括销售商品收入、利息收入、租金收入、股利收入、使用费收入、补贴收入和营业外收入等。狭义的收入在利润表上表现为：营业收入、投资收益、公允价值变动收益、资产处置收益、其他收益和营业外收入等。营业收入是指企业在从事销售商品、提供服务(包含各项劳务，下同)等日常经营业务过程中取得的收入。投资收益是指企业在从事各项对外投资活动中取得的净收入(各项投资业务取得的收入大于其成本的差额)。公允价值变动收益是指交易性金融资产等公允价值变动形成的收益。资产处置收益主要是指固定资产、在建工程以及无形资产等处置产生的收益。其他收益主要是指计入营业利润的政府补助等。营业外收入是指企业在营业利润以外取得的与企业日常活动无关的政府补助、接受捐赠收入等。

收入具有如下特征：①收入产生于企业经营活动的全过程，是从企业的日常活动中产生的，而不是从偶发的交易或事项中产生的；②收入的取得可能表现为企业资产的增加或负债的减少，或者资产增加和负债减少二者兼而有之，最终将导致企业所有者权益的增加；③因所有者投入资本产生的经济利益流入不属于收入。

二、收入的分类

本章所介绍的收入，由修订后的《企业会计准则第 14 号——收入》(2017)所规范，以及《企业会计准则第 15 号——建造合同》(2006)所规范的收入，即建造合同收入可视为企业提供服务所取得收入的一种特殊类型。

(1) 按照企业从事日常活动的性质，可将收入分为销售商品收入、提供劳务收入、让渡资产使用权收入、建造合同收入等。其中，销售商品收入是指企业通过销售商品实现的收入，如工业企业制造并销售产品、商业企业销售商品等实现的收入。提供劳务收入是指企业通过提供劳务实现的收入，如咨询公司提供咨询服务、软件开发企业为客户开发软件、安装公司提供安装服务实现的收入。让渡资产使用权收入是指企业通过让渡资产使用权而实现的收入，如商业银行对外贷款、租赁公司出租资产等实现的收入。建造合同收入是指企业承担建造合同所形成的收入。

(2) 按经济业务的核心性分类，可将收入分为主营业务收入、其他业务收入等。其中，主营业务收入是指企业为完成其经营目标从事的经常性活动而实现的收入。其他业务收入是指与企业为完成其经营目标所从事的经常性活动相关的活动而实现的收入。如工业企业对外出售多余的原材料、对外转让无形资产使用权等，在生产经营过程中属于非核心业务，这些活动形成的经济利益的总流入也构成收入，属于企业的其他业务收入。

(3) 按收入确认的期间分类，可将收入分为跨期收入和非跨期收入。跨期收入是指某项经济业务的总收入需要在多个会计期间内分期确认的收入。非跨期收入是指某项经济业务的总收入在一个会计期间内一次性确认的收入。

三、收入的确认和计量

修订后的《企业会计准则第 14 号——收入》(2017)关于营业收入确认的核心原则为：营业收入的确认方式应当反映企业向客户转让商品或服务的模式。该准则强调客户合同的履约义务，规定企业应当在履行了合同中的履约义务时确认营业收入。履约义务，是指合同中企业向客户销售商品、提供服务等的承诺，既包括合同中明确的承诺，也包括由于企业已公开宣布的政策、特定声明或以往的习惯做法等导致合同订立时客户合理预期企业将履行的承诺。例如，就企业销售商品而言，客户取得相关商品控制权时，可视为企业履行了合同中的履约义务。

1. 收入的确认

确认收入应解决两个问题：一是确认的时点；二是金额的计量。所谓时点，就是确认收入实现的时间，即在账上登记收入的日期；计量就是确认登记入账的金额。按照会计准则的最新规定，收入同时满足下列条件的，才能予以确认。

(1) 合同各方已批准该合同并承诺将履行各自的义务。

(2) 该合同明确了合同各方与所销售商品或提供服务等相关的权利和义务。

(3) 该合同有明确的与所销售商品或提供服务等相关的支付条款。

(4) 该合同具有商业实质，即履行该合同将改变企业未来现金流量的风险、时间分布或金额。

(5) 企业因向客户销售商品或提供服务等而有权取得的对价很可能收回。

2．营业收入的计量

《企业会计准则第 14 号——收入》关于营业收入计量的核心原则为：计量的金额应反映企业预计因交付这些商品或服务而有权获得的对价。

企业应当按照各单项履约义务的交易价格计量营业收入。交易价格是指企业因向客户销售商品或提供服务等而预期有权收取的对价金额。企业应当根据合同条款的规定，并结合以往的习惯做法确定交易价格。在确定交易价格时，企业应当考虑合同中存在的可变对价、重大融资成分、应付客户对价等因素的影响。

(1) 存在可变对价。可变对价是指对最终交易价格产生影响的不确定的对价，例如，赊销商品承诺给予客户的现金折扣等。合同中存在可变对价的，企业应当按照期望值或最可能发生金额确定可变对价的最佳估计数。每一资产负债表日，企业应当重新估计应计入交易价格的可变对价金额。可变对价金额发生变动的，对于已履行的履约义务，后续变动额应当调整变动当期的营业收入。

(2) 存在重大融资成分。重大融资成分是指销售商品或提供服务等收款期较长(1 年以上)导致分期收款的总对价高于其现销价格的差额。企业与客户签订的合同中存在重大融资成分的，应当按照假定客户在取得商品控制权时即以现金支付的应付金额确定交易价格。该交易价格与合同对价之间的差额，应当在合同期间内采用实际利率法摊销。

(3) 存在应付客户对价。应付客户对价是指企业销售商品明确承诺给予客户的优惠等。企业与客户签订的合同中含有应付客户对价的，应当将该应付对价冲减交易价格，并在确认相关收入与支付客户对价二者孰晚的时点冲减当期收入。

四、销售商品收入的核算

如果所涉及的会计主体为制造业，其收入主要表现为商品销售收入、其他业务收入等业务。

(一)开设的主要账户

销售商品收入由主营业务收入和其他业务收入两部分组成。商品销售是企业的主营业务，相关的收入核算应作为主营业务收入核算；原材料、包装物等存货的销售为附营业务，相关的收入核算应作为其他业务收入核算。

会计中，企业应当设置"主营业务收入"和"其他业务收入"科目，分别核算主营业务形成的经济利益总流入和其他业务形成的经济利益总流入。

1．"主营业务收入"账户

该账户用来核算企业根据合同约定，实现的销售商品、提供劳务等主要经营业务实现的收入。其贷方登记本期实现的主营业务收入；借方登记本期发生的销售退回和销售折让金额，以及期末转入"本年利润"账户的主营业务收入数额；期末结转后无余额。该账户应按主营业务种类设置明细账，进行明细核算。

2. "其他业务收入"账户

该账户用来核算企业根据合同约定,实现的主营业务以外的销售或其他业务所实现的收入。其贷方登记本期实现的其他业务收入;借方登记期末转入"本年利润"账户的其他业务收入;期末结转后无余额。该账户应按其他业务的种类设置明细账,进行明细核算。

3. "预收账款"账户

该账户用来核算企业按照合同规定预收的购买单位的货款及其偿付情况。收到预收货款,意味着企业债务增加,应贷记本账户;企业用商品或劳务抵偿预收账款,意味着企业负债减少,应借记本账户;期末余额一般在贷方,表示企业向购货单位预收的款项。

(二)业务举例

1. 通常情况下销售商品收入的会计处理

【例12-1】 2022年12月5日,胜利公司向本市海华公司销售甲产品300件,单价400元,增值税专用发票上注明的价款为120 000元,增值税为15 600元;销售乙产品200件,单价500元,增值税专用发票上注明的价款为100 000元,增值税为13 000元。胜利公司按照合同的约定,按时发货,并且海华公司及时将款项通过银行转账支付,胜利公司已收讫。

胜利公司根据开具的增值税发票,确认营业收入。其会计分录如下。

借:银行存款 248 600
　　贷:主营业务收入——甲产品 120 000
　　　　　　　　　　　　——乙产品 100 000
　　　应交税金——应交增值税(销项税额) 28 600

【例12-2】 12月8日,胜利公司按合同约定向衡水市A公司销售甲产品60件,单价400元,增值税专用发票上注明的价款为24 000元,增值税为3 120元;销售乙产品20件,单价500元,增值税专用发票上注明的价款为10 000元,增值税为1 300元。货已发出,款项尚未收到。

胜利公司根据开具的增值税发票,确认营业收入。其会计分录如下。

借:应收账款——A公司 38 420
　　贷:主营业务收入——甲产品 24 000
　　　　　　　　　　　　——乙产品 10 000
　　　应交税金——应交增值税(销项税额) 4 420

【例12-3】 12月15日,胜利公司按合同约定向青岛市B公司发出甲产品100件,单价400元,增值税专用发票上注明的价款为40 000元,增值税为5 200元,共计45 200元,抵扣上月预收的货款45 200元。

胜利公司根据开具的增值税发票,确认营业收入。其会计分录如下。

借:预收账款——B公司 45 200
　　贷:主营业务收入——甲产品 40 000
　　　应交税金——应交增值税(销项税额) 5 200

【例12-4】 12月24日,胜利公司根据合同约定,向A公司销售乙产品50件,单价

500 元，增值税专用发票上注明的价款为 25 000 元，增值税为 3 250 元。企业同时以银行存款代垫运杂费等共计 750 元。以上几项共计 29 000 元。天元公司开出为期 3 个月、面值 29 000 元的商业承兑汇票一张予以结算。

其会计分录如下。

借：应收票据　　　　　　　　　　　　　　　　　　　　　　　　　29 000

　　贷：主营业务收入——乙产品　　　　　　　　　　　　　　　　　25 000

　　　　应交税金——应交增值税(销项税额)　　　　　　　　　　　　 3 250

　　　　银行存款　　　　　　　　　　　　　　　　　　　　　　　　　 750

【例 12-5】 12 月 28 日，胜利公司按合同约定向本市佳宝公司出售不需用的丙材料 180 千克，单价 150 元，增值税专用发票上注明的价款为 27 000 元，增值税为 3 510 元，合计 30 510 元。款项已通过银行收讫。

这笔业务属其他销售业务。胜利公司根据开具的增值税发票，作如下会计处理。

借：银行存款　　　　　　　　　　　　　　　　　　　　　　　　　30 510

　　贷：其他业务收入——材料销售　　　　　　　　　　　　　　　　27 000

　　　　应交税金——应交增值税(销项税额)　　　　　　　　　　　　 3 510

2. 需要安装和检验的商品销售

企业销售的商品如果需要安装调试，且安装调试的结果经购货单位检验合格后购货合同才能生效，则企业在商品安装调试工作完成以前，客户并未真正接受该商品，不应确认为收入，收取的价款应确认为预收账款；在安装调试完成后，客户接受该商品并拥有该商品控制权时再确认为收入。

【例 12-6】 2022 年 12 月 5 日，胜利公司销售电梯 1 套，价款为 1 000 000 元，增值税销项税额为 130 000 元，款项收到存入银行，总成本为 600 000 元。合同规定胜利公司负责安装，安装费包含在商品价格中，安装调试完成后客户才签收该商品。胜利公司已经开具增值税专用发票，并收取全部价款。

胜利公司编制的会计分录如下。

(1) 由于客户在电梯安装调试完成后才签收，胜利公司在发出商品时不能确认收入。

借：银行存款　　　　　　　　　　　　　　　　　　　　　　　　1 130 000

　　贷：预收账款　　　　　　　　　　　　　　　　　　　　　　　1 000 000

　　　　应交税费——应交增值税(销项税额)　　　　　　　　　　　 130 000

借：发出商品　　　　　　　　　　　　　　　　　　　　　　　　 600 000

　　贷：库存商品　　　　　　　　　　　　　　　　　　　　　　　 600 000

(2) 电梯安装调试完成后，客户正式签收该商品。胜利公司的会计处理如下。

借：预收账款　　　　　　　　　　　　　　　　　　　　　　　　1 000 000

　　贷：主营业务收入　　　　　　　　　　　　　　　　　　　　　1 000 000

借：主营业务成本　　　　　　　　　　　　　　　　　　　　　　 600 000

　　贷：发出商品　　　　　　　　　　　　　　　　　　　　　　　 600 000

3. 以旧换新的商品销售

企业在销售商品的同时收购旧商品，收购的旧商品确认为存货。如果收购旧商品的价

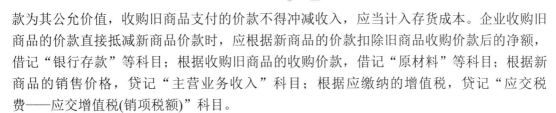

款为其公允价值，收购旧商品支付的价款不得冲减收入，应当计入存货成本。企业收购旧商品的价款直接抵减新商品价款时，应根据新商品的价款扣除旧商品收购价款后的净额，借记"银行存款"等科目；根据收购旧商品的收购价款，借记"原材料"等科目；根据新商品的销售价格，贷记"主营业务收入"科目；根据应缴纳的增值税，贷记"应交税费——应交增值税(销项税额)"科目。

需要指出的是，如果收购旧商品的价款超过其公允价值，差额属于新商品交易价格的调整，收购的旧商品应按照其公允价值入账，差额抵减新商品的收入。

【例 12-7】 2022 年 12 月 18 日，胜利公司销售 D 商品 50 件，价款为 30 000 元，增值税销项税额为 3 900 元，总成本为 21 000 元。胜利公司已经开具增值税专用发票，并收取全部价款。胜利公司在销售 D 商品的同时，收购旧商品 50 件，收购价款 1 500 元为其公允价值，直接抵扣 D 商品的销售价款，实际收到的价款为 32 400 元。收购的旧商品作为原材料验收入库。

胜利公司的会计分录如下。

销售 D 商品时

借：银行存款 32 400

原材料 1 500

贷：主营业务收入 30 000

应交税费——应交增值税(销项税额) 3 900

借：主营业务成本 21 000

贷：库存商品 21 000

4. 短期分期收款商品销售

企业采用分期收款方式销售商品，如果收款期较短，在满足收入确认条件的情况下，不需要考虑分期收款总额中包含的融资成分，应全额确认收入，借记"应收账款"科目，贷记"主营业务收入"科目；同时结转商品销售成本，借记"主营业务成本"科目，贷记"库存商品"科目。按照增值税相关规定，在合同规定的收款日期确认应交增值税，因此，在发出商品时不需要缴纳增值税，但应确认待转销项税额，借记"应收账款"科目，贷记"应交税费——待转销项税额"科目；在合同规定的收款日期，开具增值税专用发票，根据收到的全部价款，借记"银行存款"等科目，贷记"应收账款"科目；根据确认的增值税，借记"应交税费——待转销项税额"科目，贷记"应交税费——应交增值税(销项税额)"科目。在合同规定的收款日期，如果未收到价款，也应确认应交增值税。

【例 12-8】 2022 年 3 月 31 日，胜利公司采用分期收款方式销售 E 商品 60 件，不含增值税的价款为 60 000 元，增值税销项税额为 7 800 元，合计 67 800 元。合同规定分三次收款，收款日期分别为当年 6 月 30 日、9 月 30 日和 12 月 31 日。总成本为 48 000 元。胜利公司在各收款日均收取货款 22 600 元，并开具增值税专用发票。

胜利公司编制的会计分录如下。

(1) 3 月 31 日销售 E 商品。

借：应收账款 67 800

贷：主营业务收入 60 000

$\qquad$ 应交税费——待转销项税额 $\qquad$ 7 800

借：主营业务成本 $\qquad$ 48 000

$\qquad$ 贷：库存商品 $\qquad$ 48 000

(2) 6月30日、9月30日和12月31日收取货款。

借：银行存款 $\qquad$ 22 600

$\qquad$ 贷：应收账款 $\qquad$ 22 600

借：应交税费——待转销项税额 $\qquad$ 2 600

$\qquad$ 贷：应交税费——应交增值税(销项税额) $\qquad$ 2 600

5. 附有售后回购条件的商品销售

对于售后回购交易，企业应当区分不同情况进行会计处理。企业因存在与客户的远期安排而负有回购义务或企业享有回购权利的，表明客户在销售时点并未取得相关商品控制权，企业应当作为租赁交易或融资交易进行相应的会计处理。其中，回购价格低于原售价的，应当视为租赁交易，即视为客户租赁该资产，差额为客户承担的资产使用费；回购价格高于原售价的，应当视为融资交易，即质押贷款，在收到客户款项时确认金融负债，并将其差额在回购期内确认为利息费用等，均不确认为收入。

企业附有售后回购条件的商品销售，如果属于融资交易，收取的价款应确认为负债。企业应根据收取的全部价款，借记"银行存款"等科目；根据收取的不含增值税的价款，贷记"其他应付款"科目；根据应交增值税，贷记"应交税费——应交增值税(销项税额)"科目。同时，还要根据发出商品的成本，借记"发出商品"科目，贷记"库存商品"科目。企业回购商品的价格超过销售商品价格的差额，实质上属于商品回购期内支付的利息费用，应在回购期内分期平均确认为利息支出，借记"财务费用"科目，贷记"其他应付款"科目。企业回购商品时，应根据回购商品不含增值税的价款，借记"其他应付款"科目；根据支付的增值税额，借记"应交税费——应交增值税(进项税额)"等科目；根据支付的全部价款，贷记"银行存款"等科目。同时，根据收回的商品成本，借记"库存商品"科目，贷记"发出商品"科目。

因不涉及营业收入，会计处理略。

6. 附有现金折扣的商品销售

企业赊销的商品如果附有现金折扣的条件，则其对价为可变对价，企业应根据最可能收取的对价确认营业收入；资产负债表日，应重新估计可能收到的对价，按其差额调整营业收入。

【例 12-9】 胜利公司发生的附有现金折扣的赊销业务，具体如下。

业务 1：2022 年 11 月 20 日，胜利公司与乙公司签订合同，当日采用赊销方式销售甲产品 30 件，价款为 30 000 元，增值税为 3 900 元，该批产品的成本为 22 000 元。现金折扣(合同约定按照不含增值税的价款计算)的条件为"2/30，1/60，n/90"，胜利公司估计乙公司能够在 12 月 20 日之前付款，取得现金折扣 600 元，确认营业收入为 29 400 元。当日，胜利公司开具了增值税专用发票，乙公司收到商品。

胜利公司编制的会计分录如下。

借：应收账款 $\qquad$ 33 300

```
      贷：主营业务收入                                          29 400
            应交税费——应交增值税(销项税额)                      3 900
      借：主营业务成本                                          22 000
      贷：库存商品                                              22 000
```

业务2：2022 年 12 月 31 日，乙公司尚未支付货款。胜利公司与乙公司沟通后，估计乙公司能够在 2023 年 1 月 20 日前支付货款，只能取得 300 元的现金折扣。甲公司调增营业收入为 300 元。

```
      借：应收账款                                               300
            贷：主营业务收入                                      300
```

业务3：2023 年 1 月 18 日，胜利公司收到乙公司支付的全部货款 33 600 元。

```
      借：银行存款                                             33 600
            贷：应收账款                                        33 600
```

五、提供劳务收入的确认与计量

提供劳务收入是收入的另一种类型。对会计师事务所、律师事务所、咨询公司以及许多属于服务性行业的企业来说，向其他企业或个人提供劳务是其主要的业务活动，由此而取得的提供劳务收入是这类企业的主要收入。

提供劳务收入可以根据劳务结果分为形成有形资产的劳务和不能形成有形资产的劳务两种。前者如建造、安装、大型设备的制造，后者如提供维修服务、专业咨询等。前者在《企业会计准则——收入》(2017)中予以规范，后者在其他准则中作出了规定，如《建造合同》等。

(一)提供劳务收入的确认

由于劳务按是否跨年度可分为两种，因此，提供劳务收入的确认也有不同的标准。

1. 不跨年度劳务收入的确认

对于不跨年度劳务而言，劳务收入的确认可以按全部完工法，即在劳务全部完成时确认收入，确认的金额为合同金额或协议金额。具体的确认标准，可参照销售商品收入的确认原则。

2. 跨年度劳务收入的确认

对于跨年度劳务而言，确认收入时，要看在资产负债表日，劳务的结果是否能够可靠地予以估计。

1) 在资产负债表日，劳务的结果能够可靠地予以估计

在这种情况下，企业应在资产负债表日采用完工百分比法确认劳务收入。

完工百分比法，是指按照劳务的完成程度确认收入和费用的方法。采用这种方法确认收入，仅适用于提供劳务的交易。

提供劳务的结果能否可靠地估计的三个判定标准如下。

(1) 劳务总收入和总成本能够可靠地计量。这是收入确认的基本条件。劳务总收入，

是指劳务关系双方签订的劳务合同中注明的交易总金额或协议约定的交易总金额。劳务总成本，是指至资产负债表日已发生的成本和完成整个劳务还需要发生的成本之和。

(2) 与交易相关的经济利益能够流入企业。与提供劳务交易相关的经济利益，是指企业因履行劳务合同可从对方那里获得的劳务款。若该部分利益不能流入企业，就不能确认为收入，否则，将导致企业收入虚增。

(3) 劳务的完成程度能够可靠地确定。在资产负债表日，如果对劳务的完成程度不能可靠地确定，就无法确定资产负债表日应确认多少收入和相关成本。

只有在上述三个条件同时满足时，才能认为劳务的结果能够可靠地予以估计。

2) 在资产负债表日，劳务的结果不能够可靠地予以估计

在这种情况下，需要区分以下两种不同的情况进行处理。

(1) 已发生的成本预计可以补偿。在交易的初期，有时会发生这种情况，即交易的结果虽然还不能可靠地估计，但企业预计已发生的成本能够得到补偿。遇到这种情况，企业应从稳健原则出发，仅将已发生并预计可以补偿的成本金额确认为劳务收入。这时，由于确认的收入与确认的成本相等，企业实际上没有实现利润。

(2) 已发生的成本预计不能补偿。在资产负债表日，如果已经发生的劳务成本预计不能全部得到补偿，意味着劳务合同成本会超过合同收入。反映在会计核算中，企业应按已经发生的劳务成本金额确认收入，并按已经发生的劳务成本作为当期费用，确认的金额小于已经发生的劳务成本的差额，作为当期损失。

(二)提供劳务收入的计量和会计核算

1. 提供劳务收入的计量

提供劳务的总收入应按企业与接受劳务方签订的合同或协议金额确定，现金折扣在实际发生时作为财务费用处理。

2. 提供劳务收入的会计核算

提供劳务收入的核算内容主要包括提供劳务收入的确认、因提供劳务而应缴纳的各种税金及劳务成本的核算等。

核算时设置的科目主要有"劳务成本""主营业务税金及附加""营业费用"等。

企业在采用完工百分比法确认收入时，如果"主营业务成本"科目有余额，期末应并入资产负债表中的"存货"项目反映。

【例 12-10】某建筑设计院于 2022 年承接了丽雅公司的一项高层住宅楼设计任务。双方约定，设计工作自当年 7 月开始，到第二年 6 月结束。合同总金额为 100 万元，丽雅公司分两次平均付款。第一次在项目开始时支付，第二次在项目结束时支付。2022 年年末，实际发生成本为 40 万元。设计院预计还需发生成本为 35 万元。2022 年 12 月 31 日，经确认，设计完成程度为 60%。

(1) 2022 年确认收入=劳务总收入×劳务的完成程度－以前年年度已确认的收入
$$=100×60\% - 0=60(万元)$$

2022 年确认费用=劳务总成本×劳务的完成程度－以前度已确认的费用
$$=(40+35)×60\% - 0=45(万元)$$

有关的会计处理如下。

① 发生设计成本时。

借: 主营业务成本　　　　　　　　　　　　　　　　　400 000

　　贷: 存货、应付职工薪酬等　　　　　　　　　　　　　　　400 000

② 预收款项时。

借: 银行存款　　　　　　　　　　　　　　　　　　　600 000

　　贷: 预收账款——丽雅公司　　　　　　　　　　　　　　　600 000

③ 确认收入时。

借: 预收账款——丽雅公司　　　　　　　　　　　　　600 000

　　贷: 主营业务收入　　　　　　　　　　　　　　　　　　　600 000

④ 结转成本时。

借: 主营业务成本　　　　　　　　　　　　　　　　　450 000

　　贷: 劳务成本　　　　　　　　　　　　　　　　　　　　　450 000

(2) 2023 年确认收入=100×100%-60=40(万元)

2023 年确认成本=75×100%-45=30(万元)

有关的会计处理同 2022 年。

六、让渡资产使用权收入的确认和计量原则

让渡资产使用权收入主要包括: ①利息收入,主要是指金融企业对外贷款形成的利息收入,以及同业之间发生往来形成的利息收入等; ②使用费收入,主要是指企业转让无形资产如商标权、专利权、专营权、版权等资产的使用权形成的使用费收入。

企业对外出租资产收取的租金、进行债权投资收取的利息、进行股权投资取得的现金股利,也构成让渡资产使用权收入,有关的会计处理请参照有关租赁、金融工具的确认和计量,长期股权投资等内容。

与销售商品和提供劳务相比,让渡资产使用权的交易比较简单,不需要考虑诸如所售商品所有权的主要风险和报酬是否已转移、提供劳务交易的结果是否能可靠地估计等问题,只需要满足下列两项基本条件即可确认。

1. 相关的经济利益很可能流入企业

相关的经济利益很可能流入企业,是指让渡资产使用权收入金额收回的可能性大于不能收回的可能性。企业在确定让渡资产使用权收入金额能否收回时,应当根据对方企业的信誉和生产经营情况、双方就结算方式和期限等达成的合同或协议条款等因素,综合进行判断。

2. 收入的金额能够可靠地计量

收入的金额能够可靠地计量,是指让渡资产使用权收入的金额能够合理地估计。

第二节　费用和成本

一、费用的特征和分类

费用是指企业在日常活动中发生的、会导致所有者权益减少的、与向所有者分配利润无关的经济利益的总流出。与收入是企业日常活动所发生的经济利益的流入相反，费用是企业为取得收入而进行产品的生产和销售、劳务提供等产生的消耗。

费用有广义和狭义之分。狭义的费用仅指与本期营业收入相配比的那部分耗费，包括主营业务成本、主营业务税金及附加、其他业务支出和期间费用。广义的费用除上述各项外，还包括企业发生的所有费用和损失等，如企业的主营业务成本、主营业务税金及附加、其他业务支出、期间费用、投资损失和营业外支出等，都属于企业的费用。

费用具有如下基本特征：①费用的发生将导致企业经济资源的减少，具体可表现为企业实际的现金支出或非现金支出，也可以是预期的现金支出。②个别费用的发生会导致企业负债的增加。若企业借入短期借款，现在应当负担的利息费用通常在借款使用一段时间以后才支付，由此形成企业在将来应当承担的一种负债。③费用最终会减少企业的所有者权益。费用的发生会导致经济利益流出企业，而经济利益的所有权归属于企业的所有者，因此，费用的发生最终会使企业的所有者权益减少。

二、费用的确认与计量

在确认费用时，首先，应当划分生产费用与非生产费用的界限。生产费用是指与企业日常生产经营活动有关的费用，如生产产品所发生的原材料费用、人工费用等；非生产费用是指不属于生产费用的费用，如用于购建固定资产所发生的费用，不属于生产费用。其次，应当分清生产费用与产品成本的界限。生产费用与一定的期间相联系，而与生产的产品无关；产品成本与一定品种和数量的产品相联系，而不论发生在哪一期。最后，应当分清生产费用与期间费用的界限。生产费用应当计入产品成本；而期间费用直接计入当期损益。

在确认费用时，对于确认为期间费用的费用，必须进一步划分为管理费用、销售费用和财务费用。对于确认为生产费用的费用，必须根据该费用发生的实际情况分不同的费用性质将其确认为不同产品所负担的费用；对于几种产品共同发生的费用，必须按受益原则，采用一定的方法和程序将其分配计入相关产品的生产成本。

三、生产成本的核算

(一)成本的概念

成本是指企业发生的费用中最终要计入一定的成本计算对象的那部分费用。企业在产品生产过程中耗费的原材料、支付的人工费等，都要计入所生产的产品的成本。有些费用则不能计入成本，而只能作为发生期间的费用或损失来处理，如企业支付的办公费用、水电费等，发生后应全部计算为当期的费用。可见，在发生的费用中，只有那些按照规定应当计入一定成本计算对象的部分，才称为成本。如果不能计入一定的成本计算对象，则只能作为费用或损失来处理。

成本有广义和狭义之分。广义的成本泛指企业为取得资产所付出的代价，如企业为取得原材料、包装物等流动资产所付出的代价，称为物资采购成本；为取得设备和厂房等固定资产所付出的代价，称为固定资产成本等。狭义的成本仅指企业为生产产品和提供劳务而发生的各种成本，即主营业务成本和其他业务支出等。

(二)成本与费用的联系与区别

从上面的分析可以看出，成本与费用两者之间有着密切联系。一般来说，两者都是企业支付或耗费的经济资源，而费用的发生往往是成本计算的前提和基础。从这一点来看，成本是可以对象化的费用，即这部分费用在发生以后，一定能归集计入某一种资产的价值。企业在生产准备过程，进行材料和设备采购所产生的费用支出会形成材料和设备的采购、购置成本；在产品的生产过程中，企业将购入的材料和设备等用于产品生产，上述采购、购置成本即转化为生产费用；当产品生产完工以后，经过一定的归集，生产费用又构成了产品的生产成本；当产品被销售出去后，产品在生产过程中形成的生产成本又会转化为产品的销售成本。

成本与费用两者之间也有着明显区别。从严格意义上讲，成本并不等于费用。费用与一定的会计期间相联系，而成本则是与一定的成本计算对象相联系。只有当企业发生的耗费与当期收入之间相互配合比较，即计入当期损益时，才成为实际意义上的费用。根据这样的判别标准，成本在产品生产的报告期内不能全部确认为当期费用，即不能与当期实现的收入相配比；只有在销售产品时，才能按照已经销售的产品成本确认为当期费用。

(三)生产成本的会计核算

企业应设置"生产成本"科目，本科目核算企业进行工业性生产发生的各项生产成本，包括生产各种产品(如产成品、自制半成品等)、自制材料、自制工具、自制设备等。本科目按基本生产成本和辅助生产成本进行明细核算。基本生产成本应当分别按照基本生产车间成本核算对象(如产品的品种、类别、订单、批别、生产阶段等)设置明细账(或成本计算单)，并按照规定的成本项目设置专栏。

【阅读资料 12-1】

法律并未规定产品成本的具体计算规则，其计算方法是在会计制度框架下由企业管理当局自行确定的。企业面临竞争对手在产品功能、结构设计、外观设计、节能效果和价格等多个方面的竞争，需要综合考虑成本的测算。需要集中企业营销渠道、生产环节管理、财务会计、售后服务等各部门共同协调，确定产品的成本和定价。关于产品成本的计算方法由《成本会计学》课程具体讲解，大家在后续课程中学习。

1．直接材料费用的核算

生产经营过程中领用的各种库存材料，都应在月末按照材料的用途及领用部门归集，据以编制"耗用材料分配表"，进行直接材料费用的归集和分配。

生产车间发生的直接用于产品生产的原材料费用，应专门设置"直接材料"成本项目。直接用于产品生产或提供劳务的原材料等，应记入"生产成本——基本生产成本(或辅助生产成本)"账户，并记入按成本计算对象设置的成本计算单中的"直接材料"成本项目内。如果是几个成本计算对象共同耗用的，应采用一定的分配标准，分配记入各成本计算对象的成本计算单中的"直接材料"成本项目内。

基本生产车间和辅助生产车间发生的直接用于生产但没有专设成本项目的各种原材料费用以及用于组织和管理生产活动的各种原材料费用，一般应借记"制造费用"科目及其明细账(基本生产车间或辅助生产车间)的相关费用项目。企业应根据发出原材料的费用总额，贷记"原材料"科目。

【例12-11】 胜利公司编制2022年12月"发出材料汇总表"的汇总结果如下：生产甲产品耗用材料45 000元，生产乙产品耗用材料38 000元，车间一般性材料消耗3 000元。该公司编制的会计分录如下。

```
借：生产成本——A产品                                    45 000
        ——B产品                                        38 000
    制造费用                                             3 000
    贷：原材料                                                    86 000
```

2. 直接工资费用的核算

对于基本生产车间生产工人的工资，在采取计件工资制下，其工资属于直接费用，应根据有关凭证，直接记入"生产成本——基本生产成本(或辅助生产成本)"科目，以及各成本计算对象中。在采取计时工资制下，如果只生产一种产品，其工资也属于直接费用，可直接计入各成本计算对象中；如果生产几种产品，其工资属于间接费用，应采用适当的方法在各成本计算对象之间分配计入。分配标准一般采用实际工时或定额工时。

生产车间技术及管理人员工资、企业行政管理人员工资，在分配时直接记入"制造费用""管理费用"科目。

【例12-12】 胜利公司根据员工的劳动时间和生产产品数量等有关记录，计算出2022年12月应付各类人员的工资数额为：生产甲产品工人工资15 000元，生产乙产品工人工资12 000元；生产车间管理人员和技术人员工资5 000元。该公司编制的会计分录如下。

```
借：生产成本——甲产品                                   15 000
        ——乙产品                                       12 000
    制造费用                                             5 000
    贷：应付职工薪酬                                              32 000
```

【例12-13】 胜利公司用现金32 000元向员工发放工资。编制的会计分录如下。

```
借：应付职工薪酬                                        32 000
    贷：现金                                                     32 000
```

四、销售成本、税金及附加的核算

(一)设置的主要账户

按照配比原则，企业在确认销售收入的同期，应确认与其相关的销售成本、税金及附加，并对当期发生的销售费用进行账务处理。因此，应设置核算销售成本、税金及附加等费用的有关账户。

1．"营业成本"账户

该账户用来核算企业主营业务活动实际成本的发生和结转情况。对商品销售业务，其借方登记从"库存商品"账户转入的本期已销商品的实际成本；贷方登记本期退回商品的实际成本和期末转入"本年利润"账户的本期实际已销商品的实际成本；期末结转后无余额。该账户应按主营业务种类设置明细账，进行明细核算。

2．"税金及附加"账户

该账户用来核算企业因主营业务活动而应负担的各种销售税金(包括消费税、城市维护建设税、资源税、土地增值税)和教育费附加。其借方登记按照规定标准计算的本期应负担的各种销售税金和教育费附加；贷方登记期末转入"本年利润"账户的各种销售税金和教育费附加数；期末结转后无余额。该账户无须进行明细核算。

(二)业务举例

【例 12-14】 12 月 28 日，胜利公司结转本月已销售丙材料的实际成本。假设例 12-5 中所销售丙材料的实际成本为 18 000 元。

这笔经济业务的发生，一方面使库存材料减少 18 000 元；另一方面使材料销售成本增加 18 000 元，涉及"原材料"和"其他业务支出"两个账户。其会计分录如下。

借：其他业务支出——材料销售　　　　　　　　　　　　　　　　18 000
　　贷：原材料——丙材料　　　　　　　　　　　　　　　　　　　　18 000

【例 12-15】 12 月 31 日，胜利公司计算并结转本月已销商品的销售成本。假定甲产品已销 460 件，单位成本为 280 元，乙产品已销 270 件，单位成本为 320 元。

本月甲产品本月销售成本计算为=460×280=128 800(元)

乙产品的销售成本经计算为=270×320=86 400(元)

计算出本期已销商品的销售成本后，应予以及时结转。结转已销商品的销售成本，一方面表明已销商品的成本增加；另一方面表明库存商品的减少。其会计分录如下。

借：营业成本——甲产品　　　　　　　　　　　　　　　　　　　128 800
　　　　　　——乙产品　　　　　　　　　　　　　　　　　　　　 86 400
　　贷：库存商品——甲产品　　　　　　　　　　　　　　　　　　　128 800
　　　　　　　　——乙产品　　　　　　　　　　　　　　　　　　　 86 400

【例 12-16】 12 月 31 日，胜利公司计算并结转本月应交的城市维护建设税和教育费附加。

根据我国税法的有关规定，增值税纳税人负有缴纳城市维护建设税和教育费附加的义务，纳税期限为一个月，于次月 1 日至 10 日内申请纳税并结清上月应纳税款。

假设本月发生的增值税进项税额为 120 400 元，本月发生的增值税进项税额均为税法允许抵扣的金额，销项税额为 182 780 (28 600+4 420+5 200+3 250+3 510+130 000+3 900+3 900)元。则本月应纳增值税额=182 780－120 400=62 380(元)

应交城市维护建设税=62 380×7%=4 366.6(元)

应交教育费附加=62 380×3%=1 871.4(元)

这笔经济业务的发生，一方面使税金及附加增加 6 238 元；另一方面使公司应缴纳的城建税增加 4 366.6 元，应交教育费附加增加 1 871.4 元。其会计分录如下。

借：税金及附加   6 238
 贷：应交税金——应交城建税   4 366.6
   其他应交款——应交教育费附加   1 871.4

特别指出的是，对于企业在销售时所给予购货方的现金折扣，在实际发生时应作为企业的财务费用处理；对发生的销售退回及折让，在发生时直接冲减企业的销售收入，不需单独设置账户核算；对于不能同时满足销售收入确认的五项条件的发出商品业务，为了单独反映已经发出但尚未确认销售收入的商品成本，企业还应设置"发出商品""委托代销商品""分期收款发出商品"等科目。

"发出商品"科目核算一般销售方式下，已经发出但尚未确认销售收入的商品成本。

"委托代销商品"科目核算企业在委托其他企业代销商品的情况下，已经发出但尚未确认销售收入的商品成本。

"分期收款发出商品"科目核算分期收款销售的企业，在采用分期确认收入的方法时，已经发出但尚未结转的商品成本。

企业对于发出的商品，在确定不能确认收入时，应结合不同的情况，按发出商品的实际成本分别借记"发出商品""委托代销商品""分期收款发出商品"等科目，贷记"库存商品"科目。

"发出商品""委托代销商品"和"分期收款发出商品"等科目的期末余额应并入资产负债表中的"存货"项目中。

五、期间费用的核算

期间费用是企业当期发生的费用中的重要组成部分，是指本期发生的、不能直接或间接归入某种产品成本的、直接计入损益的各项费用，包括管理费用、销售费用和财务费用。

(一)管理费用

管理费用是指企业为组织和管理企业生产经营所发生的各种费用，包括企业在筹建期间内发生的开办费、董事会和行政管理部门在企业的经营管理中发生的或者应由企业统一负担的公司经费(包括行政管理部门职工工资及福利费、物料消耗、低值易耗品摊销、办公费和差旅费等)、工会经费、董事会费(包括董事会成员津贴、会议费和差旅费等)、聘请中介机构费、咨询费(含顾问费)、诉讼费、业务招待费、房产税、车船税、土地使用税、印花税、技术转让费、矿产资源补偿费、研究费用、排污费以及企业生产车间(部门)和行政管理部门等发生的固定资产修理费用等。

企业发生的管理费用在"管理费用"科目核算，借方登记发生额(增加数)，贷方登记结转额(减少数)，并在"管理费用"科目下按费用项目设置明细账进行明细核算。期末，"管理费用"科目的余额结转至"本年利润"科目后无余额。

【例 12-17】 胜利公司 12 月份根据发生的管理费用，编制相关的会计分录。

(1) 应付行政管理部门职工薪酬 24 200 元。

借: 管理费用   24 200

  贷: 应付职工薪酬   24 200

(2) 计提管理部门固定资产折旧费 3 000 元。

借: 管理费用   3 000

  贷: 累计折旧   3 000

(3) 无形资产摊销 3 000 元。

借: 管理费用   3 000

  贷: 累计摊销   3 000

(4) 用银行存款支付办公费 4 000 元, 增值税 520 元(经税务机关认证可以抵扣), 合计 4 520 元。

借: 管理费用   4 000

  应交税费——应交增值税(进项税额)   520

  贷: 银行存款   4 520

(5) 以现金支付书报订阅费 1 400 元, 未取得增值税专用发票。

借: 管理费用   1 400

  贷: 库存现金   1 400

(6) 以现金支付管理部门固定资产修理费 1 000 元, 未取得增值税专用发票。

借: 管理费用   1 000

  贷: 库存现金   1 000

(7) 计提工会经费 3 000 元。

借: 管理费用   3 000

  贷: 应付职工薪酬——工会经费   3 000

(8) 管理部门人员报销差旅费 2 000 元, 以现金支付。

借: 管理费用   2 000

  贷: 库存现金   2 000

胜利公司 12 月份的管理费用共计 41 600 元(24 200+3 000+3 000+4 000+1 400+1 000+3 000+2 000)

(二)销售费用

销售费用是指企业在销售商品和材料、提供劳务的过程中发生的各种费用, 包括企业在销售商品过程中发生的保险费、包装费、展览费和广告费、商品维修费、预计产品质量保证损失、运输费、装卸费等, 以及为销售本企业商品而专设的销售机构(含销售网点、售后服务网点等)的职工薪酬、业务费、折旧费、固定资产修理费等费用。

企业发生的销售费用在"销售费用"科目核算, 借方登记发生额(增加数), 贷方登记结转额(减少数), 并在"销售费用"科目下按费用项目设置明细账, 进行明细核算。期末, "销售费用"科目的余额结转至"本年利润"科目后无余额。

【例 12-18】 胜利公司 12 月份根据发生的销售费用, 编制相关的会计分录。

应付销售人员薪酬 11 400 元。

借：销售费用 11 400
  贷：应付职工薪酬 11 400

(三)财务费用

财务费用是指企业为筹集生产经营所需资金等而发生的筹资费用，包括利息支出(减利息收入)、生产经营期间的汇兑损益以及相关的手续费、企业发生的现金折扣或收到的现金折扣等。

企业发生的财务费用在"财务费用"科目核算，借方登记发生额(增加数)，贷方登记结转额(减少数)，并在"财务费用"科目下按费用项目设置明细账，进行明细核算。期末，"财务费用"科目的余额结转至"本年利润"科目后无余额。

【例12-19】 胜利公司12月份根据发生的财务费用，编制相关的会计分录。

(1) 实际支付短期借款利息 4 000 元(该企业利息费用数额不大，不采用预提利息费用的方法)。

借：财务费用——利息支出 4 000
  贷：银行存款 4 000

(2) 收到银行存款利息 1 000 元。

借：银行存款 1 000
  贷：财务费用——利息收入 1 000

(四)研发费用

研发费用是指企业进行研究与开发过程中发生的费用化支出。

企业于月末结转研发费用，应借记"研发费用"科目，贷记"研发支出——费用化支出"科目。

【例12-20】 胜利公司12月份根据研发过程中发生的费用化支出 10 000 元，编制相关的会计分录。

借：研发费用 10 000
  贷：研发支出——费用化支出 10 000

【阅读资料12-2】

《企业会计准则——基本准则》关于利得或损失的规定：利得是指由企业非日常活动形成的、会导致所有者权益增加的、与所有者投入资本无关的经济利益的流入。损失是指由企业非日常活动所形成的、会导致所有者权益减少的、与向所有者分配利润无关的经济利益的流出。

企业会计准则把利得分为两类：一类是直接计入所有者权益(资本公积——其他资本公积)、不计入当期利润表的利得，常见的例子是金融资产由于市价波动带来的盈亏；二是直接计入当期利润的利得和损失，常见的例子是资产减值损失和公允价值变动损益。

第三节　利　　润

一、利润的含义及构成

(一)利润的含义

利润是指企业在一定会计期间的经营成果。利润包括收入减去费用后的净额、直接计入当期利润的利得和损失等。直接计入当期利润的利得和损失，是指应当计入当期损益、会导致所有者权益发生增减变动的、与所有者投入资本或者向所有者分配利润无关的利得或损失。

(二)利润的构成

1. 营业利润

营业利润=营业收入-营业成本-税金及附加-销售费用-管理费用-财务费用-资产减值损失+公允价值变动收益(-公允价值变动损失)+投资收益(-投资损失)

其中，营业收入是指企业经营业务所实现的收入总额，包括主营业务收入和其他业务收入；营业成本是指企业经营业务所发生的实际成本总额，包括主营业务成本和其他业务成本；资产减值损失是指企业计提各项资产减值准备所形成的损失；公允价值变动收益(或损失)是指企业交易性金融资产等公允价值变动形成的应计入当期损益的利得(或损失)；投资收益(或损失)是指企业以各种方式对外投资所取得的收益(或发生的损失)。

2. 利润总额

利润总额=营业利润+营业外收入-营业外支出

其中，营业外收入(或支出)是指企业发生的与日常活动无直接关系的各项利得(或损失)。

3. 净利润

净利润=利润总额-所得税费用

其中，所得税费用是指企业确认的应从当期利润总额中扣除的所得税费用。

二、营业外收支的核算

营业外收支是指企业发生的与日常活动无直接关系的各项收支。营业外收支虽然与企业生产经营活动没有多大的关系，但从企业主体来考虑，同样带来收入或形成企业的支出，也是增加或减少利润的因素，对企业的利润总额及净利润产生较大的影响。

(一)营业外收入

营业外收入是指企业发生的与日常活动无直接关系的各项利得。营业外收入并不是由企业经营资金耗费所产生的，不需要企业付出代价，实际上是一种纯收入，不可能也不需要与有关费用进行配比。因此，在会计处理上，应当严格区分营业外收入与营业收入的界限。营业外收入主要包括非流动资产处置利得、非货币性资产交换利得、债务重组利得、盘盈利得、政府补助、捐赠利得等。

企业应当通过"营业外收入"科目，核算营业外收入的取得和结转情况。其贷方登记发生额(增加数)，借方登记结转额(减少数)，该科目可按营业外收入项目进行明细核算。期末，应将该科目的余额转入"本年利润"科目，结转后该科目无余额。

(二)营业外支出

营业外支出是指企业发生的与日常活动无直接关系的各项损失。营业外支出主要包括非流动资产处置损失、非货币性资产交换损失、债务重组损失、公益性捐赠支出、非常损失等。

非流动资产处置损失包括固定资产处置损失和无形资产出售损失。

非货币性资产交换损失，是指在非货币性资产交换中换出资产为固定资产、无形资产的，换入资产公允价值小于换出资产账面价值的差额，扣除相关费用后计入营业外支出。

债务重组损失，是指重组债权的账面余额超过受让资产的公允价值、所转股份的公允价值，或者重组后债权的账面价值之间的差额。

公益性捐赠支出，是指企业对外进行公益性捐赠发生的支出。

非常损失，是指企业对于因客观因素(如自然灾害等)造成的损失，在扣除保险公司赔偿后计入营业外支出的净损失。

企业应通过"营业外支出"科目，核算营业外支出的发生及结转情况。其借方登记发生额(增加数)，贷方登记结转额(减少数)，该科目可按营业外支出项目进行明细核算。期末，应将该科目的余额转入"本年利润"科目，结转后该科目无余额。

(三)业务举例

【例12-21】 12月28日，胜利公司开出面值为2 000元的转账支票一张，向本市工商管理部门缴纳违法经营罚款2 000元。

其会计分录如下。

借：营业外支出——罚款支出 2 200

　　贷：银行存款 2 200

【例12-22】 12月28日，胜利公司通过银行收到新郑市光明公司违约金2 400元。

其会计分录如下。

借：银行存款 2 400

　　贷：营业外收入——罚款收入 2 400

【例12-23】 12月31日，胜利公司摊销应由本月负担的财产保险费300元、报纸杂志费500元。

这笔经济业务的发生，一方面使公司本月应负担的财产保险费增加300元、报纸杂志费增加500元；另一方面使待摊费用减少800元。财产保险费和报纸杂志费的增加应记入"管理费用"账户的借方，待摊费用的减少应记入"待摊费用"账户的贷方。其会计分录如下。

借：管理费用——财产保险费　　　　　　　　　　　　　　　　300

　　　　　　——报纸杂志费　　　　　　　　　　　　　　　500

　　贷：预付账款——财产保险费　　　　　　　　　　　　　　300

　　　　　　　　——报纸杂志费　　　　　　　　　　　　　　500

【例12-24】　12月31日，胜利公司接到开户行通知，企业收到银行存款利息3 200元，扣缴手续费100元。

编制如下两笔会计分录。

(1) 登记存款利息收入。

借：银行存款　　　　　　　　　　　　　　　　　　　　　　3 200

　　贷：财务费用——利息收入　　　　　　　　　　　　　　　3 200

(2) 登记手续费支出。

借：财务费用——手续费　　　　　　　　　　　　　　　　　　100

　　贷：银行存款　　　　　　　　　　　　　　　　　　　　　100

三、所得税费用的核算

所得税费用是指应在会计税前利润中扣除的所得税费用，包括当期所得税费用和递延所得税费用。我国现行会计准则规定，所得税费用的确认应采用资产负债表债务法。

当期应纳税费用是指按照当期应缴纳的所得税确认的费用。应纳税所得额是指企业按照税法规定的项目计算确定的收益，是缴纳税款的依据。由于会计利润和税法之间存在差异，应纳税所得额需要在会计利润的基础上进行调整，理论上称为纳税影响会计法，将在高级财务会计中讲解。

所得税费用的会计处理：企业应当设置"所得税费用"科目核算其实际缴纳的所得税。记录应纳税额时，借记"所得税费用——当期所得税费用"科目，贷记"应交税费——应交所得税"科目。结转本年利润时，借记"本年利润"科目，贷记"所得税费用——当期所得税费用"科目，结转后该科目无余额。

四、利润形成的核算

企业应设置"本年利润"科目，核算企业当期实现的净利润(或发生的净亏损)。企业期(月)末结转利润时，应将各损益类科目的金额转入本科目，结平各损益类科目。结转后本科目的贷方余额为当期实现的净利润；借方余额为当期发生的净亏损。年度终了，应将本年收入利得和费用、损失相抵后结出的本年实现的净利润，转入"利润分配"科目，借记该科目，贷记"利润分配——分配利润"科目；如为净亏损，作相反的会计分录。结转后本科目无余额。

【例12-25】　12月31日，胜利公司结转本期各损益类("所得税"账户除外)账户。

假设在结转前各损益类账户的余额如表12-1所示。

表 12-1　胜利公司损益类账户结转前余额表

2022 年 12 月 31 日　　　　　　　　　　　　　　　　　单位：元

项　目	各账户结转前余额	
	借　方	贷　方
主营业务收入		1 441 300
其他业务收入		27 000
营业外收入		2 400
营业成本	906 200	
税金及附加	6 238	
其他业务支出	18 000	
管理费用	42 400	
销售费用	11 400	
财务费用	6 100	
研发费用	10 000	
营业外支出	2 200	
合　计	1 002 538	1 470 700

依据表 12-1，编制如下两笔会计分录。

(1) 结转本期收入。

借：主营业务收入　　　　　　　　　　　　　　　　　　　　1 441 300

　　其他业务收入　　　　　　　　　　　　　　　　　　　　　　27 000

　　营业外收入　　　　　　　　　　　　　　　　　　　　　　　 2 400

　　贷：本年利润　　　　　　　　　　　　　　　　　　　　　1 470 700

(2) 结转本期费用。

借：本年利润　　　　　　　　　　　　　　　　　　　　　　1 002 538

　　贷：营业成本　　　　　　　　　　　　　　　　　　　　　906 200

　　　　税金及附加　　　　　　　　　　　　　　　　　　　　　6 238

　　　　其他业务支出　　　　　　　　　　　　　　　　　　　　18 000

　　　　管理费用　　　　　　　　　　　　　　　　　　　　　　42 400

　　　　销售费用　　　　　　　　　　　　　　　　　　　　　　11 400

　　　　财务费用　　　　　　　　　　　　　　　　　　　　　　 6 100

　　　　研发费用　　　　　　　　　　　　　　　　　　　　　　10 000

　　　　营业外支出　　　　　　　　　　　　　　　　　　　　　 2 200

根据上述结转后的本月收入与费用对比，其差额 468 162(1 470 700−1 002 538)元即为本月实现的利润总额，假设本月无纳税调整项目。

五、利润分配的核算

(1) 根据我国公司法及税法等相关法律的规定，公司就当按照如下顺序进行利润分配：

① 弥补以前年度的亏损，但不得超过税法规定的弥补期限；

② 缴纳所得税，即公司应依我国《企业所得税法》规定缴纳企业所得税；

③ 弥补在税前利润弥补亏损之后仍存在的亏损；

④ 提取法定公积金；

⑤ 提取任意公积金；

⑥ 向股东分配利润。

公司弥补亏损和提取公积金后所余税后利润，有限责任公司按照股东实缴的出资比例分配，但全体股东约定不按照出资比例分配的除外；股份有限公司按照股东持有的股份分配，但股份有限公司章程规定不按持股比例分配的除外。

公司股东会、股东大会或者董事会违反规定，在公司弥补亏损和提取法定公积金之前向股东分配利润的，股东必须将违反规定分配的利润退还公司。公司持有的本公司股份不得分配利润。

(2) 利润分配核算的明细科目和账务处理。

【例 12-26】2022 年 12 月 31 日，胜利公司按当年税后利润的 10% 提取法定盈余公积，假定公司 1—11 月份累计应纳税所得额(利润总额)为 842 600 元，12 月份无纳税调整项目，应纳税所得额为 468 162 元，所得税税率为 25%，1—11 月份累计已缴纳所得税为 220 000 元。则：

公司全年税后利润=(842 600+468 162)×(1-25%)=983 071.5(元)

应提取的法定盈余公积=983 071.5×10%=98 307.15 (元)

这笔经济业务的发生，一方面使公司分配的利润额增加 983 071.5 元；另一方面使公司的法定盈余公积和公益金分别增加 98 307.15.6 元。其中，分配利润的增加应分别记入"利润分配——提取法定盈余公积"账户的借方，盈余公积的增加应记入"盈余公积"账户的贷方。其会计分录如下。

借：利润分配——提取法定盈余公积　　　　　　　　　　　98 307.15

　　贷：盈余公积——法定盈余公积　　　　　　　　　　　　　98 307.15

【例 12-27】2022 年 12 月 31 日，胜利公司经股东大会批准，向投资者分配利润 150 000 元。

这笔经济业务的发生，一方面使公司分配的利润额增加 150 000 元；另一方面使公司应付投资者的红利增加 150 000 元。利润分配额的增加应记入"利润分配——应付股利"账户的借方，应付红利的增加是企业负债的增加应记入"应付股利"账户的贷方。其会计分录如下。

借：利润分配——应付股利　　　　　　　　　　　　　　　150 000

　　贷：应付股利　　　　　　　　　　　　　　　　　　　　　150 000

【例 12-28】2022 年 12 月 31 日，结转本年实现的净利润。

这笔转账业务，就是将本年实现的净利润 983 071.5 元，从"本年利润"账户的借方转入"利润分配——未分配利润"账户的贷方。其会计分录如下。

借：本年利润   983 071.5

  贷：利润分配——未分配利润   983 071.5

【例 12-29】 2022 年 12 月 31 日，结转本年已分配的利润。

这笔转账业务，就是将提取的法定盈余公积 98 307.15 元和向投资者分配的利润 150 000 元，分别从"利润分配——提取法定盈余公积"和"利润分配——应付股利"账户的贷方转入"利润分配——未分配利润"账户的借方。其会计分录如下。

借：利润分配——未分配利润   248 307.15

  贷：利润分配——提取法定盈余公积   98 307.15

      ——应付股利   150 000

假设胜利公司年初的未分配利润为贷方余额 211 000 元，通过"利润分配——未分配利润"账户，就可以计算出年末未分配利润额为 945 764.35(211 000+983 071.5－248 307.15)元。

本 章 小 结

本章主要介绍了收入、费用及利润的基本理论，包括收入的含义及特征、收入的分类、合同履约方式下商品销售收入的确认和计量、提供劳务收入的确认和计量；费用的特征和分类、费用的确认和计量、费用与成本的关系；利润的含义及其构成、利润的分配次序和要求等内容。

自 测 题

一、简答题

1. 收入是如何分类的？会计确认如何进行？

2. 费用与成本的关系是怎样的？费用的分类有哪些？

3. 请解释"制造费用"科目、"生产成本"科目、"库存商品"科目和"主营业务成本"科目之间的关系。

4. 什么叫期间费用？怎样进行核算？

5. 按照《中华人民共和国公司法》的规定，企业应于何时进行利润分配？利润分配的内容和顺序如何？

二、案例分析题

2022 年 4 月 1 日，甲集团公司向乙公司销售一批家电，开出的增值税专用发票上注明的销售价款为 300 万元，增值税税额为 39 万元。该批产品成本为 180 万元；产品还未发出，而款项已经收到。甲集团公司与乙公司约定：双方于销售时签订销售合同，未来购回时签订购买合同。假定甲集团公司将于 10 月 31 日将所售产品购回，回购价为 210 万元(不含增值税税额)。

请分析：在这种情况下，甲集团公司在销售产品和购回产品时应该如何进行会计处理？这种做法有没有违背会计准则？其依据是什么？

三、练习题

1. 华丰股份有限公司系工业企业，为增值税一般纳税人。2022 年 11 月发生如下业务。

(1) 11 月 5 日，按照合同约定向甲企业销售材料一批，价款为 350 000 元，该批材料发出成本为 250 000 元，发出材料的当天收到面值 395 500 元的支票一张。

(2) 11 月 10 日，收到外单位租用本公司办公用房下一年度租金 300 000 元，款项已收到，支票已存入银行。

(3) 11 月 13 日，按照合同约定向乙企业赊销 A 产品 50 件，单价为 10 000 元，单位销售成本为 5 000 元。

(4) 11 月 18 日，丙企业要求退回本年 10 月 25 日购买的 20 件 A 产品，该产品销售单价为 10 000 元，单位销售成本为 5 000 元，其销售收入 200 000 元已确认入账，价款尚未收取。经查明退货原因系发货错误，同意丙企业退货，办理了退货手续并开具了红字增值税专用发票。

(5) 11 月 21 日，乙企业来函提出 11 月 13 日购买的 A 产品质量不完全合格，经协商按销售价款的 10% 给予折让，并办理相关手续，开具红字增值税专用发票。款项尚未收取。

(6) 11 月 30 日，计算本月应缴纳的城市维护建设税 4 188.8 元，教育费附加 1 795.2 元。该公司适用 13% 的增值税税率和 25% 的企业所得税税率。

要求：根据上述经济业务编制相关的会计分录。

2. 嘉怡公司为增值税一般纳税人，适用 13% 的增值税税率。2022 年 6 月发生如下经济业务。

(1) 6 月 3 日，按照合同约定向乙公司销售 A 商品 1 600 件，售价总额为 800 万元，该批产品的实际成本为 480 万元。为了扩大销售，嘉怡公司向乙公司提供了 5% 的商业折扣并开具了增值税专用发票，商品已经发出，并向银行办理了托收手续。

(2) 6 月 9 日，乙公司收到货后，发现部分 A 商品的规格与合同约定不符，乙公司当日退回 80 件，嘉怡公司将退回商品验收入库，向乙公司开具了增值税专用发票(红字)，并将销售退回扣减当期增值税销项税额。

(3) 6 月 16 日，嘉怡公司将部分退回的 A 商品作为福利发放给本公司职工，其中生产工人 40 件，行政管理人员 10 件，专设销售机构人员 20 件，该商品每件市场价格为 0.4 万元(与计税价格一致)，实际成本为 0.3 万元。除上述资料外，不考虑其他因素。

要求：

(1) 为上述业务编制相关的会计分录。

(2) 计算嘉怡公司 6 月份的主营业务收入总额。

第十三章

财务会计报告

【学习要点及目标】

- 了解财务会计报告概述。
- 掌握资产负债表的内容及结构。
- 掌握利润表的内容及结构。
- 理解现金流量表和财务报表附注的内容及结构。

【核心概念】

财务会计报告　资产负债表　利润表　现金流量表　财务报表附注

【引导案例1】 "资产=负债+所有者权益"这一会计恒等式展开,会是什么样的情况?

【引导案例2】 前几年股票市场热的时候,市民张祥看到别人炒股赚钱了,自己也想试试。但同事告诉他,炒股要懂得一些相关的知识,比如要通过报纸等媒介研究国家的经济政策,还要看懂上市公司的年报,以及一些重要信息。比如,根据每股收益的高低和现金流量情况才能判断公司派发现金股利的可能性,资本公积占股东权益的比例高才有转增红股的可能,利用比较报表进行趋势分析等。张祥对这些名词和术语都不甚了解,于是到书店买了一些财务报表分析方面的书籍自学,并找机会向其他人请教。

问题:

1. 投资股票为什么要学习财务会计报告方面的知识?

2. 如何阅读财务会计报告?财务会计报告有哪些作用?

3. 会计学专业的学生是如何编制财务会计报告的?

第一节　财务会计报告概述

一、编制财务会计报告的目的

在企业的日常核算中,将所发生的经济业务按照一定的计量程序,在有关的账簿中进行登记、记录和计算,一定时期的经营成果在日常记录里也得到了反映,但这些资料数量太多,而且比较分散,不能集中、概括地反映企业总体的财务状况和经营成果,因此,需要调整、汇总会计信息,按照一定的程序和形式编制成报表和一些文字情况说明,以满足企业利益相关方进行管理和决策的需要,这就是财务报告。

财务会计报告是指企业对外提供的反映企业某一特定日期的财务状况和某一会计期间的经营成果、现金流量等会计信息的文件,包括财务报表和其他应当在财务会计报告中披露的相关信息和资料。其中,财务报表是财务报告的核心,包括资产负债表、利润表、现金流量表和所有者权益变动表。从会计核算环节来看,财务会计报告是会计核算的终结。根据《企业会计准则——基本准则》的规定,企业的财务会计报告由财务报表和附注组成。

编制财务会计报告的目的是向会计信息的使用者提供对经济决策有用的信息,包括企业的财务状况、经营业绩及现金流量的资料,并反映企业管理层受托责任的履行情况。虽然投资者、债权人、政府及其机构、企业的客户、企业内部管理人员以及企业职工等对财务会计报告信息需求的侧重点不同,但他们都需要了解企业全面的财务状况、经营业绩和财务状况变动。企业通过提供财务会计报告,基本上能够满足使用者对财务信息的大部分需要。

二、财务会计报告的构成

(一)财务报表

财务会计报表可以根据需要,按照不同的标准进行分类,主要有:按报表反映的内容划分,可以分为动态会计报表和静态会计报表;按会计报表编制的时间划分,可以分为中期报表(包括月报、季报和半年报)和年度报表;按会计报表编制的单位划分,可以分为单位会计报表和汇总会计报表;按会计报表各项目所反映的数字内容划分,可以分为个别会计报表和合并会计报表;按会计报表服务对象划分,可以分为内部会计报表和外部会计报表。《企业会计准则第 30 号——财务报表列报》规定,财务报表是对企业财务状况、经营成果和现金流量表的结构性表述。财务报表至少应当包括下列组成部分:①资产负债表;②利润表;③现金流量表;④所有者权益(或股东权益)变动表;⑤附注。这些报表间的构成关系如图 13-1 所示。

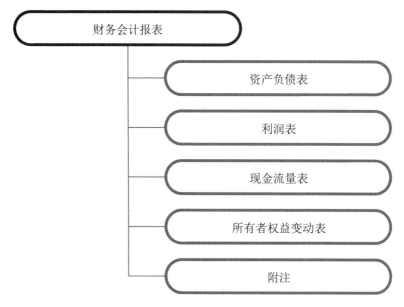

图 13-1 财务会计报表构成图

(二)附注

附注是财务会计报告不可或缺的组成部分,是对在资产负债表、利润表、现金流量表、所有者权益变动表等报表中列示项目的文字描述或明细资料,以及对未能在这些报表中列示项目的说明等。而企业内部管理需要的会计报表(如成本报表、内部责任中心业绩考核报表等)由企业自行规定。

三、财务报表列报的基本要求

会计准则中所称的"列报",兼指在会计报表中列示账务数据和在会计报表附注中披露账外信息。财务报表的列报应遵循以下基本要求。

(1) 企业应当以持续经营为基础,根据实际发生的交易和事项,按照《企业会计准则——基本准则》和其他各项会计准则的规定进行确认和计量,在此基础上编制财务报表。企业不应以附注披露代替确认和计量。以持续经营为基础编制财务报表不再合理的,企业应当采用其他基础编制财务报表,并在附注中披露这一事实。

(2) 在编制财务报表的过程中,企业管理层利用所有可获得的信息来评价企业自报告期末起至少 12 个月的持续经营能力。对持续经营能力产生严重怀疑的,应当在附注中披露影响持续经营能力的不确定因素。

(3) 除现金流量表按照收付实现制原则编制外，企业应当按照权责发生制原则编制财务报表。

(4) 财务报表列报应遵循一致性原则。财务报表项目的列报应当在各个会计期间保持一致，不得随意变更，但下列情况除外：①企业会计准则要求改变财务报表项目的列报；②企业经营业务的性质发生重大变化后，变更财务报表项目的列报能够提供更可靠、更相关的会计信息。

(5) 在编制财务报表时企业应当考虑报表项目的重要性。判断项目的重要性，应当考虑该项目的性质是否属于企业日常活动、是否对企业的财务状况和经营成果具有较大影响等因素。判断项目金额大小的重要性，应当通过单项金额占资产总额、负债总额、所有者权益总额、营业收入总额、营业成本总额、净利润等直接相关项目金额的比重加以确定。

(6) 财务报表列报项目金额一般不得抵销。财务报表中资产项目和负债项目的金额、收入项目和费用项目的金额、直接计入当期利润的利得项目和损失项目的金额不得相互抵销，但满足抵销条件的除外。下列两种情况不属于抵销，可以净额列示：①资产项目按扣除减值准备后的净额列示，不属于抵销；②非日常活动产生的损益，以收入扣减费用后的净额列示，不属于抵销。

(7) 财务报表列报必须公允。企业在列报财务报表时，应按会计基本准则对资产、负债、所有者权益、收入、费用的定义及确认标准如实地反映企业的交易与其他经济事项，真实而公允地反映企业财务状况、经营成果和现金流量。必要时，以附注形式补充说明财务报表未能反映的内容，进一步提高财务报表的公允性。

(8) 企业编制财务会计报表时还应遵守数字真实、内容完整、说明清楚、报送及时的要求。

第二节　资产负债表

一、资产负债表的作用

资产负债表是反映企业在某一特定日期财务状况的会计报表。它反映企业在某一特定日期所拥有或控制的经济资源、所承担的现时义务和所有者对净资产的要求权。通过资产负债表，可以提供某一日期资产的总额及其结构，表明企业拥有或控制的资源及其分布情况，使用者可以从中了解企业的资产总量及其结构；可以提供企业某一日期的负债总额以及结构，表明企业未来需用多少资产或劳务清偿债务；可以反映企业所有者权益的大小，表明投资者在企业资产中所占的份额，了解权益的结构情况，据以判断资本保值增值的情况以及对负债的保障程度。

二、资产负债表的结构和内容

资产负债表是根据"资产=负债+所有者权益"这一会计基本等式，按照一定的分类标准和次序，把企业在特定日期的资产、负债和所有者权益项目予以适当地排列，并对日常工作中形成的大量数据进行高度浓缩整理后编制而成的。

资产负债表通常包括表头、表身和表尾。表头主要包括资产负债表的名称、编制单位、编制日期和金额单位；表身包括各项资产、负债和所有者权益各项目的年初数和期末数，也是资产负债表的主要部分；表尾主要包括附注资料等。

资产负债表各类项目在表中的排列结构不同，就形成了资产负债表的不同格式。目前，资产负债表主要有账户式和报告式两种。

账户式资产负债表又称平衡表，是按"T"型账户的形式设计资产负债表，左方为资产项目，右方为负债和所有者权益项目，两方总额相等。账户式资产负债表的优点是使资产等于权益这一恒等关系直观清晰，便于对比分析，也便于检查编制过程的正确性。

报告式资产负债表又称垂直式资产负债表，是以上下的形式来列示资产负债表各项目，即资产项目排在最上面，下面依次排列负债和所有者权益。报告式资产负债表便于顺序阅读，可以根据需要将各部分内容组合排列，但报表显得过长，资产与权益的恒等关系不如账户式资产负债表那样一目了然。目前上市公司多采用这种方式。

三、资产负债表的编制方法

资产负债表是一张静态报表，表中分别列报年初数和期末数，各项目的数据是一个时点数。由于企业的每一项资产、负债和所有者权益在确认计量时都是以各自有关科目的余额表示的，因此，作为总括的资产负债表项目原则上都可以直接根据有关总账科目的期末余额填列，但为了更好地满足报表使用者的需要，某些项目要根据总账科目和明细科目的记录分析、计算后填写。资产负债表各项目的填列方法，主要可以分为以下几种情况。

(一)根据总账账户期末余额直接填列

这些项目包括"金融资产""应收票据""固定资产清理""长期待摊费用""递延所得税资产""短期借款""金融负债""应付票据""应付职工薪酬""应交税费""应付利息""应付股利""其他应付款""递延所得税负债""实收资本""资本公积""库存股""盈余公积"等若干项目。

(二)根据若干个总账账户的期末余额计算填列

这些项目包括"货币资金"项目，应根据"库存现金""银行存款""其他货币资金"等账户余额的合计数填列；"未分配利润"项目，应根据"本年利润"和"利润分配"科目余额计算填列。

(三)根据明细账账户余额计算分析填列

根据有关账户所属的相关明细账户的期末余额计算填列，如"应收账款"项目，应根据"应收账款"明细账借方余额和"预收账款"明细账借方余额合计数填列；"应付账款"项目，应根据"应付账款"明细账贷方余额和"预付账款"明细账贷方余额合计数填列；等等。

(四)根据总账账户余额和明细账户余额分析计算填列

根据总账科目或明细科目余额分析填列,如"一年内到期的非流动资产"项目,应根据"持有至到期投资""长期应收款"科目所列明细科目余额中将于 1 年内到期的数额之和计算填列;"持有至到期投资""长期应收款"项目应根据"持有至到期投资""长期应收款"总账科目余额扣除 1 年内到期的数额填列;"长期借款""应付债券""长期应收款"等项目,应分别根据"长期借款""应付债券""长期应收款"等总账科目余额扣除一年内到期的数额填列。

(五)根据账户余额与其备抵账户抵销后的净额填列

例如,"存货"项目应当根据"材料采购""原材料""库存商品""发出商品""周转材料"等账户期末余额,减去"存货跌价准备"账户期末余额后的金额填列;"固定资产"项目应当根据"固定资产"账户期末余额,减去"累计折旧""固定资产减值准备"等账户期末余额后的金额填列。

资产负债表各有关项目列示说明如下。

(1) "货币资金"项目,反映企业库存现金、银行结算户存款、外埠存款、银行汇票存款、银行本票存款、信用卡存款、信用证保证金存款等的合计数。本项目应根据"库存现金""银行存款""其他货币资金"账户的期末余额合计数填列。

(2) "金融资产"项目,反映企业为交易目的所持有的债券投资、股票投资、基金投资等金融资产的公允价值。本项目应根据"金融资产"账户的期末余额填列。

(3) "应收票据"项目,反映企业收到的未到收款期也未向银行贴现的应收票据,包括商业承兑汇票和银行承兑汇票。本项目应根据"应收票据"账户的期末余额填列。

(4) "应收股利"项目,反映企业因股权投资应收取的现金股利,企业应收其他单位的利润也包括在本项目内。本项目应根据"应收股利"账户的期末余额填列。

(5) "应收利息"项目,反映企业因债权投资而应收取的利息。企业购入到期还本付息债券应收的利息不包括在本项目内。本项目应根据"应收利息"账户的期末余额填列。

(6) "应收账款"项目,反映企业因销售商品、产品和提供劳务等而应向购买单位收取的各种款项,减去已计提的坏账准备后的净额。本项目应根据"应收账款"账户所属各明细账户的期末借方余额合计,减去"坏账准备"账户中有关应收账款计提的坏账准备期末余额后的金额填列。如果"应收账款"账户所属明细账户期末有贷方余额,应在本表"预收账款"项目内填列。

(7) "其他应收款"项目,反映企业对其他单位和个人的应收和暂付的款项,减去已计提的坏账准备后的净额。本项目应根据"其他应收款"账户的期末余额,减去"坏账准备"账户中有关其他应收款计提的坏账准备期末余额后的金额填列。

(8) "预付账款"项目,反映企业预付给供应单位的款项。本项目应根据"预付账款"账户所属各明细账户的期末借方余额合计数填列。如"预付账款"账户所属有关明细账户期末有贷方余额的,应在本表"应付账款"项目内填列。如"应付账款"账户所属明细账户有借方余额的,也应包括在本项目内。

(9) "存货"项目,反映企业期末在库、在途以及正在加工中的各项存货的可变现净值，包括各种材料、商品、在产品、半成品、包装物、低值易耗品、委托代销物资等。本项目应根据"材料采购""原材料""库存商品""委托加工物资""周转材料""发出商品"和"生产成本"等账户的期末余额合计，减去"存货跌价准备"账户期末余额后的金额填列。

(10) "其他流动资产"项目，反映企业除了以上流动资产项目外的其他流动资产。本项目应根据有关账户的期末余额填列。如其他流动资产价值较大的，应在会计报表附注中披露其内容和金额。

(11) "长期应收款"项目，反映企业包括融资租赁产生的应收款项、采用递延方式具有融资性质的销售商品和提供劳务等产生的长期应收款项。本项目应根据"长期应收款"总账账户余额，减去"未实现融资收益"总账账户余额，再减去所属相关明细账户中将于1年内到期的部分填列。

(12) "长期股权投资"项目，反映企业不准备在1年内(含1年)变现的各种股权性质的投资的可收回金额。本项目应根据"长期股权投资"账户的期末余额，减去"长期投资减值准备"账户中有关股权投资减值准备期末余额后的金额填列。

(13) "投资性房地产"项目，反映企业以投资为目的而拥有的土地使用权、房屋建筑物以及房地产开发企业出租的开发产品。本项目应根据"投资性房地产"账户的期末余额填列。如果企业采用公允价值模式计量投资性房地产，则反映投资性房地产的公允价值。

(14) "固定资产"项目，反映企业的各种固定资产原价与累计折旧、减值准备后的净额。本项目应根据"固定资产"账户期末余额减去"累计折旧"账户、"固定资产减值准备"账户的期末余额后的金额填列。

(15) "工程物资"项目，反映企业各项工程尚未使用的工程物资的实际成本。本项目应根据"工程物资"账户的期末余额填列。

(16) "在建工程"项目，反映企业期末各项未完工程的实际支出，包括交付安装的设备价值、未完建筑安装工程已经耗用的材料、工资和费用支出、预付出包工程的价款、已经建筑安装完毕但尚未交付使用的工程等的可收回金额。本项目应根据"在建工程"账户的期末余额，减去"在建工程减值准备"账户期末余额后的金额填列。

(17) "无形资产"项目，反映企业各项无形资产的期末可收回金额。本项目应根据"无形资产"账户的期末余额，减去"无形资产减值准备"账户的期末余额后的金额填列。

(18) "商誉"项目，反映企业合并中形成的商誉价值。本项目应根据"商誉"账户的期末余额填列。

(19) "长期待摊费用"项目，反映企业尚未摊销的且摊销期限在1年以上(不含1年)的各种费用，如租入固定资产改良支出及摊销期限在1年以上(不含1年)的其他待摊费用。本项目应根据"长期待摊费用"账户的期末余额减去1年内(含1年)摊销的数额后的金额填列。

(20) "递延所得税资产"项目，反映企业确认的可抵扣暂时性差异产生的递延所得税资产。本项目应根据"递延所得税资产"账户的期末余额填列。

(21) "其他非流动资产"项目，反映企业除以上资产以外的其他长期资产。本项目应根据有关账户的期末余额填列。

(22) "短期借款"项目，反映企业借入尚未归还的1年期以下(含1年)的借款。本项目应根据"短期借款"账户的期末余额填列。

(23) "金融负债"项目，反映企业承担的金融负债的公允价值。本项目应根据"金融负债"账户的期末余额填列。

(24) "应付票据"项目，反映企业为了抵付货款等所承兑的尚未到付款期的应付票据，包括银行承兑汇票和商业承兑汇票。本项目应根据"应付票据"账户的期末余额填列。

(25) "应付账款"项目，反映企业购买材料、商品或接受劳务供应等而应付给供应单位的款项。本项目应根据"应付账款"和"预付账款"账户所属各明细账户的期末贷方余额合计数填列。如"应付账款"账户所属各明细账户期末有借方余额，应在本表"预付账款"项目内填列。

(26) "预收账款"项目，反映企业预收购买单位的货款。本项目应根据"预收账款"和"应收账款"账户所属各明细账户的期末贷方余额合计数填列。如"预收账款"账户所属各细账户期末有借方余额，应在本表"应收账款"项目内填列。

(27) "应付职工薪酬"项目，反映企业应付未付的各种职工薪酬，包括工资、职工福利、社会保险费、住房公积金、工会经费、职工教育费等。本项目应根据"应付职工薪酬"账户的期末贷方余额填列；如"应付职工薪酬"账户期末为借方余额，应以"－"号填列。

(28) "应交税费"项目，反映企业期末未交、多交或未抵扣的各种税费，包括增值税、所得税、资源税、土地增值税、城市维护建设税、房产税、土地使用税、车船使用税、教育费附加、矿产资源补偿费等。本项目应根据"应交税费"账户的期末贷方余额填列；如"应交税费"账户期末为借方余额，应以"－"号填列。

(29) "应付利息"项目，反映企业按照合同约定应支付的利息，包括吸收存款、分期付息、到期还本的长期借款、企业债券等应支付的利息。本项目应根据"应付利息"账户的期末余额填列。

(30) "应付股利"项目，反映企业尚未支付的已分配给投资者的现金股利或利润。本项目应根据"应付股利"账户的期末余额填列。

(31) "其他应付款"项目，反映企业所有应付和暂收其他单位和个人的款项。本项目应根据"其他应付款"账户的期末余额填列。

(32) "其他流动负债"项目，反映企业除以上流动负债以外的其他流动负债。本项目应根据有关账户的期末余额填列。

(33) "长期借款"项目，反映企业借入尚未归还的 1 年期以上(不含 1 年)的借款本息。本项目应根据"长期借款"账户的期末余额填列。

(34) "应付债券"项目，反映企业发行的尚未偿还的各种长期债券的本息。本项目应根据"应付债券"账户的期末余额填列。

(35) "长期应付款"项目，反映企业除长期借款和应付债券以外的其他各种长期应付款。本项目应根据"长期应付款"总账账户余额，减去"未确认融资费用"总账账户余额，再减去所属相关明细账户中将于 1 年内到期的部分填列。

(36) "预计负债"项目，反映企业确认的对外提供担保、未决诉讼、产品质量保证、重组义务、亏损性合同等预计负债。本项目应根据"预计负债"账户的期末余额填列。

(37) "递延所得税负债"项目，反映企业确认的应纳税暂时性差异产生的所得税负债。本项目应根据"递延所得税负债"账户的期末余额填列。

(38) "其他非流动负债"项目，反映企业除以上长期负债项目以外的其他长期负债。本项目应根据有关账户的期末余额填列。

(39) "实收资本(或股本)"项目，反映企业的有关投资者实际投入的资本(或股本)总额。本项目应根据"实收资本(或股本)"账户的期末余额填列。

(40) "资本公积"项目，反映企业资本公积的期末余额。本项目应根据"资本公积"账户的期末余额填列。

(41) "库存股"项目，反映企业收购、转让或注册的本公司股份金额。本项目应根据"库存股"账户的期末余额填列。

(42) "盈余公积"项目，反映企业盈余公积的期末余额。本项目应根据"盈余公积"账户的期末余额填列。

(43) "未分配利润"项目，反映企业尚未分配的利润。本项目应根据"本年利润"账户和"利润分配"账户的余额计算填列。未弥补亏损，在本项目内以"−"号填列。

四、资产负债表的编制举例

【例 13-1】 胜利股份有限公司 2022 年 12 月 31 日的账户余额表如表 13-1 所示。

表 13-1　2022 年 12 月 31 日账户余额表

单位：百元

账户名称	借方余额	贷方余额
库存现金	2 000	
银行存款	786 135	
其他货币资金	7 300	
金融资产	8 000	
应收票据	66 000	
应收账款	600 000	
坏账准备	−1 800	
预付账款	100 000	
其他应收款	5 000	
材料采购	275 000	
原材料	45 000	
周转材料	38 050	
库存商品	2 122 400	
材料成本差异	4 250	
其他流动资产	90 000	
长期股权投资	250 000	
固定资产	2 401 000	
累计折旧	−170 000	
固定资产减值准备	−30 000	

续表

账户名称	借方余额	贷方余额
工程物资	150 000	
在建工程	578 000	
无形资产	600 000	
累计摊销	-60 000	
递延所得税资产	9 900	
其他非流动资产	200 000	
短期借款		50 000
应付票据		100 000
应付账款		953 800
其他应付款		50 000
应付职工薪酬		180 000
应交税费		226 731
应付利息		0
应付股利		32 215.85
一年内到期的非流动负债		8 000
长期借款		1 160 000
股本		5 000 000
盈余公积		124 770.40
未分配利润		190 717.75
合计	8 076 235	8 076 235

根据 2021 年度资产负债表的年末数，填制 2022 年度资产负债表的年初数；根据表 13-1 的资料填制 2022 年度资产负债表的年末数，具体填列时，应根据前述要求进行。各项数据如表 13-2 所示。

表 13-2　资产负债表　　　　　　　　　　　会企 01 表

编制单位：胜利股份有限公司　　　　　　　2022 年 12 月 31 日　　　　　　　单位：百元

资　产	行次	年初数	期末数	负债所有者权益	行次	年初数	期末数
流动资产：				流动负债：			
货币资金			793 435	短期借款			50 000
金融资产			8 000	金融负债			0
应收票据			66 000	应付票据			100 000
应收账款		(略)	598 200	应付账款		(略)	953 800
预付账款			100 000	预收账款			0
应收利息			0	应付职工薪酬			180 000
应收股利			0	应交税费			226 731
其他应收款			5 000	应付利息			0

续表

资　产	行次	年初数	期末数	负债所有者权益	行次	年初数	期末数
存货			2 484 000	应付股利			32 215.85
一年内到期的非流动资产			0	其他应付款			50 000
其他流动资产			90 000	一年内到期的非流动负债			8 000
				其他流动负债			0
流动资产合计			4 146 635	流动负债合计			1 600 746.85
非流动资产：				非流动负债：			
债权投资			0	长期借款			1 160 000
其他债权投资			0	应付债券			0
长期应收款			0	长期应付款			0
长期股权投资			250 000	专项应付款			0
投资性房地产			0	预计负债			0
固定资产		(略)	2 201 000	递延所得税负债		(略)	0
在建工程			578 000	其他非流动负债			0
工程物资			150 000	非流动负债合计			1 160 000
固定资产清理			0	负债合计			2 760 746.85
生产性生物资产			0				
油气资产			0	所有者权益：			
无形资产			540 000	实收资本(或股本)			5 000 000
开发支出			0	资本公积			0
商誉			0	减：库存股			0
长期待摊费用			0	盈余公积			124 770.40
递延所得税资产			9 900	未分配利润			190 717.75
其他非流动资产			200 000	所有者权益合计			5 315 488.15
非流动资产合计			3 928 900				
资产总计			8 076 235	负债和所有者权益总计			8 076 235

单位负责人：　　　　　　财务主管：　　　　　　会计机构负责人：

【阅读资料 13-1】

余额表和平衡表

　　英文"balance"有平衡的意思，在会计和金融中也有余额的含义，因此"balance sheet"就有平衡表的意思，也有余额表的意思，也就是把有余额的账户余额列报在一起报表。有的教材上称之为"平衡表"也是有道理的，因为资产负债表上的确存在"资产=负债+所有者权益"这样的平衡关系。

第三节　利　润　表

一、利润表的性质和作用

利润表又称损益表、收益表，是指反映企业一定会计期间经营成果的一种会计报表。通过利润表，可以反映企业在一定会计期间的收入实现情况，反映一定期间的费用耗费情况，反映企业生产经营活动的成果，即净利润的实现情况。将利润表中的信息与资产负债表中的信息相结合，可以提供进行财务分析的基本资料。因此，利润表长期受到人们的普遍重视，是会计报表体系中的主要报表之一。

二、利润表的结构和内容

利润表是根据"收入-费用=利润"这一会计等式，按照一定的标准和顺序，把企业在一定会计期间的收入、费用和利润予以适当的排列编制而成的一种报表。每一个独立核算的企业必须按期编制利润表。

为了提供与报表使用者经营决策相关的信息，收入和费用在利润表中有不同的列示方法，在实务中，利润表的结构一般分为单步式和多步式。

单步式利润表不区分收入和费用种类，将所有的收入加在一起，将所有的费用加在一起，然后两者相减，一次计算出企业净利润。其优点是计算简单，对一切收入和费用一视同仁；缺点是若干有意义的损益信息未在该表揭示出来，不便于为会计信息的使用者提供详尽和需要的资料。

多步式利润表是根据损益构成的内容作多项分类，先分步计算营业利润、税前利润，再计算出税后利润的一种结构。多步式利润表能够清楚地反映形成企业净利润的中间指标，准确地揭示各指标之间的内在联系，便于对企业经营情况进行分析，有利于预测企业未来的盈利能力。我国目前采用多步式利润表结构(见例 13-2)，其步骤和内容如下。

(1)　营业收入。营业收入由主营业务收入和其他业务收入组成。

(2)　营业利润。营业收入减去营业成本(主营业务成本、其他业务成本)、税金及附加、销售费用、管理费用、财务费用、资产减值损失，加公允价值变动损益、投资收益，即为营业利润。

(3)　利润总额。营业利润加上营业外收入，减去营业外支出，即为利润总额。

(4)　净利润。利润总额减去所得税费用，即为净利润。

(5)　每股收益。每股收益包括基本每股收益和稀释每股收益两项指标。

(6)　综合收益。综合收益是企业净利润与其他综合收益之和。

三、利润表的填列方法

利润表是一张动态报表，其特点是表中的栏目分为"本期金额"和"上期金额"两栏，

"本期金额"栏反映各项目的本期实际发生数，应根据有关账户的本期发生额分析填列。如果上一年度利润表的项目名称和内容与本年度利润表的不一致，应对上一年度利润表项目的名称和数字按本年度的规定进行调整，填入报表的"上期金额"栏。利润表各项目的具体填列方法如下。

(1) "营业收入"项目，反映企业经营主要业务和其他业务所确认的收入总额。本项目应根据"主营业务收入"和"其他业务收入"账户的发生额分析填列。

(2) "营业成本"项目，反映企业经营主要业务和其他业务所发生的成本总额。本项目应根据"主营业务成本"和"其他业务成本"账户的发生额分析填列。

(3) "税金及附加"项目，反映企业经营业务应负担的消费税、城市维护建设税、资源税、土地增值税和教育费附加等，但不包括增值税。本项目应根据"税金及附加"账户的发生额分析填列。

(4) "销售费用"项目，反映企业在销售商品过程中发生的广告费、包装费、业务费等经营费用。本项目应根据"销售费用"账户的发生额分析填列。

(5) "管理费用"项目，反映企业为组织和管理生产经营而发生的费用。本项目应根据"管理费用"账户的发生额分析填列。

(6) "财务费用"项目，反映企业筹集生产经营所需资金等发生的筹资费用。本项目应根据"财务费用"账户的发生额分析填列。

(7) "资产减值损失"项目，反映企业各项资产发生的减值损失。本项目应根据"资产减值损失"账户的发生额分析填列。

(8) "公允价值变动损益"项目，反映企业应当计入当期损益的资产或负债公允价值变动收益。本项目应根据"公允价值变动损益"账户的发生额分析填列。如果公允价值变动损益为损失，本项目用"－"号填列。

(9) "投资收益"项目，反映企业以各种方式对外投资所取得的收益。本项目应根据"投资收益"账户的发生额分析填列。如果为投资净损失，本项目用"－"号填列。

(10) "营业外收入"项目和"营业外支出"项目，反映企业所发生的与经营业务无直接关系的各项收入和支出。本项目应分别根据"营业外收入"和"营业外支出"账户的发生额分析填列。

(11) "利润总额"项目，反映企业实现的利润。根据本表有关项目计算得出。

(12) "所得税费用"项目，反映企业应从当期利润总额中扣除的所得税费用。本项目应根据"所得税费用"账户的余额分析填列。

(13) "净利润"项目，反映企业实现的净利润。根据本表有关项目计算得出，如为亏损，以"－"号填列。

(14) "基本每股收益"和"稀释每股收益"项目，反映根据每股收益准则的规定计算的金额。

(15) "其他综合收益"项目，是除净利润之外的所有综合收益，反映企业根据企业会计准则规定未在损益中确认的各项利得及损失扣除所得税影响后的净额。它包括：金融资产的公允价值的变动、按照权益法核算的在被投资单位其他综合收益中所享有的份额等。

(16) "综合收益总额"项目，反映企业净利润与其他综合收益的合计金额。

四、利润表的编制举例

【例13-2】胜利股份有限公司于2022年12月31日各收支账户全年累计余额如表13-3所示。

表13-3　2022年12月31日账户余额表

单位：百元

账户名称	借方余额	贷方余额
营业收入		1 650 00
营业成本	95 000	
税金及附加	200	
销售费用	2 000	
管理费用	15 710	
财务费用	4 150	
资产减值损失	3 090	
投资收益		3 150
营业外收入		5 000
营业外支出	2 970	
所得税费用	3 276.9	

根据上述资料，编制胜利股份有限公司2022年度利润表，各项数据如表13-4所示。

表13-4　利润表

编制单位：胜利股份有限公司　　　　　　2022年度　　　　　　　　　单位：百元

项　目	行　次	本期金额	上期金额
一、营业收入		165 000	
减：营业成本		95 000	
税金及附加		200	
销售费用		2 000	
管理费用		6 710	
财务费用		4 150	
资产减值损失		3 090	
加：公允价值变动损益(损失以"-"号填列)		0	
投资收益(损失以"-"号填列)		3 150	(略)
其中：对联营企业和合营企业的投资收益		0	
二、营业利润		57 000	
加：营业外收入		5 000	
减：营业外支出		2 970	
其中：非流动资产处置损失		(略)	

项 目	行 次	本期金额	上期金额
三、利润总额(亏损以"－"填列)		59 030	
减：所得税费用		3 277	
四、净利润(净亏损以"－"号填列)		55 753	
五、每股收益		(略)	(略)
(一)基本每股收益			
(二)稀释每股收益			
六、其他综合收益			
七、综合收益总额			

【阅读资料 13-2】

我国《企业会计准则解释第 3 号》规定：企业采用简化的方法列报综合收益数据，只需在利润表的最下端列示其他综合收益和综合收益总额，但应在附注中详细披露其他综合收益各项目及其所得税影响，以及原计入其他综合收益、当期转入损益的金额等信息。不要求编制独立的综合收益表。

第四节　现金流量表

一、现金流量表的性质和作用

资产负债表用来说明某一特定日期资产和权益变动的结果，可以显示企业是否具有偿债能力，但它不能反映财务状况的变动。通过比较资产负债表，虽然能够在一定程度上反映企业财务状况的变动，但不能说明变动的原因。利润表可以表明企业获利情况或盈利能力，但无法说明企业从营业活动、筹资活动和投资活动中获得了多少可供使用的现金。因此，资产负债表和利润表虽然具有重要作用，能够为报表使用者提供有用的会计信息，但它们还不能满足报表使用者对现金的关注和需要，现金流量表可以弥补这两种会计报表的不足。

现金流量表是反映企业在一定会计期间现金和现金等价物流入和流出的报表。其主要目的是为报表使用者提供企业一定会计期间内现金流入和流出的信息，以便于报表使用者了解和评价企业获取现金的能力，并据以预测企业未来的现金流量。

现金流量表的作用主要体现在以下几个方面。

(1) 现金流量表可以提供企业的现金流量信息，从而对企业整体财务状况作出客观评价。可以说明某一资产或负债项目的变动来源或使用去向，从企业的现金流量可以大致判断其经营周转是否顺畅。

(2) 现金流量表有助于评价企业的偿债能力和支付股利能力，以及对企业外部资金需求情况作出较为可靠的判断。经营活动的净现金流入占总收入的比例越高，企业的财务基础越稳固，支付能力和偿债能力才越强。

(3) 通过现金流量，不仅可以了解企业当前的财务状况，还可以预测企业未来的发展情况，也可以预测企业未来产生的现金流量。

(4) 现金流量表便于报表使用者评估报告期内与现金有关和无关的投资及筹资活动，可以揭示本期现金与非现金对投资活动和筹资活动的影响。因此，企业应当按照企业会计准则及其应用指南的要求编制现金流量表。

二、现金流量表的编制基础

现金流量表是以收付实现制下的现金及现金等价物为基础编制的。根据我国《企业会计准则第 31 号——现金流量表》的规定，现金流量表所指的现金是广义的现金概念，它包括库存现金、可以随时用于支付的银行存款、其他货币资金以及现金等价物，具体内容如下。

(1) 库存现金。是指企业持有的可随时用于支付的纸币与硬币。

(2) 银行存款。是指企业存在金融机构中随时可以用于支付的存款。

(3) 其他货币资金。是指企业存在金融机构中有特定用途的资金，如外埠存款、银行汇票存款、银行本票存款、信用保证金存款、信用卡存款等。不能随时用于支付的存款不属于现金。

(4) 现金等价物。现金等价物是指企业持有的期限短、流动性强、易于转换为已知金额现金、价值变动风险很小的投资。现金等价物虽然不是现金，但其支付能力与现金的差别不大，可视为现金。认定现金等价物时，期限短通常是指购买在 3 个月或更短时间内到期即可转换为现金的债券投资等。

三、现金流量表的结构和内容

现金流量是指在一定会计期间内企业现金和现金等价物的流入和流出的数量。企业从银行提取现金、用现金购买短期到期的国库券等现金和现金等价物之间的转换不属于现金流量。现金流量表一般应按现金流入和流出总额反映。

(一)现金流量表的分类

现金流量表通常将企业在一定会计期间产生的现金流量归为经营活动产生的现金流量、投资活动产生的现金流量和筹资活动产生的现金流量三类。

1．经营活动产生的现金流量

经营活动是指企业投资活动和筹资活动以外的所有交易和事项。经营活动产生的现金流量主要包括销售商品或提供劳务、购买商品、接受劳务、支付工资和交纳税款等流入、流出现金、现金等价物。通过现金流量表中所反映的经营活动产生的现金流量，可以说明企业经营活动对现金流入和流出净额的影响程度。

2．投资活动产生的现金流量

投资活动是指企业长期资产的购建和不包括在现金等价物范围内的投资及其处置活

动。投资活动产生的现金流量主要包括购建固定资产、无形资产和其他长期资产所支付的现金，以及处置子公司及其他营业单位等流入、流出的现金和现金等价物。

3．筹资活动产生的现金流量

筹资活动是指导致企业资本及债务规模和构成发生变化的活动。筹资活动产生的现金流量主要包括吸收投资、发行股票、分配利润、发行债券、偿还债务等流入、流出的现金和现金等价物。偿付应付账款、应付票据等商业应付款等属于经营活动，不属于筹资活动。

此外，对于日常活动之外、不经常发生的特殊项目，如自然灾害损失、保险赔款、捐赠等应当归并到相关类别中，并单独反映。如对于自然灾害损失和保险赔款，如果能够确指，属于流动资产损失，应当列入经营活动产生的现金流量；属于固定资产损失，应当列入投资活动产生的现金流量。

(二)现金流量表的结构

现金流量表表身主要包括六项内容和补充资料：一是经营活动产生的现金流量；二是投资活动产生的现金流量；三是筹资活动产生的现金流量；四是汇率变动对现金的影响；五是现金及现金等价物净增加额；六是期末现金及现金等价物余额。补充资料包括三项内容：一是将净利润调节为经营活动产生的现金流量；二是不涉及现金收支的重大投资和筹资活动；三是现金及现金等价物净变动情况。

财政部于 2006 年 2 月 15 日对原 2001 年 1 月 18 日颁布的现金流量表准则进行了全面修订。现金流量表的基本格式如表 13-5 所示。现金流量表补充资料如表 13-6 所示。

表 13-5　现金流量表　　　　　　　　　　　　　　　　会企 03 表

编制单位：胜利股份有限公司	2022 年度	单位：百元
项　目	本年金额	上年金额
一、经营活动产生的现金流量		
销售商品、提供劳务收到的现金		
收到的税费返还		
收到的其他与经营活动有关的现金		
现金流入小计		
购买商品、接受劳务支付的现金		
支付给职工以及为职工支付的现金		
支付的各项税费		
支付的其他与经营活动有关现金		
现金流出小计		
经营活动产生的现金净流量		
二、投资活动产生的现金流量		
收回投资收到的现金		
取得投资收益收到的现金		
处置固定资产、无形资产和其他长期资产而收到的现金		

项 目	本年金额	上年金额
购买或处置子公司及其他营业单位产生的现金净额		
收到的其他与投资活动有关的现金		
现金流入小计		
购建固定资产、无形资产和其他长期资产支付的现金		
投资支付的现金		
支付的与其他投资活动有关的现金		
现金流出小计		
投资活动产生的现金净流量		
三、筹资活动产生的现金流量		
吸收投资收到的现金		
取得借款收到的现金		
收到的其他与筹资活动有关的现金		
现金流入小计		
偿还债务支付的现金		
分配股利、利润和偿付利息支付的现金		
支付的其他与筹资活动有关的现金		
现金流出小计		
筹资活动产生的现金流量净额		
四、汇率变动对现金的影响额		
五、现金及现金等价物净增加额		
加：期初现金及现金等价物余额		
六、期末现金及现金等价物余额		

表 13-6 现金流量表补充资料

补充资料	本年金额	上年金额
1. 将净利润调节为经营活动的现金流量		
净利润		
加：资产减值准备		
固定资产折旧、油气资产折耗、生产性生物资产折旧		
无形资产摊销和长期待摊费用摊销		
处置固定资产、无形资产和其他资产的损失(收益以"-"号填列)		
固定资产报废损失(收益以"-"号填列)		
公允价值变动损失(收益以"-"号填列)		
财务费用(收益以"-"号填列)		
投资损失(收益以"-"号填列)		
递延所得税资产减少(增加以"-"号填列)		

补充资料	本年金额	上年金额
递延所得税负债增加(减少以"–"号填列)		
存货的减少(增加以"–"号填列)		
经营性应收项目的减少(增加以"–"号填列)		
经营性应付项目的增加(减少以"–"号填列)		
其他		
经营活动产生的现金流量净额		
2. 不涉及现金收支的投资和筹资活动		
债务转为资本		
一年内到期的可转换公司债券		
融资租入固定资产		
3. 现金及现金等价物净增加额		
现金的期末余额		
减：现金的期初余额		
加：现金等价物的期末余额		
减：现金等价物的期初余额		
现金及现金等价物净增加额		

四、现金流量表的编制原理与方法

(一)现金流量表的编制依据

现金流量表是按收付实现制反映企业报告期内的现金流量信息，而资产负债表、利润表和所有者权益变动表反映的会计信息，都是按权责发生制基础记录报告的。所以，现金流量表的编制依据必然是资产负债表、利润表和所有者权益变动表及有关账户记录的资料；其编制过程就是将权责发生制下的会计资料转换为按收付实现制表示的现金流动。现金流量信息要求区分经营活动、投资活动和筹资活动三方面的经营报告。

(二)现金流量表的编制原理

1. 直接法和间接法

编制现金流量表时，列报经营活动现金流量的方法有两种：一是直接法；二是间接法。在直接法下，一般是以利润表中的营业收入为起算点，调整与经营活动有关项目的增减变动，然后计算出经营活动的现金流量。在间接法下，将净利润调节为经营活动现金流量，实际上就是将按权责发生制原则确定的净利润调整不涉及现金的收入、费用、营业外收支以及有关项目的增减变动，据此计算出经营活动的现金流量，并剔除投资活动和筹资活动对现金流量的影响。

采用直接法编报的现金流量表，便于分析企业经营活动产生的现金流量的来源和用途，预测企业现金流量的未来前景；采用间接法编报的现金流量表，便于将净利润与经营活动产生的现金流量净额进行比较，了解净利润与经营活动产生的现金流量差异的原因，从现金流量的角度分析净利润的质量。所以，国际会计准则鼓励企业采用直接法编制现金流量表，我国企业会计准则也规定以直接法编制，同时要求在附注中披露将净利润调节为经营活动现金流量的信息，也就是用间接法来计算经营活动的现金流量。对经营活动产生的现金流量采用直接法和间接法两种方法填列，符合对经营活动进行重点控制的要求。

2．现金流量表编制的技术方法

在编制现金流量表时，可以采用工作底稿法或"T"型账户法，也可以根据有关会计科目记录分析填列。采用工作底稿法编制现金流量表，就是以工作底稿为手段，以利润表和资产负债表的数据为基础，对每一项目进行分析并编制调整分录，从而编制出现金流量表。

采用"T"型账户法，就是以"T"型账户为手段，以资产负债表和利润表的数据为基础，对每一项目进行分析并编制调整分录，从而编制出现金流量表。分析填列法是直接根据资产负债表、利润表和有关会计科目明细账的记录，分析计算出现金流量表各项目的金额，并据以编制现金流量表的一种方法。

1）工作底稿法的程序

第一步，将资产负债表的期初数和期末数过入工作底稿的"期初数"栏和"期末数"栏。

第二步，对当期业务进行分析并编制调整分录。编制调整分录时，要以利润表项目为基础，从"营业收入"开始，结合资产负债表项目逐一进行分析。在调整分录中，有关现金和现金等价物的事项，不直接借记或贷记现金，而是分别记入"经营活动产生的现金流量""投资活动产生的现金流量""筹资活动产生的现金流量"有关项目。借记表示现金流入，贷记表示现金流出。

第三步，将调整分录过入工作底稿中的相应部分。

第四步，核对调整分录，借方、贷方合计数均已经相等，资产负债表项目期初数加减调整分录中的借贷金额以后，也等于期末数。

第五步，根据工作底稿中的现金流量表项目部分编制正式的现金流量表。

2）"T"型账户法的程序

第一步，为所有的非现金项目(包括资产负债表项目和利润表项目)分别开设"T"型账户，并将各自的期末期初变动数过入各相关账户。如果项目的期末数大于期初数，则将差额过入和项目余额相同的方向；反之，过入相反的方向。

第二步，开设一个大的"现金及现金等价物""T"型账户，每边分为经营活动、投资活动和筹资活动三部分，左边记现金流入，右边记现金流出。与其他账户一样，过入期末期初变动数。

第三步，以利润表项目为基础，结合资产负债表分析每一个非现金项目的增减变动，并据此编制调整分录。

第四步，将调整分录过入各"T"型账户，并进行核对，该账户借贷相抵后的余额与原先过入期末期初变动数应当一致。

第五步，根据大的"现金及现金等价物""T"型账户编制正式的现金流量表。

(三)经营活动现金流量的填列

1. 销售商品、提供劳务收到的现金

本项目反映企业销售商品、提供劳务实际收到的现金，包括销售收入和应向购买者收取的增值税销项税额，具体包括本期销售商品、提供劳务收到的现金，以及前期销售商品、提供劳务本期收到的现金和本期预收的款项，减去本期销售本期退回的商品和前期销售本期退回的商品支付的现金。企业销售材料和代购代销业务收到的现金，也在本项目反映。本项目可以根据"库存现金""银行存款""应收票据""应收账款""预收账款""主营业务收入""其他业务收入"科目的记录分析填列，也可按下列公式调整计算：

销售商品、提供劳务收到的现金=营业收入+应收账款(期初余额-期末余额)+应收票据(期初余额-期末余额)+预收账款(期末余额-期初余额)-以非现金资产抵偿债务而减少的应收账款和应收票据+当期收回前期已核销的坏账-本期核销坏账减少的应收账款+应交增值税(销项税额)的发生额

【例13-3】 华明股份有限公司2022年资产负债表及利润表中，"营业收入"项目为700万元，"应收账款"项目年初余额110万元、年末余额160万元。本年度，发生坏账5万元已予以核销；债务人企业用存货抵偿应收账款20万元；收到以前年度核销的坏账27万元。

根据上述资料，现金流量表中"销售商品、提供劳务收到的现金"项目计算如下。

销售商品、提供劳务收到的现金=700+(110-160)-20+27=657(万元)。应当注意的是，资产负债表中"应收账款"项目是根据"应收账款"余额和有关"坏账准备"余额之差填列的，所以本年度核销坏账5万元对"应收账款"项目的期末余额影响数为零。因此，在本题计算中不应将这5万元予以扣减。

2. 收到的税费返还

本项目反映企业收到返还的各种税费，如收到的增值税、营业税、所得税、消费税、关税和教育费附加返还款等。本项目可以根据"库存现金""银行存款""税金及附加""营业外收入"等科目的记录分析填列。

3. 收到的其他与经营活动有关的现金

本项目反映企业除上述各项目外，收到的其他与经营活动有关的现金，如罚款收入、经营租赁固定资产收到的租金、流动资产损失中由个人赔偿的现金收入、除税费返还外的其他政府补助收入等。其他与经营活动有关的现金，如果价值较大的，应单列项目反映。本项目可以根据"库存现金""银行存款""管理费用""销售费用"等科目的记录分析填列。

4. 购买商品、接受劳务支付的现金

本项目反映企业购买材料、商品、接受劳务实际支付的现金，包括支付的货款以及与货款一并支付的增值税进项税额，具体包括：本期购买商品、接受劳务支付的现金，以及本期支付前期购买商品、接受劳务的未付款项和本期预付款项，减去本期发生的购买退货

收到的现金。为购置存货而发生的借款利息资本化部分，应在"分配股利、利润或偿付利息支付的现金"项目中反映。本项目可以根据"库存现金""银行存款""应付票据""应付账款""预付账款""主营业务成本""其他业务成本"科目的记录分析填列，也可按下列公式调整计算：

购买商品、接受劳务支付的现金=营业成本+应交增值税(进项税额)+存货(期末余额-期初余额)+应付账款(期初余额-期末余额)+应付票据(期初余额-期末余额)+预付账款(期末余额-期初余额)-以非现金资产抵偿债务而减少的应付账款和应付票据-当期列入生产成本、制造费用的职工薪酬-当期列入生产成本、制造费用的折旧费及维修费

【例 13-4】 新业股份有限公司为商品流通企业。2022 年利润表中"营业成本"项目为 220 万元，资产负债表中"应付账款"项目年初余额 19 万元、年末余额 16 万元；"预付账款"项目年初余额 0、年末余额 15 万元；"存货"项目年初余额 110 万元、年末余额 160 万元；当年接受投资人投入存货 26 万元。

根据上述资料，"购买商品、接受劳务支付的现金"项目计算如下。

购买商品、接受劳务支付的现金=220+(19-16) + (15-0) + (160-110)-26=262 (万元)

5．支付给职工以及为职工支付的现金

本项目反映企业实际支付给职工和为职工支付的薪酬，以及为职工支付的其他费用。该项目不包括支付给离退休人员的各种费用和在建工程人员的职工薪酬。支付给离退休人员的各种费用在"支付的其他与经营活动有关的现金"项目中反映。支付给工程人员的职工薪酬在"购建固定资产、无形资产和其他长期资产支付的现金"项目中反映。该项目可以根据"应付职工薪酬""库存现金""银行存款"等科目计算分析填列，也可以按下列公式计算：

支付给职工以及为职工支付的现金=生产成本、制造费用、管理费用中的职工薪酬+(应付职工薪酬期初余额-应付职工薪酬期末余额)-[应付职工薪酬期初余额(在建工程负担部分)-应付职工薪酬期末余额(在建工程负担部分)]

6．支付的各项税费

本项目反映企业按规定支付的各种税费，包括本期发生并支付的税费，以及本期支付以前各期发生的税费和预交的税金，如所得税、增值税、土地增值税、房产税、车船使用税、印花税、教育费附加等，不包括本期退回的增值税、所得税。本期退回的增值税、所得税等在"收到的税费返还"项目中反映。本项目可以根据"应交税费""库存现金""银行存款"等科目分析填列。

7．支付的其他与经营活动有关的现金

本项目反映企业除上述各项目外，支付的其他与经营活动有关的现金，如现金捐赠支出、罚款支出、支付的差旅费、支付的业务招待费、保险费、经营租赁支付的现金等。其他与经营活动有关的现金，如果金额较大，应单列项目反映。本项目可以根据有关科目的

记录分析填列。

(四)投资活动现金流量的填列

1．收回投资收到的现金

本项目反映企业出售、转让或到期收回除现金等价物以外的金融资产、长期股权投资、投资性房地产而收到的现金，不包括债权性投资收回的利息、收回的非现金资产，以及处置子公司及其他营业单位收到的现金净额。债权性投资收回的本金，在本项目中反映；债权性投资收回的利息，不在本项目中反映，而在"取得投资收益收到的现金"项目中反映。本项目可以根据"金融资产""长期股权投资""投资性房地产""库存现金""银行存款"等科目的记录分析填列。

【例 13-5】 甲集团股份有限公司出售某项长期股权投资，收回的全部投资金额为 90 万元；出售某项长期债权性投资，收回的全部投资金额为 80 万元，其中 16 万元是债券利息。

本期收回投资收到的现金计算如下。

收回投资收到的现金=90 + (80-18) = 152 (万元)

2．取得投资收益收到的现金

本项目反映企业因股权性投资而分得的现金股利，从子公司、联营企业或合营企业分回利润而收到的现金，因债权性投资而取得的现金利息收入。股票股利不在本项目中反映；包括在现金等价物范围内的债权性投资，其利息收入在本项目中反映。本项目可以根据"应收股利""应收利息""投资收益""库存现金""银行存款"等科目的记录分析填列。

3．处置固定资产、无形资产和其他长期资产收回的现金净额

本项目反映企业出售固定资产、无形资产和其他长期资产取得的现金，减去处置这些资产而支付的相关费用后的净额，包括因自然灾害使固定资产受到损失而收到的保险公司的赔款收入。如处置固定资产、无形资产和其他长期资产收回的现金净额为负数，则应作为投资活动产生的现金流量，在"支付的其他与投资活动有关的现金"项目中反映。本项目可以根据"库存现金""银行存款""固定资产清理"等科目的记录分析填列。

4．处置子公司及其他营业单位收到的现金净额

本项目反映企业处置子公司及其他营业单位收到的现金减去子公司或其他营业单位持有的现金和现金等价物以及相关处置费用后的净额。处置子公司及其他营业单位收到的现金净额如为负数，则将该金额填列至"支付的其他与投资活动有关的现金"项目中。本项目可以根据"库存现金""银行存款""长期股权投资"等科目的记录分析填列。

5．收到的其他与投资活动有关的现金

本项目反映企业除上述项目外，收到的其他与投资活动有关的现金。其他与投资活动有关的现金，如果价值较大的，应单列项目反映。本项目可以根据"库存现金""银行存款""应收股利""应收利息"等科目的记录分析填列。

6．购建固定资产、无形资产和其他长期资产支付的现金

本项目反映企业购买、购建固定资产，取得无形资产和其他长期资产支付的现金，包括购买机器设备支付的现金及增值税款、建造工程支付的现金、支付在建工程人员的工资等现金支出，不包括为购建固定资产、无形资产和其他长期资产而发生的借款利息资本化部分，以及融资租入固定资产所支付的租赁费。为购建固定资产、无形资产和其他长期资产而发生的借款利息资本化部分，在"分配股利、利润或偿付利息支付的现金"项目中反映；融资租入固定资产所支付的租赁费，在"支付的其他与筹资活动有关的现金"项目中反映，不在本项目中反映。本项目可以根据"固定资产""在建工程""工程物资""无形资产""库存现金""银行存款"等科目的记录分析填列。

【例 13-6】 甲集团股份有限公司购入房屋一幢，价款为 400 万元，通过银行转账 380 万元，其他价款用公司产品抵偿；为在建厂房购进建筑材料一批，价值 32 万元，价款已通过银行转账支付。本期购建固定资产、无形资产和其他长期资产支付的现金计算如下。

购建固定资产、无形资产和其他长期资产支付的现金=380＋32＝412 (万元)

7．投资支付的现金

本项目反映企业进行权益性投资和债权性投资所支付的现金，包括企业为取得除现金等价物以外的金融资产而支付的现金，以及支付的佣金、手续费等交易费用。企业购买债券的价款中含有债券利息的，以及溢价或折价购入的，均按实际支付的金额反映。本项目可以根据"金融资产""长期股权投资""库存现金""银行存款"等科目的记录分析填列。

8．取得子公司及其他营业单位支付的现金净额

本项目反映企业取得子公司及其他营业单位购买出价中以现金支付的部分，减去子公司及其他营业单位持有的现金和现金等价物后的净额。本项目可以根据"库存现金""银行存款""长期股权投资"等科目的记录分析填列。

9．支付的其他与投资活动有关的现金

本项目反映企业除上述项目外，支付的其他与投资活动有关的现金，如企业购买股票时实际支付的价款中包含的已宣告但尚未领取的现金股利、购买债券时支付的价款中包含的已到期但尚未领取的债券利息等。其他与投资活动有关的现金，如果价值较大，应单列项目反映。本项目可以根据"库存现金""银行存款""应收股利""应收利息"等科目的记录分析填列。

(五)筹资活动现金流量的填列

1．吸收投资收到的现金

本项目反映企业以发行股票、债券等方式筹集资金实际收到的款项，减去直接支付的佣金、手续费、发行及登记费后的净额。以发行股票等方式筹集资金而由企业直接支付的审计、咨询等费用不在本项目中反映，而在"支付的其他与筹资活动有关的现金"项目中反映；由金融企业直接支付的手续费、宣传费、咨询费、印刷费等费用，从发行股票、债

券取得的现金收入中扣除，以净额列示。本项目可以根据"实收资本(或股本)""资本公积""库存现金""银行存款"等科目的记录分析填列。

【例13-7】　甲集团股份有限公司对外公开募集股份200万股，每股1元，发行价每股1.20元，代理发行的证券公司为其支付的各种费用共计5万元。该公司已收到全部发行价款，本期吸收投资收到的现金计算如下。

吸收投资收到的现金=200×1.2-5＝235(万元)

2．取得借款收到的现金

本项目反映企业举借各种短期、长期借款而收到的现金。本项目可以根据"短期借款""长期借款""交易性金融负债""应付债券""银行存款"等科目的记录分析填列。

3．收到的其他与筹资活动有关的现金

本项目反映企业除上述项目外，收到的其他与筹资活动有关的现金流入，如接受现金捐赠等。其他与筹资活动有关的现金，如果价值较大的，应单列项目反映。本项目可以根据"库存现金""银行存款""营业外收入"等科目的记录分析填列。

4．偿还债务支付的现金

本项目反映企业偿还债务所支付的现金，包括偿还金融企业的借款本金、偿还债券本金等。企业支付的借款利息和债券利息在"分配股利、利润或偿付利息支付的现金"项目中反映，不包括在本项目内。本项目可以根据"短期借款""长期借款""交易性金融负债""应付债券""银行存款"等科目的记录分析填列。

5．分配股利、利润或偿付利息支付的现金

本项目反映企业实际支付的现金股利、支付给其他单位的利润以及用现金支付的借款利息、债券利息等。不同用途的借款，其利息开支渠道不一样，如在建工程、财务费用等，均在本项目中反映。本项目可以根据"应付股利""应付利息""利润分配""财务费用""在建工程""制造费用""研发支出""库存现金""银行存款"等科目的记录分析填列。

【例13-8】　甲集团股份有限公司期初应付现金股利为15.2万元，本期宣布并发放现金股利为60万元，期末应付现金股利为24万元。本期分配股利、利润或偿付利息支付的现金计算如下。

分配股利、利润或偿付利息支付的现金=60+(15.2－24)＝51.2(万元)

6．支付的其他与筹资活动有关的现金

本项目反映企业除上述项目外，支付的其他与筹资活动有关的现金，如以发行股票、债券等方式筹集资金而由企业直接支付的审计、咨询等费用，融资租赁所支付的现金，以分期付款方式购建固定资产以后各期支付的现金等。其他与筹资活动有关的现金，如果价值较大，应单列项目反映。本项目可以根据"营业外支出""长期应付款""库存现金""银行存款"等科目的记录分析填列。

(六)现金流量表补充资料的填列

现金流量表补充资料包括将净利润调节为经营活动现金流量、不涉及现金收支的重大投资和筹资活动、现金及现金等价物净变动情况等项目。将净利润调节为经营活动现金流量是采用间接法表达经营活动现金流量的一种方式,即以净利润为起算点,调整不涉及经营活动的净利润项目、不涉及现金的净利润项目、与经营活动有关的非现金流动资产的变动、与经营活动有关的流动负债的变动等,据此计算出经营活动的现金流量净额。

1. 将净利润调节为经营活动现金流量

(1) 资产减值准备。本项目反映企业本期实际计提的资产减值准备,应根据各种减值准备科目的记录分析填列。企业也可能因资产价值回升而相应地结转已计提的资产减值准备,而结转资产减值准备与计提资产减值准备对净利润的影响相反,所以对于转销的资产减值准备,应作为减项调整,即经营活动现金流量净额=净利润−转销的资产减值准备。

(2) 固定资产折旧、油气资产折耗、生产性生物资产折旧。本项目反映企业累计计提的固定资产折旧、油气资产折耗、生产性生物资产折旧等。本项目可以根据"累计折旧"等科目本期贷方发生额分析填列。由于期初的累计折旧不影响当期的净利润,所以在编制现金流量表补充资料时,"固定资产折旧"项目应按当期实际计提数填列。

(3) 无形资产摊销和长期待摊费用摊销。本项目反映企业本期累计摊入成本费用的无形资产价值和长期待摊费用。本项目可以根据"累计摊销""长期待摊费用"等科目本期贷方发生额分析填列。

(4) 处置固定资产、无形资产和其他资产的损失(减:收益)。本项目反映企业本期处置固定资产、无形资产和其他资产发生的净损失。本项目可以根据"营业外支出""营业外收入"等科目本期贷方发生额分析填列;如为净收益,用"−"号填列。

(5) 固定资产报废损失(减:收益)。本项目反映企业本期固定资产盘亏净损失。本项目可以根据"营业外支出""营业外收入"等所属有关明细科目的记录分析填列。

(6) 公允价值变动损失(减:收益)。本项目反映企业持有的采用公允价值计量,且其变动计入当期损益的金融资产、金融负债等的公允价值损失减去收益后的净损失。本项目可以根据"公允价值变动损益"科目的发生额分析填列。

(7) 财务费用(减:收益)。本项目反映企业本期发生的投资活动和筹资活动的财务费用(不包括经营活动的财务费用)。本项目可以根据"财务费用"科目的发生额分析填列。

在会计实务中,企业的"财务费用"明细账一般是按费用项目设置的,为了编制现金流量表,企业可在此基础上,再按经营活动、投资活动、筹资活动分设明细分类账。每一笔财务费用发生时,即将其归入经营活动、投资活动或筹资活动中。

(8) 投资损失(减:收益)。本项目反映企业本期发生的损失减去收益后的净损失。本项目可以根据"投资收益"科目的发生额分析填列。

(9) 递延所得税资产减少(减:增加)。本项目反映企业在资产负债表中递延所得税资产的期初余额与期末余额的差额。本项目可以根据"递延所得税资产"项目的期初、期末余额分析填列。

(10) 递延所得税负债增加(减:减少)。本项目反映企业在资产负债表中递延所得税负债的期初余额与期末余额的差额。本项目可根据递延所得税负债项目的期初、期末余额分析填列。

(11) 存货的减少(减：增加)。本项目反映企业存货类科目的减少额减去增加额后的差额。如果存货的增减变化过程属于投资活动，如在建工程领用存货，应当将这一因素剔除。本项目可以根据资产负债表中扣除"存货跌价准备"科目余额前"存货"项目的期初余额减去期末余额后的差额填列。

(12) 经营性应收项目的减少(减：增加)。本项目反映企业本期经营性应收项目(包括应收票据、应收账款、预付账款、其他应收款及应收的增值税销项税额等)减少额减去增加额后的差额。本项目可以根据资产负债表中扣除"坏账准备"科目余额前的"应收票据""应收账款""预付账款""其他应收款"项目的期初余额减去期末余额后的差额填列。在编制本项目时，经营性应收项目的增加或经营性应收项目的减少是指经营性应收项目增减相抵后的净变化额。

(13) 经营性应付项目的增加(减：减少)。本项目反映企业本期经营性应付项目(包括应付票据、应付账款、预收账款、应付职工薪酬、应交税费、其他应付款及应付的增值税进项税额等)增加额减去减少额后的差额。本项目可以根据资产负债表中"应付票据""应付账款""预收账款""应付职工薪酬""应交税费""其他应付款"项目的期末余额减去期初余额后的差额填列。在编制本项目时，经营性应付项目增加或经营性应付项目减少是指经营性应付项目增减相抵后的净变化额。

2. 不涉及现金收支的重大投资和筹资活动

不涉及现金收支的重大投资和筹资活动反映企业在一定期间影响资产或负债但不影响现金收支的所有投资和筹资活动，这些活动对企业以后各期的现金流量会产生影响。按照我国企业会计准则的规定，现金流量表补充资料中不涉及现金收支的重大投资和筹资活动主要项目的内容及填列方法如下。

(1) 债务转为资本。本项目反映企业本期转为资本的债务金额，可以根据有关负债科目本期发生额分析填列。

(2) 一年内到期的可转换公司债券。本项目反映企业一年内到期的可转换公司债券的本息，可以根据"应付债券"科目的记录分析填列。

(3) 融资租入固定资产。本项目反映企业本期融资租入固定资产的最低租赁付款额扣除应分期计入利息费用的未确认融资费用后的净额。本项目可以根据"长期应付款"和"未确认融资费用"科目本期发生额分析填列。

3. 现金及现金等价物净变动情况

现金及现金等价物净变动情况是反映企业一定会计期间现金及现金等价物的期末余额减去期初余额后的净增加额或净减少额，是对现金流量表中"现金及现金等价物净增加额"项目的补充说明。其金额应与主表中该项目的金额一致。

思考：现在企业界和学术界非常流行现金为王的观念，而经营活动现金流量是王中王。你是如何看待这个问题的？

第五节 所有者权益变动表

一、所有者权益变动表概述

(一)所有者权益变动表的概念与作用

所有者权益变动表是指反映企业在一定时期构成所有者权益各组成部分当期增减变动情况的报表。所有者权益变动表应当全面反映一定时期所有者权益变动的情况，不仅包括所有者权益总量的增减变动，还反映所有者权益增减变动的重要结构性信息，特别是要列示无法在利润表中反映的直接计入所有者权益的利得或损失，让报表使用者准确地了解企业所有者权益增减变动的根源。

(二)所有者权益变动表的结构及内容

为了清楚地表明所有者权益的各组成部分当期的增减变动情况，所有者权益变动表以矩阵的形式列报。一方面，列示影响或导致所有者权益变动的交易事项，改变了以前仅仅按照所有者权益的各组成部分反映所有者权益变动的情况，而是按照所有者权益变动的来源对一定时期所有者权益变动情况进行全面反映;另一方面,按照所有者权益各组成部分(包括实收资本、资本公积、盈余公积、其他综合收益、库存股和未分配利润)及其总额列示交易或事项对所有者权益的影响。

根据财务报表列报的规定，企业需要提供所有者权益变动表，因此，所有者权益变动表还就各项目再分为"本年金额"和"上年金额"两栏分别填列，分别反映当年和上年所有者权益增减变动以及年初、年末余额情况。

所有者权益变动表的具体格式如表 13-7 所示。

表 13-7 所有者权益变动表　　　会企 04 表

编制单位:　　　　　　　　　　　　年　　　　　　　　　　单位:元

项目	本年金额							上年金额						
	实收资本(或股本)	资本公积	减:库存股	其他综合收益	盈余公积	未分配利润	所有者权益合计	实收资本(或股本)	资本公积	减:库存股	其他综合收益	盈余公积	未分配利润	所有者权益合计
一、上年年末余额														
加:会计政策变更														
前期差错更正														
二、本年年初余额														

续表

项　目	本年金额							上年金额						
	实收资本(或股本)	资本公积	减:库存股	其他综合收益	盈余公积	未分配利润	所有者权益合计	实收资本(或股本)	资本公积	减:库存股	其他综合收益	盈余公积	未分配利润	所有者权益合计
三、本年增减变动金额（减少以"－"填列)														
(一)综合收益总额														
(二)所有者投入和减少资本														
1.所有者投入资本														
2.股份支付计入所有者权益的金额														
3.其他														
(三)利润分配														
1.提取盈余公积														
2.对所有者(或股东)的分配														
3.其他														
(四)所有者权益内部结转														
1.资本公积转增资本(或股本)														
2.盈余公积转增资本(或股本)														
3.盈余公积弥补亏损														
4.其他														
四、本年年末余额														

二、所有者权益变动表的列报

(一)所有者权益变动表各项目的具体填列方法

(1) "上年年末余额"项目，反映企业上年资产负债表中实收资本(或股本)、资本公积、库存股、其他综合收益、盈余公积、未分配利润的上年年末余额。

(2) "会计政策变更"和"前期差错更正"项目，分别反映企业采用追溯调整法处理的会计政策变更的累积影响金额和采用追溯重述法处理的会计差错更正的累积影响金额。

为体现会计政策变更和前期差错更正的影响，企业应当在上期期末所有者权益余额的基础上进行调整，得出本期期初所有者权益，根据"盈余公积""利润分配""以前年度损益调整"等科目的发生额分析填列。

(3) "本年增减变动金额"项目分别反映以下内容。

① "综合收益总额"项目，反映企业在某一期间除与所有者以其所有者身份进行的交易之外的其他交易或事项所引起的所有者权益变动，其金额为净利润和其他综合收益扣除所得税影响后的净额相加后的合计金额。

② "所有者投入和减少资本"项目，反映当年企业所有者投入的资本和减少的资本。其中，所有者投入的资本反映企业接受投资者投入形成的实收资本和资本溢价，并对应列在"实收资本"和"资本公积"栏。"股份支付计入所有者权益的金额"项目，反映企业处于等待期中的权益结算的股份支付当年计入资本公积的金额，并对应列在"资本公积"栏。

③ "利润分配"下各项目，反映当年对企业所有者(或股东)分配的利润(或股利)金额和按照规定提取的盈余公积，并对应地列在"未分配利润"和"盈余公积"栏。"对所有者(或股东)的分配"项目，反映对所有者(或股东)分配的利润(或股利)金额。

④ "所有者权益内部转结"项目，反映当年所有者权益各组成部分之间的增减变动，包括资本公积转增资本(或股本)、盈余公积转增资本(或股本)、盈余公积弥补亏损等项金额。

(二)"上年金额"栏的列报方法

所有者权益变动表"上年金额"栏内各项数字，应根据上一年度所有者权益变动表"本年金额"栏内所列数字填列。

(三)"本年金额"栏的列报方法

所有者权益变动表"本年金额"栏内各项数字，一般应根据"实收资本(或股本)""资本公积""盈余公积""利润分配""库存股"和"以前年度损益调整"等科目的发生额分析填列。

所有者权益变动表既包括资产负债表的内容(所有者权益)，又包括利润表中的项目内容(净利润)，还包括利润分配的内容。同时，企业向股东支付股利取决于公司的股利分配政策和现金支付能力，而现金支付能力的信息又来源于现金流量表。因此，该表将三大会计主表有机地联系在一起，为报表使用者全面评价企业的财务状况、经营成果和企业发展能力提供了全面的信息。

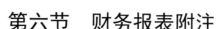

第六节 财务报表附注

一、财务报表附注的作用和方式

财务报表中所规定的内容具有一定的固定性和规律性，只能提供定量的会计信息，其所能反映的会计信息受到一定的限制。财务报表附注是财务报表的必要补充，它是对资产负债表、利润表、现金流量表和所有者权益变动表等报表中列示项目的文字描述或明细资料，以及对未能在这些报表中列示项目的说明等。财务报表附注，使企业财务会计报告内容完整、披露充分；有利于提高表内信息的可理解性；有利于增进表内信息的可比性。从各国会计准则与市场的发展情况来看，财务报表与表外附注密切联系，不可分割，人们期待表外附注更相关、更完善、更具有价值。

在会计实务中，财务报表附注可采用尾注说明、括弧说明、备抵附加账户、补充报表等方式。

二、财务报表附注的内容

《企业会计准则第 30 号——财务报表列报》规定，附注应当披露财务报表的编制基础，相关信息应当与资产负债表、利润表、现金流量表和所有者权益变动表等报表中列报的项目相互参照。目前，财务报表附注的内容有不断扩大的趋势。财务报表附注应当按照一定的结构进行系统合理的排列和分类，有顺序地披露以下信息。

(一)企业的基本情况

企业的基本情况主要包括：企业注册地、组织形式和总部地址；企业的业务性质和主要经营活动，如企业所处的行业等；母公司以及集团最终母公司的名称；财务会计报告的批准报出者和批准报出日。按照有关法律、行政法规等的规定，企业所有者或其他方面有权对报出的财务会计报告进行修改。

(二)财务报表的编制基础

财务报表的编制基础主要包括：会计年度；记账本位币；会计计量所运用的计量基础；现金和现金等价物的构成。

(三)遵循企业会计准则的声明

企业应当声明编制的财务报表符合企业会计准则的要求，真实、完整地反映企业的财务状况、经营成果和现金流量等有关信息。

(四)重要会计政策和会计估计

企业应当披露采用的重要会计政策和会计估计，不重要的会计政策和会计估计可以不披露。在披露重要会计政策和会计估计时，应当披露重要会计政策的确定依据和财务报表项目的计量基础，以及会计估计中所采用的关键假设和不确定因素。

(五)会计政策和会计估计变更以及差错更正说明

企业应当按照《企业会计准则第 28 号——会计政策、会计估计变更和差错更正》及其应用指南的规定，披露会计政策和会计估计变更以及差错更正的有关情况。

(六)报表重要项目的说明

企业对报表重要项目的说明，应当按照资产负债表、利润表、现金流量表、所有者权益变动表及其项目列示的顺序，采用文字和数字描述相结合的方式进行披露。报表重要项目的明细金额合计，应当与报表项目的金额相衔接。报表重要项目的说明主要包括交易性金融资产、应收款项、存货、可供出售金融资产、持有至到期投资、长期股权投资、投资性房地产、固定资产、无形资产、交易性金融负债、职工薪酬、应交税费等 30 多项内容。需要指出的是，附注中应当单独披露资产减值准备明细表、分部报表、现金流量补充资料等内容，而不再作为主体会计报表的附表。

(七)或有和承诺事项的说明

按照会计准则和会计制度的规定，企业应当在财务报表附注中披露或有负债形成的原因、预计产生的财务影响(如无法预计，应说明理由)和或有负债获得补偿的可能性。或有负债的类型主要包括：已贴现商业承兑汇票形成的或有负债；未决诉讼、仲裁形成的或有负债；为其他单位提供债务担保形成的或有负债和其他或有负债(不包括极小可能导致经济利益流出企业形成的或有负债)。

(八)资产负债表日后事项的说明

资产负债表日后事项，是指年度资产负债表日至财务报告批准报出日之间发生的事项，包括每项重要的资产负债表日后非调整事项的性质、内容，及其对财务状况和经营成果的影响。无法作出估计的，应当说明原因。

(九)关联方关系及其交易的说明

关联方关系及其交易要求披露的内容主要包括：母公司和子公司的名称，如果母公司不是该企业最终控制方的，要说明最终控制方名称；母公司和子公司的业务性质、注册地、注册资本(或实收资本、股本)及其当期发生的变化；母公司对该企业或者该企业对子公司的持股比例和表决权比例；企业与关联方发生关联方交易的，该关联方关系的性质、交易类型及交易要素。

本 章 小 结

本章主要介绍了财务报告的作用、财务报告的构成、编制财务报告的一些基本要求；

资产负债表的作用、结构和各项目的填列方法；利润表的作用、构成，各项目的填列方法与要求；以及现金流量表的编制基础、现金流量表的结构和特点、现金流量表的编制方法等内容。

自　测　题

思考题

1. 何谓财务报告？财务报告由哪些内容构成？
2. 简述资产负债表、利润表、现金流量表、所有者权益变动表的各自概念和作用。
3. 现金流量表中的现金的含义是什么？
4. 编制现金流量表时直接法和间接法的区别是什么？
5. 财务报表附注都包括哪些内容？其作用是什么？

参 考 文 献

[1]   中华人民共和国财政部. 中华人民共和国会计法. 2017 年 11 月修订.

[2]   中华人民共和国财政部. 企业会计制度[M]. 北京：经济科学出版社，2006.

[3]   中华人民共和国财政部. 企业会计准则——基本准则等 42 项具体准则，修订指南等，2006.11—2019.7.

[4]   戴德明，林刚，赵西卜. 财务会计学[M]. 13 版. 北京：中国人民大学出版社，2021.

[5]   刘永泽，陈立军. 中级财务会计[M]. 7 版. 大连：东北财经大学出版社，2021.

[6]   注册会计师全国统一考试教材. 会计[M]. 北京：中国财政经济出版社，2022.